手作り自助具の工作技術

松元義彦
鹿児島赤十字病院 作業療法士

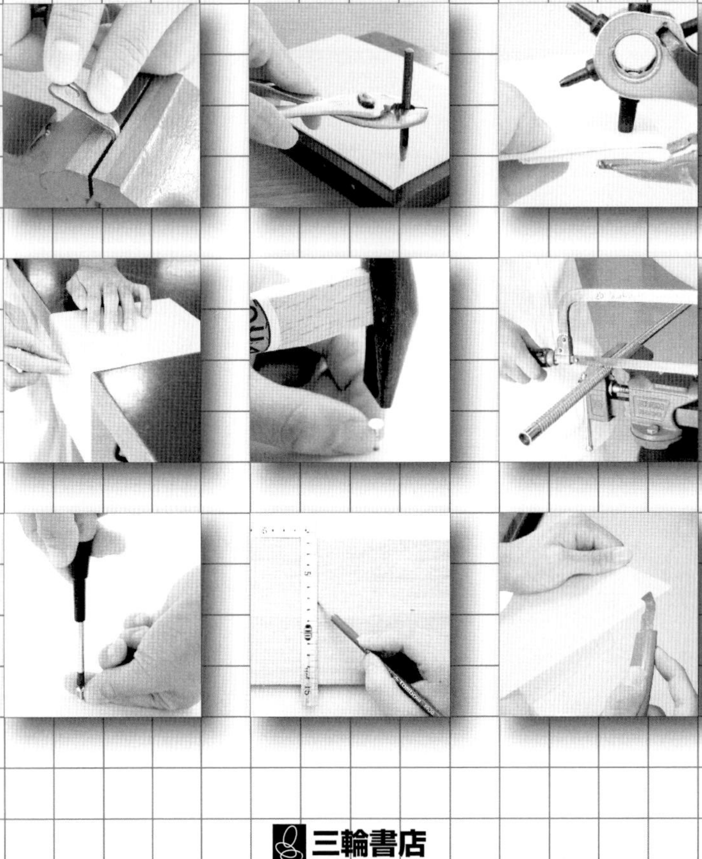

三輪書店

推薦のことば

　作業療法士にとっての工作技法入門書が要るのではないか，作ろうか……等と身の程知らずの話を夢と本気のないまぜで友人たちと話していたのが20余年も前のことであった．それ以来，基礎的な素材・工具の知識と利用技術の紹介，そしてある程度は工具類を使いこなせる上級者のための荒唐無稽な荒技・裏技等を共有するためには何かが必要と思い続けていた．教員になってからは，「工作技術入門」では作業療法士は振り向いてはくれないだろうし……と「子どもの科学」「初歩のラジオ」時代に少年期を過ごした一人として，ゆとりのない過密カリキュラムの状況で基礎知識をほとんど持たない学生たちに，どうしたらこの作業療法士にとって必須の基礎知識を身につけてもらうかが課題であった．粗大ゴミの再組み立てを条件とした可能な限りの分解や車いすの分解組み立て等の体験は，企画したものの知っておいてほしい情報量と現実に提供できるものの落差は大きい．それを補ってくれる本書を，私自身が長く待ち望んでいたものである．本書のタイトルからは二つの視点を確認していただきたい．それは「手作り自助具」と「工作技術」の二語である．

　ところがここで「自助具は果たして手作りなのか」という疑問が生じる．自助具は何らかの生活障害を有する人に寄り添い，生活を支えるパートナーである．パートナーに求められるのは「寄り添う人」が「適度な負担をしつつ目的活動を遂行できる」ように支援することである．それに求められる機能は多様であり，探して見つけられる場合と固有の要求でありこの世にそもそも存在しない場合もある．後者の場合は創造することが必要となる．そのための創案には「常識」を超える自由度が求められる．そして，創案を具現化した試作品は当然手作りである．

　しかし，自助具は手作りであるべきかとすると，答えは原則論では多分「否」である．手作りである限り専属の制作者がいなければならない．その場合のコストは膨大なものになるし，技術の継承という課題も生じる．全体的に見ると，生活用具である自助具が必要なすべての人に届くためには，一般商品として成熟し流通するシステムになる必要がある．

　では，「手作り」は不必要なのかとなるが，これはまた明確に「否」である．特定の障害と目的活動の調整作業を行うには，目的活動の要求している機能の分析が必要である

推薦のことば

し，利用者の制限された状況を理解したうえで新たなインターフェースを提案しなければならない．そして，素材による機能構築の可否や耐久性の有無等に気を配る幅広い視点が求められる．さらにそれを使った場合の満足感や他人の目との調和をも理解しなければならない．これらの観点から，特に学生時代において「手作り」は必須の体験といえるであろう．

　工作技術以前の問題として，最近の子どもは鉛筆を削れない，小刀を扱えない……，といわれて久しい．工具の機能を知り，その美しいまでに特化した合理的な作用機序を理解することは，障害を有する人の運動機能を評価し，既定の作業活動とのミスマッチを理解する助けとなる．

　また，材料の特性は知っているようで意外と知らないことが多いものである．訪問時には如何に少ない種類の材料で対応するかが求められるが，基本知識を押さえていないと毒性のある素材を食事用具に使ってしまうなどのエラーも起こりうる．

　さらに，自助具としての工作技術を獲得することは，治療環境を必要に応じて適宜考案し構築する能力を獲得することにもつながる．作業療法士が障害者の機能と活動欲求のミスマッチを用具によって解決できなかったり，活動による訓練の場を企画設定できないようでは，もはや「作業」の名を冠するに値しないといえよう．

　医学的知識を学んだ者が「作業」療法士となるためには，工作技術が不得手であってもひとまず学ぶことは欠かせない．本書が作業療法学生や若い作業療法士にとって作業療法業務遂行の原点を見いだす支えとなってくれることを期待している．

　2004年5月

長崎大学医学部保健学科教授

長尾哲男

序

●生活用具と自助具

　人は日々の営みの中で多くの道具・用具を用いて生活している．これら日常の生活の中で使う用具のことを一般に「生活用具」と呼んでいる．

　一般的な生活用具は，標準的な使用者に合わせて作られており，多くの人が操作しやすい構造や大きさとなっている（身長のように個人差や性差のある人が操作する用具についてはいくつかのサイズが用意されている場合もある）．

　一方，少数者の障害者が一般的な生活用具や方法では日常生活中の目的行為の遂行が困難な場合に，当事者本人が使用することによってその行為を可能または容易にする用具のことを「自助具」と呼ぶ．しかし，例えばライターのようにもともと片手動作者用に開発された用具[1]でも，その利便性のために多くの人が使用するようになった用具については一般的な生活用具に分類され，自助具とは呼ばない（もちろん片手動作者が使用する場合には，その使用者にとってライターは自助具となる）．

●自助具とは

　自助具は，英語では self-help device といい，「一時的あるいは永久的にしろ，身体に障害をもった者が，その失われた機能を補って，いろいろな動作を可能ならしめ，または容易ならしめ，自立独行できるように助ける考案・工夫」と定義され[2]，必ずしも用具だけを指すわけではなく，例えば上着のボタンをマジックテープへ変更したり，握り柄への滑り止め加工など生活用具に対する工夫や改良もその範疇に含まれる．具体的な自助具の種類については，第Ⅲ章の「使用する自助具の種類」（p. 214）も参照いただきたい．

　また，自助具の対象については運動機能障害が一般的であったが，最近では例えば記憶障害によって時間管理能力が制限され，社会生活や定期的な服薬などを他者に依存せざるをえないような場合に，電子機器類を応用した機器の工夫によって自立生活を支援するなど，高次脳機能障害や知的障害も自助具が適用される一つの分野となってきている．

　一方，福祉用具法〔福祉用具の研究開発及び普及の促進に関する法律（1993）〕により福祉用具は「心身の機能が低下し日常生活を営むのに支障のある老人又は心身障害者の

日常生活上の便宜を図るための用具及びこれらの者の機能訓練のための用具並びに補装具をいう」と定義されており，用具としての自助具もこの中に含まれると解釈され，ここでも心身障害者のための用具であることが明記されている．

これらのことから，自助具は「多様な日常生活のあらゆる場面において，心身機能の低下等により一般的な生活用具・方法ではその目的動作の遂行に困難をもたらす場合に，その解決のために当事者本人が用いる用具や工夫」ということができる．具体的には，基本的および応用的な日常生活動作の項目とされる起居・移動，食事，更衣，整容，トイレ，入浴，コミュニケーションや家事，趣味活動などの社会参加が使用範囲であり，建物に付帯している設備や，介護上の補助となる道具・用具類，および就労場面で用いられる治具〔コラム「治具（じぐ）を利用しよう」（p. 201）参照〕の類は含まない．また，自助具は比較的小さな構造のものをいい，車いすのような大きな構造物は一般に自助具とは呼ばない[3]．

●求められている知識と工作技術

自助具は，対象者のニーズの把握，評価と問題点の分析，他の解決方法の検討を行った結果，自助具による問題解決が選択された場合に適応となる〔第Ⅲ章「自助具作製のプロセス」（p. 210）参照〕．そして生活用具を改良・加工するか，使用者に合わせて自助具を考案・製作する場合には，適切な材料を選び，作業に適した道具・工具を選択し，それらを適切に操作するための工作技術が必要不可欠である．

筆者はいくつかの作業療法士養成校でスプリントや自助具の授業を受け持っているが，授業で感じるのは以前よりも道具・工具の名称や使い方を知らない学生が多くなったことである．そこで，スプリントおよび自助具の授業を受けていない学生84名（男性29名，女性55名）を対象に，10種類の道具・工具のイラストを見せてその名称を答えてもらった．その結果，正解は10点満点中平均4.3点（男性5.0点，女性3.9点）で満点者はいなかった（図1）．また，製作実習では，針金を裁ちバサミで切ろうとしたり，ペンチで針金を切るときに刃元で切らずに刃先で力まかせに切ろうとしたりするなど，道具・工具の取り扱いや使用に不慣れな場面も少なからず見受けられた．これは，幼少時からの道具・工具を使う経験（モノを作ったり，生活用具を修理したりする経験）が少なくなってしまったことも大きな要因であろう．

●本書の使い方

本書では，作業療法士や理学療法士の養成校での自助具の講義や作製実習，また臨床

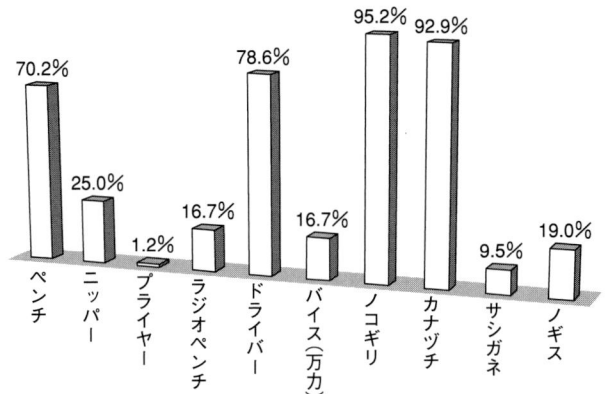

図1　道具・工具の名称の正解率（n=84）
平均得点 4.3/10 点（男性 5.0 点，女性 3.9 点）

実習での用途を想定するとともに，臨床に出て間もない新人セラピストや，工作が苦手なセラピストにも理解しやすいように図を多用し，自助具材料の知識，基本的な道具・工具の知識や工作を安全で効率的に行うための作業環境の調整まで含めた工作技術について重点的にページを割いて，わかりやすく応用しやすい内容となるよう配慮した．

　第Ⅰ章「よく使う材料」では，自助具材料として利用しやすい一般的な材料の基礎知識，用途，種類，入手方法，加工・保存方法について述べ，その材料で製作した自助具の図も掲載した．なお，本章に出てくる道具・工具の右肩に＊印が付いてあるものは，第Ⅱ章「よく使う道具・工具」で取り上げたものである．

　自助具の製作においては，必要な道具・工具が揃っているか，道具・工具の正しい使い方ができるか，適切な工作技術をどの程度持ち合わせているか，によって作業効率や自助具の完成度は格段に違ってくる．そこで第Ⅱ章「よく使う道具・工具」では，自助具を製作する際に安全に使用しやすく，使用頻度の高い道具・工具を「切る」「穴をあける」「削る」などの用途別に紹介し，基礎知識，種類，入手方法，正しい使用方法，メンテナンスや故障したときの実用的対処について述べた．

　第Ⅲ章「自助具製作のプロセス」では，自助具を製作するまでと，自助具を製作しフォローアップするまでのプロセスを一般的な流れに沿ってどのような点に考慮しながら進めてゆくかを述べた．

　第Ⅳ章「実際に作ってみよう」では，いくつかの自助具を実際に製作する工程を通して，実践的な材料の加工，道具・工具の取り扱いや使用法，さらに適合上のポイント

について述べた．実際に自助具を製作する際の参考としていただきたい．

「コラム」では，本文中では解説できなかった工作技術や安全管理などについて述べた．

各項目は必ずしも順序どおりに読む必要はなく，必要に応じて各項を読んでいただいて構わない．本文中にはさらに参考となる部分を〔　〕にて表示してあるのでご参照いただきたい．

●発刊にあたって

この本では，基本的な工作技術と筆者が体験した工夫の一部について紹介しています．

自助具を製作する一人ひとりの作業療法士に最適な工作技術は，製作者の身長や握力，利き手などの身体条件と工作をする場所の環境条件そして使用する道具・工具によって変わってきます．そして，それはさまざまな工作を経験し意識して変えてゆくことで，より最適化されてきます．

本書が，作業療法の実践技能としての「自助具」を必要な対象者に均質に提供するための一助となれば幸いです．そして，使用者にとって自助具が問題解決の手段として，有効に活用されることを願っています．

最後に，当院において自助具作製の環境とシステムを整えることに理解をいただいていることと，執筆と撮影にご協力いただいたスタッフと学生および患者様，本書の企画から携わっていただき的確な助言をいただいた宮井恵次氏（現：社団法人日本作業療法士協会事務局），そして執筆の機会を与えていただいた三輪書店に感謝いたします．

2004年5月

松元義彦

参考文献
1) 斉藤延男：自助具．荻島秀男編：装具・自助具・車椅子．pp 99-195，医歯薬出版，1983
2) 原　武郎，古賀唯夫：図説自助具．医歯薬出版，1971
3) 木村哲彦：福祉用具概説．テクノエイド協会編：福祉用具プランナーテキスト　福祉用具総論．pp 2-29，三菱総合研究所，1997

目次 手作り自助具の工作技術

I．よく使う材料

1．プラスチック（合成樹脂） ……2
板材（シート，フィルム）・管材（パイプ） ……2
1) メタクリル（アクリル） ……3
2) 塩化ビニル ……5
3) PP（ポリプロピレン）シート ……7
4) 各種スプリント材（熱可塑性樹脂タイプ） ……8
5) 自由樹脂® ……9
発泡材 ……10
1) 発泡ウレタン（いわゆるスポンジ） ……10
2) 発泡ポリエチレン ……12
3) 発泡スチロール ……13
4) 発泡ポリスチレン ……14

2．ゴム ……15
1) 液体ゴム ……15
2) 熱収縮チューブ ……16

3．木材 ……19
木材の組織構造 ……19
針葉樹と広葉樹 ……21
強度と比重 ……22
木材の選び方 ……22
木材の分類 ……24
1) 製材品・荒材 ……24
2) 加工材 ……25
3) 合板 ……27
4) 集成材 ……29

4．金属 ……31
金属特性と種類 ……31
1) 鉄 ……31

  2）非鉄金属 …………………………………… 32
 金属板 …………………………………………… 34
 棒・パイプ材 …………………………………… 36
  1）アルミニウムパイプ ……………………… 37
  2）ABS被覆鋼管（イレクターパイプ®） … 37
  3）ベンリーカン，フレキパイプ …………… 39
  4）カメラ三脚 ………………………………… 40
 針金・線材 ……………………………………… 42

5．固定（接合）材料 …………………………… 44
  1）釘 …………………………………………… 44
  2）ネジ ………………………………………… 46
  3）ボルト・ナット …………………………… 48
  4）ワッシャー ………………………………… 49
  5）リベット …………………………………… 50
  6）ブラインドリベット ……………………… 51
  7）ハトメ（鳩目）…………………………… 52
  8）カシメ ……………………………………… 52
  9）補強金具 …………………………………… 53
  10）丁番（チョウバン）……………………… 54
  11）止め金物 …………………………………… 55

6．接着・充てん材料 …………………………… 58
 接着剤 …………………………………………… 58
  1）硬化のタイプ ……………………………… 58
  2）接着力を高めるには ……………………… 59
  3）接着剤の使用方法 ………………………… 60
  4）接着剤のはがし方 ………………………… 64
  5）代表的接着剤 ……………………………… 64
  6）その他の接着剤 …………………………… 70
 ハンダ …………………………………………… 72
 充てん材 ………………………………………… 73
  1）シーリング材 ……………………………… 74
  2）パテ類 ……………………………………… 77

7．塗料 ……………………………………………… 79
  1）塗料の組成と成分 ………………………… 79
  2）塗料の硬化 ………………………………… 80

3）塗料の種類と特性 …………………………………80
　　　4）塗装用具の種類と取り扱い …………………………81
　　　5）下地調整 ……………………………………………83
　　　6）塗装 …………………………………………………83
　　　7）残った塗料，うすめ液の保存 ………………………86
　　　8）塗料の捨て方 ………………………………………86
　8．その他の材料 ………………………………………………………87
　　皮革・繊維・布材 …………………………………………………87
　　　1）皮革 …………………………………………………87
　　　2）面ファスナー ………………………………………90
　　　3）布材 …………………………………………………92
　　　4）カーボンファイバー（炭素繊維 cardon fiber）………96
　　滑り止め材料 ………………………………………………………97
　　　1）各種グリップ，グリップテープ（レザー）…………97
　　　2）各種滑り止めシート ………………………………98

II．よく使う道具・工具

　1．切る道具・工具 …………………………………………………104
　　挟んで切断する道具・工具 ………………………………………104
　　　1）ハサミ ………………………………………………104
　　　2）ペンチ・ラジオペンチ ……………………………107
　　　3）ニッパー ……………………………………………110
　　　4）食い切り ……………………………………………111
　　刃を押し付けて，挽いて切断する道具・工具 …………………112
　　　1）ノコギリ（鋸）……………………………………112
　　　2）ジグソー ……………………………………………117
　　　3）糸ノコ盤 ……………………………………………120
　　　4）バンドソー …………………………………………121
　　　5）電動スポンジカッター ……………………………123
　　　6）ウレタン専用カッター ……………………………124
　2．穴をあける道具・工具 …………………………………………126
　　　1）キリ（錐）…………………………………………126
　　　2）電気ドリル …………………………………………128
　　　3）卓上ボール盤 ………………………………………130

4）パンチ・ポンチ（ハトメ抜き）……………………………133
　3．削る道具・工具 …………………………………………………137
　　　1）サンドペーパー ……………………………………………137
　　　2）ヤスリ ………………………………………………………139
　　　3）電動サンダー ………………………………………………142
　　　4）電動グラインダー …………………………………………145
　　　5）卓上式カービングマシーン ………………………………147
　4．打つ道具・工具 …………………………………………………149
　　　1）ツチ（槌），ハンマー ……………………………………149
　　　2）ポンチ ………………………………………………………153
　　　3）ハンドリベッター …………………………………………154
　5．締める道具・工具 ………………………………………………157
　　　1）ドライバー …………………………………………………157
　　　2）充電式ドライバードリル …………………………………161
　　　3）レンチ・スパナ ……………………………………………164
　6．つかむ道具・工具 ………………………………………………170
　　　1）プライヤー …………………………………………………170
　　　2）ヤットコ ……………………………………………………173
　7．固定する道具・工具 ……………………………………………174
　　　1）バイス（万力） ……………………………………………174
　　　2）クランプ ……………………………………………………177
　　　3）金床・当て金 ………………………………………………180
　8．測る道具・工具 …………………………………………………182
　　　1）サシガネ ……………………………………………………182
　　　2）スコヤ・留(止)定規 ………………………………………185
　　　3）コンベックス ………………………………………………186
　　　4）ノギス ………………………………………………………188
　　　5）水平器 ………………………………………………………190
　　　6）下げ振り ……………………………………………………191
　9．その他の道具・工具 ……………………………………………193
　　　1）熱加工器具 …………………………………………………193
　　　2）ミシン ………………………………………………………195

III. 自助具製作のプロセス

- ニーズの把握 …………………………………………………210
- 対象者の評価と問題点の分析 …………………………………210
  - 1）必要な情報の収集 ………………………………210
  - 2）一般的評価 ………………………………………210
  - 3）環境評価 …………………………………………210
  - 4）心理的評価 ………………………………………212
- 他の解決方法の検討 ……………………………………………212
  - 1）身体機能（能力）の改善 ………………………212
  - 2）動作手順や方法の変更 …………………………212
  - 3）福祉用具（補装具）の利用 ……………………212
  - 4）操作対象の変更や環境調整 ……………………213
  - 5）人的援助 …………………………………………213
  - 6）福祉用具（使用する道具・用具）による解決 ………213
- 自助具を適応する際に考慮すべき因子 ………………………213
  - 1）疾患，年齢による特性 …………………………213
  - 2）自助具の使用について …………………………214
  - 3）必要最小限度の原理 ……………………………214
- 使用する自助具の種類 …………………………………………214
  - 1）市販品の利用 ……………………………………214
  - 2）市販品の改良・加工 ……………………………215
  - 3）使用者に合わせて自助具を考察・製作 ………215
- 自助具の設計 ……………………………………………………216
  - 1）目的の再確認，問題点の分析・明確化 ………216
  - 2）自助具を具体化する ……………………………216
- 自助具の製作と試行・改良 ……………………………………218
- 自助具の適合評価・効果判定 …………………………………218
- フォローアップ …………………………………………………219
  - 1）渡すとき …………………………………………219
  - 2）フォロー …………………………………………219

Ⅳ．実際に作ってみよう

1．リーチャー ·· 224
2．ふきふきリーチャー ·· 235
3．長柄ブラシ ·· 242
4．目薬エイド ·· 250
5．補高マット ·· 253
6．補高便座 ·· 261

コラム
- ●板は曲げると強くなる　101
- ●握り柄の形状と先具　102
- ●治具（じぐ）を利用しよう　201
- ●テコの原理からみた道具・工具　202
- ●まっすぐ切るためには？　204
- ●電動工具は，どれから揃えたら…？　206
- ●取り出し管理しやすい収納　207
- ●自助具材料は，どのようにして見つけましょう？　220
- ●スペアパーツを常備しよう　221
- ●取り扱い説明書をよく読もう　222
- ●作業しやすい高さは？　268
- ●保護具と安全管理　270
- ●熱い（冷たい）のはなぜ？　272

装丁　アーリーバード

I よく使う材料

1. プラスチック（合成樹脂）
2. ゴム
3. 木材
4. 金属
5. 固定（接合）材料
6. 接着・充てん材料
7. 塗料
8. その他の材料

本章では，自助具材料として活用しやすい一般的な工作材料について述べてある．しかしここで自助具材料のすべてを紹介することは不可能である．個々の事例において，どのように自助具の材料を探し出し，どのように適合させるかについては，〔第Ⅲ章 自助具製作のプロセス（p.210）〕および〔コラム：自助具材料は，どのようにして見つけましょう？（p.220）〕をご参考いただきたい．

1 プラスチック
（合成樹脂）

　プラスチックは分子量10,000以上の有機化合物で，高分子材料とも呼ばれる．樹脂という和名が示すように，木材に含まれるセルロースから作られたセルロイドが原点である．その後，石油を原料にした多種多様な合成樹脂へと変化し，今日に至っている．

　プラスチックは軽くて丈夫で美しく，電気絶縁体であり，耐水，耐油，耐蝕性が一般的な特徴として挙げられる．

　プラスチックには，熱を加えると硬くなる熱硬化性樹脂と，熱を加えると軟らかくなる熱可塑性樹脂がある．熱可塑性樹脂が溶解する温度を軟化点と呼び，軟化点が低い樹脂ほど加工が容易だが耐久性や強度は低くなる．自助具の作製にあたっては手で加工することが多い．つまり切断，曲げ，接着，穴あけなどが主体となる．

　工業製品にはどのようなプラスチックが使用されているだろうか．最近ではリサイクルの観点から樹脂の種類が記号で表示されていることが多いので参考になる．表1-1に代表的なプラスチックの名称と特性を示す．実際には，原料の配合により中間的な材料もあるので，無限の種類が可能となる．その中で材料として売られているのはごく一部にすぎない．

　以下に，自助具の材料として利用しやすいプラスチック材料を板材・管材と発泡材に分けて紹介する．

1 板材（シート，フィルム）・管材（パイプ）

　板状になったプラスチックは材質，大きさ，厚さとも豊富に揃っている．板の厚さによって，薄いほうからフィルム，シート，板と呼ぶ場合もある．

　プラスチックの強度は，成型されて継ぎ目のない一体化した製品で最も発揮される．しかし材料として手に入るのはほとんどが板状または棒状のもの．強度を落とさないためには，なるべくひと続きの部品として使うことがポイント〔コラム：板は曲げると強

表 1-1 代表的なプラスチックとその性質

	樹脂名	記号	特徴	連続可使用温度	主な用途
熱可塑性樹脂	塩化ビニル	PVC	可塑剤の配合で硬軟自由,安価	65〜80	シート,板,管,手すり
	アクリルニトリル・ブタジエン・スチレン	ABS	強靱,耐薬品性,メッキ性	60〜100	電気製品,筐体,自動車,イレクター
	メタクリル	PMMA	透明,光沢,光学的性質良好	60〜90	レンズ,照明器具,看板など
	ポリエチレン	PE	軽量,柔軟	80〜120	容器,コンテナ,スプリント
	ポリプロピレン	PP	軽量,繰り返し曲げに強い	105〜120	同上,食器,文具,家具,雑貨
	ポリアミド(ナイロン)	PA	強靱,耐磨耗性	80〜120	軸受け,繊維,機械部品
	ポリカーボネート	PC	透明,強靱,耐寒,耐熱	130	機械部品,保護帽,窓ガラス
	飽和ポリエステル	PET	耐寒,耐熱,耐薬品性,安価	130	飲料水容器,X線フィルム
熱硬化性樹脂	フェノール	PF	耐熱性,耐酸性	120〜170	電気部品,取っ手
	メラニン	MF	硬度,着色性	170〜180	食器,化粧合板,建材
	不飽和ポリエステル	UP	透明,耐水性,耐薬品性	150〜180	繊維強化プラスチック,注型封入
	エポキシ	EP	耐薬品性,接着性	120〜280	接着剤,繊維強化プラスチック
	ケイ素(シリコン)	SI	ゴム状,非接着性	<310	離型剤,注型封入,絶縁材
	ポリウレタン	PUR	弾性があり強靱,耐磨耗性	85	フォーム,塗料,人工皮革,スポーツ用品,自動車

(相良二朗:テクニカルエイドの素材.OTジャーナル 36:778-787, 2002 より一部改変)

くなる(p.101)参照〕となる.接着部分を大きくとること,必要に応じてネジ止めをすることも効果的である.

1) メタクリル (PMMA:アクリル)

■基礎知識■

「アクリル樹脂」とよく呼ばれるが,正確にはアクリルは繊維や塗料や接着剤に用いられるもので,成型品は別物.正式にはメタクリルという.プラスチックの中で最高の透明度と耐候性をもつ.また有機溶剤に強く,油性ペンで書いてもアルコールなどで拭き取ることができる.照明器具,ディスプレイ,水槽など屋外用途に広く用いられている.

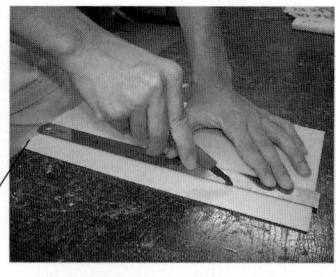

テーブルを傷つけないようアクリル板の端をテーブルより少しだけ出して削る

a：溝の端は浅くなりがちなので入念に．

b：全面に圧が加わるようにして折る．

図 1-1　アクリル板の切断方法

　強度があってたわみは少なく，カチッとした剛性感がある．逆に言うと，粘り（弾性）が少ないため必要以上に曲げた場合は変形することなく割れてしまう．

|種類|
　板材の色は豊富で，透明，スモークをはじめ各色が揃っている．棒材やパイプも豊富に揃っている．またコーナー用の接ぎ棒もありさまざまな形の工作が可能．

|用途|
　耐水性を利用して洗髪用長柄ブラシの中継ぎ材料，カップホルダーなど．

|入手方法|
　ホームセンターや日曜大工店など．
　価格は，320×550×2 mm で 1,500 円程度，320×550×3 mm で 2,000 円程度．

|加工方法|
　〔切断〕直線を切るにはアクリルカッターを使う．アクリル板の上から定規にアクリルカッターを当て，カッターナイフのように引く（図1-1 a）．繰り返し引いて，板厚の1/3くらいの溝を削ってからテーブルの端で折るようにして切断する．厚い板の場合は，裏側からも溝をつけると切断しやすくなる．長い直線を折る場合は，全面に均等に圧が加わるようにクランプ*などで固定して折る（図1-1 b）．曲線はジグソー*や糸ノコ盤*で切る．刃物の速度を速くし，送りを遅くするほうが割れや溶着が生じにくくなる．また，長い距離を切ると刃が発熱し，材料が再び溶着しやすくなるので，ときどき濡らして刃を冷やすとよい．作業中の傷を避けるには保護用の紙をはがさずに切るとよい．

　〔端の処理〕アクリルカッターのカギ部分で（図1-2）．もちろん鉄工ヤスリ*やサンドペーパー*でも問題はない．表面に付いた傷はアクリル用研磨剤と軟らかい布で磨く．

　〔穴あけ〕電動ドリル*を使用．ドリルビット（刃）は，硬質刃を用いても可能だが，

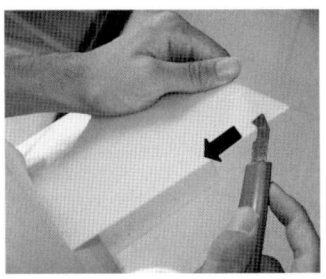
図 1-2 アクリル板の端の処理
アクリルカッターのカギ部分で切断端を処理する．

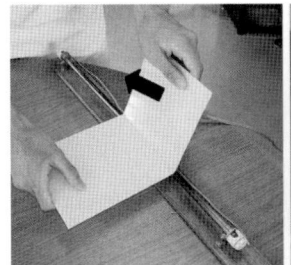
a：専用ヒーターで加熱して曲げ加工を行う．

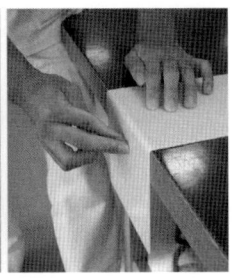
b：テーブルの角を利用して，直角に曲げる．

図 1-3 アクリル板の曲げ加工

プラスチック用を用いると食い込みによる割れを防ぐことができる．電動ドリルで刃先がぐらついてアクリル板が割れやすい場合は，電動ドリルをドリルスタンド*に固定するか卓上ボール盤*を使用する．

ネジ用の穴には，ネジ径に＋0.2 mm 程度の径の穴をあける．ネジ径と同じ径の穴でのネジ締めでは，アクリル板が割れやすいので注意する．

〔曲げ加工〕熱変形温度は 80～100℃だが，加熱加工（曲げ）には 140～160℃まで上げないとヒビを生じやすく注意が必要．直線の曲げ加工には棒状の専用のヒーター*を用い，曲げたい線の外側を加熱するときれいに曲げることができる（図1-3 a）．直角に曲げたいときには，さらにテーブルの角などを利用して曲げるとうまくいく（図1-3 b）．広範囲な曲げ加工には，ホットプレートを使用．軟化したら適当な曲面に押し当てて成型し，冷えるまで待つ．熱いアクリルは軍手で扱う．

〔接着〕アクリル用接着剤で，あらかじめテープで部品を仮組みにしておき，透き間に専用の注入器で差すと毛細血管現象で隅まで行き渡る．接着面積が小さいときは補強材を用いるか，曲げ加工を利用したほうがよい．

2）塩化ビニル（PVC：塩ビ）

基礎知識

通称「塩ビ」．可塑剤の配合により硬質のものと軟質のものがある．軟質のものは浮輪などに用いられ，硬質のものは水道用配管材料やカラフルな板で売られている．軟化点が 70～80℃程度と低く，材料に粘り（弾性）があるため 2 次加工がしやすく，自助具の材料としてよく利用される．しかし，塩ビは低い温度で焼却するとダイオキシンを発生

第I章　よく使う材料

a：車いすブレーキ延長に塩ビ管（VP管）を利用した例．

b：フェイスブラシの握り柄延長に塩ビ管（VP管）を利用した例．

図 1-4　塩化ビニルの用途

するので注意が必要．また，軟質塩ビに用いられる可塑剤に発癌性があるとされることから，食品関連への利用は避けたい．

▶種類

塩ビ板の色は，透明，蛍光，各色が揃っている．サイズも豊富で，1,820×910 mm の大判まである．最近では，腰があって軟らかい材質の「低発泡塩ビ板」もあり，釘を打っても割れない．パイプ類としては塩ビ管がある．塩ビ管には，VP 管（給水用，水道用，内径 13 mm～），VU 管（排水，灌漑用の大きな径のタイプ），HI 管（埋設用，耐衝撃性に優れる），HTVP 管（耐熱性が高いが曲げには弱い）などがある．

▶用途

塩ビ管（VP 管）は他のプラスチックパイプと比べて，熱処理して軟化したあとの収縮率が高い．その性質を利用して，車いすブレーキなどの握り柄部分の延長に塩ビ管を利用しやすい（図 1-4）〔第IV章　2．ふきふきリーチャー（p.236）参照〕．

▶入手方法

ホームセンターや日曜大工店など．

塩ビ管は特に屋外に置いている場合，反っていることも多い．反っていないものを選ぶ．

塩ビ管（VP 管）は各種内径（13～20 mm）があるが，いずれも 100 cm で 100～300 円程度．塩ビ板は色・サイズ・材質とも豊富だが，例えば 300×450 mm サイズで厚さ 2 mm のものが 750 円，厚さ 3 mm のものが 1,000 円程度．

▶加工方法

切断は塩ビノコか金切りノコ*で．接着には板と同じメーカーの専用接着材が確実だが，一般には塩ビ系接着剤*（雨とい用接着剤）を用いる．その他の加工はアクリルと同様．

1 プラスチック（合成樹脂）

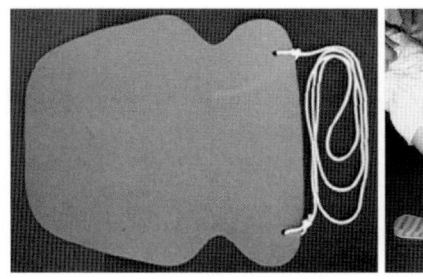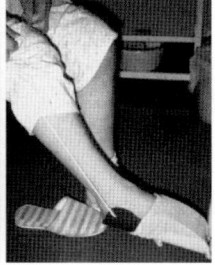

図 1-5　ソックスエイド

[保存方法]

買って何年も経つと粘り（弾性）がなくなり，ジグソーなどで力まかせに切るとヒビが入りがち．数年で使い切るようにしたい．

3）PP（ポリプロピレン）シート

[基礎知識]

軽量で光沢があり，毒性がないことから，食器などの日用品に広く使用されている．繰り返しの折り曲げに強いため，ヒンジを一体成型したパッケージやバインダーなどの事務用品にも多用されている．

シート材が主体で折り曲げを繰り返しても破れず，釘を打っても割れないほどの粘り（弾性）がある．また，ほとんどの薬品や溶剤に溶けないのも他にない特性である．そのため接着剤は効かない．

[種類]

シートや板状のものが市販されている．厚さは 0.2 mm と 0.75 mm が普通で，サイズは 565×980 mm やその半分サイズなどがある．色は 7～8 色．

[用途]

ソックスエイド（図 1-5）などに使う．

[入手方法]

ホームセンターや日曜大工店など．

価格は，PP クラフトシート®（アクリサンデー社製）の 565×490 mm サイズで 450 円程度，565×980 mm サイズで 750 円程度．

[加工方法]

薄いものはハサミ*やカッターナイフで切れる．厚手のものはアクリルカッターで，ま

第 1 章　よく使う材料

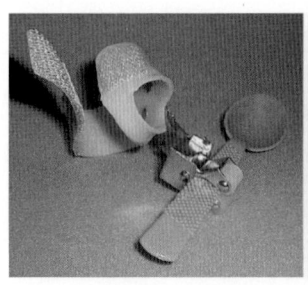

図 1-6　スプリントにローラーキャッチを接合した例

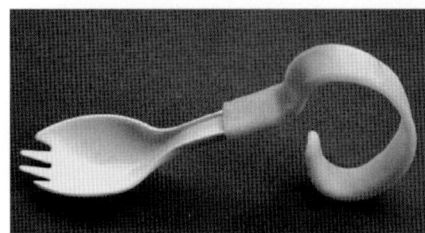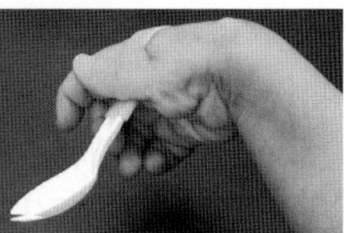

図 1-7　自着するタイプのスプリント材にスプーンを直接取り付けた例

た，アクリルカッターで浅い刻みを入れれば，その折り目は何度も開閉できる．PPシート同士を接着する場合は，接着剤が使えないので代わりにカシメ*で留めるなどで対応する．どうしてもPPシート自体をつなげたいとなると，ハンダゴテ*で溶かして溶接することになる．

4）各種スプリント材（熱可塑性樹脂タイプ）

基礎知識・種類

　低温加工用の熱可塑性樹脂で，各社からさまざまな製品が販売されている．
　種類としては，形状記憶樹脂とそうでないタイプがあり，形状記憶樹脂のタイプも形状復元率100％～50％のものまでさまざま．また自着性（軟化した際の接着性）があるかどうかによって取り扱いやすさや用途が変わってくる．厚さは1.6～3.2 mm程度．軟化温度も製品によってさまざま．

用途

　スプリント材にローラーキャッチを取り付け，その部分にスプーンや筆記具などの道具を挟んで使えるようにするなど（図1-6）．自着するタイプの樹脂であれば，手部のホ

ルダーとなっているスプリント材本体にスプーンやフォークを直接取り付けるなども可能である（図1-7）．

サーモスプリント®（アルケア社製）のように，軟化すると水あめ状になり自着するタイプの樹脂は，接合部の充てんや金属端の処理用に使用できる〔第Ⅳ章 2．ふきふきリーチャー（p.236)参照〕．

▌入手方法 ▌

各医療器具取り扱い店，各メーカーなど．

価格は，取り扱い店によって数量，箱などの出荷単位があるため，最新の条件を確認する．

▌加工方法 ▌

〔切断〕硬いものでも切れる万能バサミ*で．軟化したスプリント材を手に持って切ると自重で素材が伸びてしまうような場合には，スプリント材をテーブル面に置いて切る．

〔曲げ加工〕熱加工にて．広範囲な曲げ加工の場合は，鍋や恒温水槽*などでお湯を沸かし，その中で軟化させてから行う．部分的な曲げ加工の場合は，同様にお湯につけるか熱風加工器（ヒートガンなど）*で．

〔穴あけ〕回転パンチ*などを使用する．スプリント材を少し軟化させたほうが穴をあけやすく，切り口もきれいになりやすい．軟化しすぎるとスプリント材が伸びてしまい逆にあけにくい．電動ドリルはきれいな穴をあけることができないので使用しない．

〔接着〕自着性のある樹脂であればそのまま重ねて接着する．このとき軟化したスプリント材で火傷しないように手や指に十分に水をつけて加工を行う．自着性のないものは専用の溶剤かカシメ*などで接合し，取り付ける．

▌保存方法 ▌

商品によって詳細は異なるが，一般的傾向としては1年以上も放置すると徐々に劣化し，伸縮性や弾性が低下して割れやすくなる．保存にあたってはビニル袋や箱に入れ，空気や日光が当たらない場所に保管する．

また，作製した自助具を使用者に渡すときには，お湯につけたり真夏の車内に置き忘れることによって変形させないよう注意を促す．

5）自由樹脂® （ダイセルファインケム社製）

▌基礎知識 ▌

ポリエステル系の合成樹脂の1つで，「自由樹脂」は商標．

軟化点が60℃と低く，軟化時には接着性がある．固くなってもお湯につければ何度でも再生可能．硬化時も爪で傷がつく程度の硬度であり，加工性に富み，扱いが簡単なため用途は広い．生分解性で微生物によって分解される樹脂．

▶ 種類 ◀

線状とペレット状のものが多様な色彩で市販されており，色の混合もできる．

▶ 用途 ◀

スプーンの柄，筆記具，道具の柄を太柄または握りやすい形に改良するときなどに使う．自由樹脂は食器として使用できる厚生労働省の規格に適合している．しかしあくまでも造形素材なので，口に入れるような用途には使用しない．

▶ 入手方法 ◀

東急ハンズなど大きなDIY店，画材店など．
価格は，35 g 350円，15色×3 g×2袋1,200円など．

▶ 加工方法 ◀

軟化点は60℃だが，お湯の温度はもっと高いほうが早く軟らかくなる（80℃くらい）．固まった後，軽く熱湯につけるか熱風を吹きつけると表面につやが出る．軟化した状態で接着するものは塩化ビニル，スチロール樹脂，AS，ABS，ポリカーボネート．逆に接着しないものはポリプロピレン，アクリル，シリコン，ガラス，ゴム，金属，木．加工する際に自由樹脂を入れるカップは，陶器やガラス製が適している．

▶ 保存方法 ◀

自由樹脂も大きな固まりになると，中まで軟らかくするには時間がかかってしまうので，余った自由樹脂は薄い板状にして保存しておくと便利である．

2　発泡材

製造過程で気泡を含ませたプラスチック．一般材料としては衝撃吸収，防音，断熱などの用途で使われることが多い．自助具材料としては，補高や握り柄を太くするために使われることも多い．

1）発泡ウレタン（いわゆるスポンジ）

▶ 基礎知識 ◀

一般にスポンジという場合，多くは発泡ウレタンを指している．スポンジは日焼けし

1 プラスチック（合成樹脂）

図 1-8 発泡ウレタンの種類
中空のチューブタイプ．

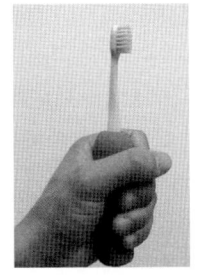

図 1-9 発泡ウレタンの用途
中空のチューブタイプに歯ブラシの握り部分を太くした例．

て黄色くなるので，表面や目立つところへの使用は避けたほうがよい．発泡させずに硬化させると弾性体ができる．弾性体は強度が高く，特に対衝撃性が強い．耐候性，耐油性に優れ，車両のバンパー，車いすのキャスターなどに利用されている．

種類

一般材料としてはさまざまな形のクッション材が市販されている．自動車用シートなどに使われている工業用ウレタンフォームは，「グリーンライト」などの商品名で市販されている．その他，中空のチューブタイプのものが自助具材料として販売されており，これには内径 7〜17 mm，外径 26〜32 mm 程度のサイズがある（図 1-8）．

用途

「グリーンライト」の半硬質タイプ（品番 QD など）は，シーティング用として利用しやすい．中空のチューブタイプは中空部分にスプーンやフォーク，歯ブラシ，くし，筆記具などを差し込んで握り柄を太くする（図 1-9）．

入手方法

一般材料としてのクッション材は手芸店やホームセンター，日曜大工店など．

グリーンライト®（東洋クオリティワン Tel 03-3279-0561）は，車いす取り扱い業者やシーティング製造の工房など．

中空のチューブタイプは，各医療器具取り扱い店，各メーカーなど．

価格は，内径外径さまざまな組み合わせの長さ 30 cm 6 本セットで 2,300 円程度（日本アビリティーズ社製）．

加工方法

薄手のものならハサミ*，厚手のものはカッターナイフで．ウレタン専用のカッター*

もある〔第II章 1. 切る道具・工具（p.124）参照〕．電動スポンジカッター*もあるが，代用できるものとして電動パンナイフ*も使いやすい．切り口を滑らかに仕上げるにはディスクグラインダー*やカービングマシーン*などの研磨工具．高速回転なので軽く削れる．ディスクグラインダーを使用するときには肘を脇につけて，姿勢を固めるのがコツとなる．また，粉が舞うのでマスク*は必需品．

接着は合成ゴム系接着剤*．ヘラやブラシ塗りでは吸い込みが激しく，塗り広げられない．そんなときにはスプレーのりなどのエアゾール式が便利．材料と相手面の両方に吹きつければ強力に接着できる．

中空のチューブタイプで，中空部分に差し込んだものが滑る場合は，接着剤で固定するとよい．逆に，中空部分が小さく差し込みにくい場合は，洗けん水などをつけると入れやすい．

保存方法

汚れた場合は中性洗剤で洗い，洗浄後は十分乾かしてから保存する．

発泡ウレタンは，紫外線劣化と加水分解を起こしやすいため，日光と水分を避けて保存する．

2）発泡ポリエチレン（PE）

基礎知識

プールで使われるビート板のような素材．発泡ウレタンよりも日焼けや変色しないのが長所．つまり表面をカバーする必要はない．密度の違いにより多様なグレードに分かれ，密度が高くなるにつれて強度が増し，軟化点が高くなる．緩衝特性，吸音性，断熱性，耐薬品性，耐候性に優れた素材．

種類

- アイデアシート® （イノアックリビング社製 Tel 052-682-8581）
 色は4色．厚さ2～15 mm で，450×450 mm サイズ．
- デコパネソフト® （光洋産業社製 Tel 03-3252-1702）
 色は数色．厚さ2～30 mm で，500×500 mm サイズ．
- 台所マット® （オーエ社製 Tel 0734-82-3461）
 上面：ポリプロピレン，本体：発泡ポリエチレン製．厚さ12 mm で，425×1,200 mm と 425×1,800 mm のサイズがある．
- PEライト® （イノアックコーポレーション社製）

1 プラスチック（合成樹脂）

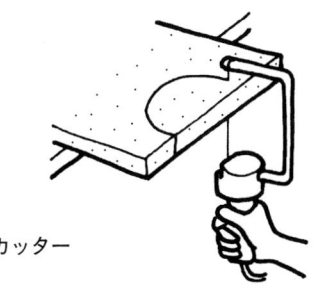

図 1-10 発泡スチロールカッター
を使った切り抜き

一般に装具の内貼りなどに使用．白，肌色が多い．厚み 2～30 mm．

> 用途

補高マット，補高便座，スプーン・フォークなどの太柄の材料に使う．

> 入手方法

アイデアシート®，デコパネソフト®，台所マット® はホームセンター，日曜大工店など．PE ライト® は義肢装具会社などで．

価格は，アイデアシート®，デコパネソフト® はともに厚さ 1 cm で 680 円程度，厚さ 1.5 cm で 890 円程度．台所マット® は 425×1,200 mm サイズで 780 円程度，425×1,800 mm のサイズで 1,280 円程度．PE ライト® は，厚さ 5×100×100 で 5,000 円程度．

> 加工方法

薄手のものならハサミ*，厚手のものはカッターナイフで．電動パンナイフ*も使いやすい．複雑な形や板に対し垂直を正確に切る場合は，糸ノコ盤*などを使用する．切り口を滑らかに仕上げるにはベルトサンダー*やカービングマシーン*などの研磨工具が便利である．また，粉が舞うのでマスク*は必需品．接着は合成ゴム系接着剤*で．

3）発泡スチロール

> 基礎知識・種類

梱包用としておなじみの材料．大きさは 910×1,820 mm の大判まで，厚さは 10～50 mm まで揃っている．球形などの幾何学的な形やブロック状のものもある．

> 用途

さまざまな用途に使用できるが，他の発泡材と比べ圧が加わったときに圧縮・変形しやすいため，補高マットなど長期間荷重がかかるような部分への使用は避ける．ブロッ

ク状の硬質タイプは荷重にも耐えるが、軽量であるため踏み台として使用する場合は、滑り止めが必須である．

> 入手方法

ホームセンター，日曜大工店など．

価格は，910×1,820×12 mm で 500 円程度，910×1,820×20 mm で 800 円程度，910×1,820×25 mm で 1,000 円程度．直径 10 cm の球形で 300 円程度．その他，幾何学的な形やブロックなどは 1,200 円程度．専用カッターは 3,600 円程度．

> 加工方法

切る場合はカッターナイフ．ヒーター式の専用カッターを使うと，細いニクロム線で，切りくずもなくきれいな断面で切れる（図1-10）．接着には発泡スチロール用接着剤*．接着面の両方に薄く塗って貼り合わせる．合成ゴム系接着剤*でも可能だが，塗りすぎると発泡スチロールが溶けるので要注意．その他の加工は発泡ポリエチレンと同様である．

4）発泡ポリスチレン

> 基礎知識・種類

押出法ポリスチレンフォームで，ノンフロン・ノンハロゲン発泡剤タイプの防音板，断熱材として発売されている建築材料である．商品名はカネライト F-I®（鐘淵化学工業社製）．大きさは 910×1,820 mm とその半分サイズ，厚さは 15～50 mm 程度．

> 用途

発泡スチロール板よりも硬質で安価なため，補高マットなどの材料に適している．ただし一部に圧が加わると変形しまうことがあるため，内側材料として使用し，外側には台所マット®（オーエ社製）を使用するとよい〔第Ⅳ章 5．補高マット（p.253）参照〕．

> 入手方法

ホームセンター，日曜大工店など．

価格は，40×910×1,820 mm で 1,280 円程度．25×910×1,820 mm で 730 円程度．20×910×1,820 mm で 640 円程度．

> 加工方法

発泡ポリエチレンと同様．

2 ゴム

　ゴムにはゴムの木の樹液から採った生ゴムに硫黄を添加して作る天然ゴム（輪ゴムなど）と，ブタジエンやシリコンなど高分子化合物の合成ゴム（プラスチックの仲間）がある．広く普及しているのは合成ゴムである．形状としては，滑り止め・縁部分のパッキング目的で使用されるゴム板（硬質なゴムの板材）やさまざまな形状の押出材，緩衝・吸音・防振目的で使用されるゴムスポンジ，防振ゴム（図 2-1）などがある．
　その他，自助具を製作するうえで便利なゴム系材料を紹介する．

1）液体ゴム

基礎知識
　水溶性の合成樹脂ゴムで，成分はアクリル系合成ゴムと顔料．文字どおり液体のゴムで，塗って乾くとゴムの被膜となり，滑り止めや緩衝の目的で使用される．水溶性のため水で薄めることができる．また，重ね塗りもできるので必要な厚さの被膜を作ることができる．

種類
　色は透明，黒，白と各種揃っている．タイプはチューブタイプ，ビンタイプ（図 2-2）などがある．

用途
　木・金属・樹脂・ガラス・布など幅広い素材に塗ることができる．リーチャーやボールペンなどの握り柄部分の滑り止めなどに利用できる．触った感じはややベタベタしており，使用感には好き嫌いの個人差があるかもしれない．その他の使用では，プライヤーなどの工具の握り柄が金属のままで握るときに力が入りにくいときの滑り止めや緩衝目的での使用が挙げられる．あまり薄いと摩擦の力ではげやすい．

第1章　よく使う材料

図 2-1　防振ゴム

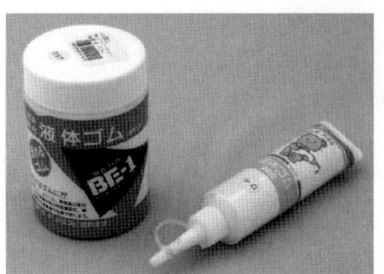

図 2-2　液体ゴム

▶入手方法◀

日曜大工店，ホームセンターなど．

㈱ユタカメイク(大阪府岸和田市三田町 195　Tel 0724-41-2220)液体ゴム BE-2, 70 g 730 円程度，250 g 1,000 円程度．

▶加工方法◀

ハケで塗るか，液体の中にそのまま付けて引き上げる．乾燥時間は金属に厚塗の場合(気温 25°C，湿度 60%)，夏期 2〜4 時間，冬期 4〜6 時間．

▶保存方法◀

使用後は容器は密閉して，直射日光を避けて保管する．ハケや筆は乾く前に水で洗い流す．

2) 熱収縮チューブ

▶基礎知識◀

材質はエチレンプロピレンゴムなど．ヒートガン（熱風加工器）*や炎であぶるなどの熱処理によって，長さは変わらず，内径が約 1/2 に収縮する（一度この処理を行うと，可塑性がないために形は戻らないので，注意を要する）．

耐熱・耐寒・耐候性に優れた（使用温度範囲 −50〜200°C），絶縁・保護・被覆用のチューブ．「スミチューブ」という名称で販売されていることもある．

▶種類◀

色は淡灰・黒・赤褐・透明など各種揃っている．難燃性に優れた認定品もある．一般に入手しやすいのは，内径 4〜25 mm 程度．

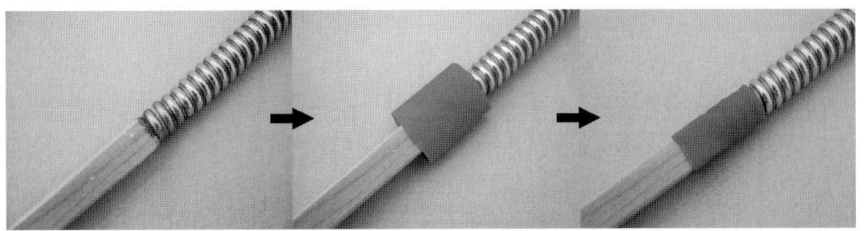

図 2-3 熱収縮チューブの利用例（1）
パイプの継ぎ目段差で怪我をしないよう保護の目的で被膜を作る．

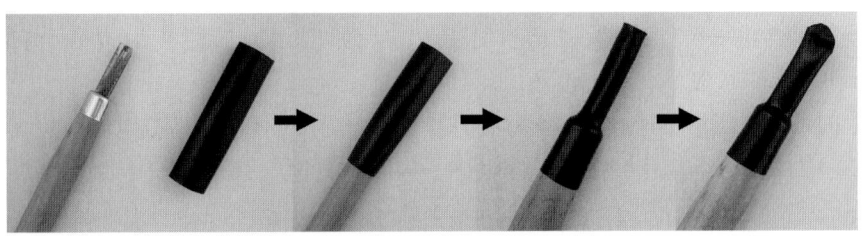

チューブを先部に差し込む　　熱処理して収縮させ，余分な部分を切り取る
図 2-4 熱収縮チューブの利用例（2）

用途

本来は各種口出線と端子やコードを結線した後にその部分を保護・絶縁する目的で使用する．義肢装具の分野では，装具の支柱の被膜として利用されることもある．自助具では，材料と材料のつなぎ目の段差解消，金属端処理などに使用する(長柄ブラシ，リーチャーなど)．グラスファイバーやカーボンファイバー製のパイプを使用してリーチャーを製作した場合，破損したときに破損部が鋭利となることを見越して，あらかじめ熱収縮チューブをパイプ部分全体に取り付けると，強固な被膜が作れる．その他，パイプなどの継ぎ目段差で怪我をしないよう保護の目的で被膜を作ったり（図 2-3），彫刻刀やキリ*などの刃先の保護キャップを作ることもできる（図 2-4）．

握り柄部分に被膜した場合，多少，径は大きくなるが，滑り止めとしての効果は少ない．

入手方法

日曜大工店，ホームセンター，電気パーツセンター，義肢装具会社．

価格は，内径 10 mm 長さ 1 m で 160 円程度，内径 16 mm 長さ 1 m で 290 円程度，内径 20 mm 長さ 12 cm で 250 円など．

加工方法

〔取り付け〕

熱収縮チューブを使用する部分の両端の外径が熱収縮チューブの内径より大きいと最後に熱収縮チューブを通そうとしても通らない．このような場合は，あらかじめ必要な長さに切って先に通しておくことが必要（簡単なことであるが意外と忘れやすく，最後にシマッタとなることが多いので注意する）．

熱収縮チューブはハサミ*やカッターなどで簡単に切ることができる．

〔加熱〕

被覆対象物に熱収縮チューブをかぶせたら熱加工器具*（熱風炉，ヒートガン，ガスバーナー，赤外線ヒーター，電熱器など）を用いて均一に加熱して収縮させる．加熱の温度は 80〜250℃の範囲とする．

注意 熱風炉で収縮させる場合はチューブを均一に収縮させることができるが，ヒートガンなどの器具を使用する場合は次のことに注意する．

- 被覆物が細長い物の場合は中央部から両端部へ向かって収縮させる．
- ゴムの厚さを均一にするために，チューブを回転させ全周に熱を均一にかける．
- 空気が入らないように注意し，凹部から先に加熱する．
- 角形のバーを被覆するには角の部分から収縮させる．
- チューブの縦方向にきざみ（切った部分）が入ると，収縮させたときに裂けてくることがあるのでカット面に傷が入らないように注意する．

保存方法

自然収縮の恐れがあるため，直射日光の当たる場所では保存しない．

3 木材

　木材は，古くから生活に密着した材料であり，さまざまなものに幅広く利用されている．木材の一般的な特性としては，軟らかいために衝撃・吸収性や加工性が高い，軽量で比較的強度が高い，熱伝導率が低い，比重が小さく水に浮く，調湿作用がある，肌触りがよく見た目が美しいなどが挙げられる．しかし，生物材料であることから，均一でなく狂いを生じる，加熱により燃焼するという欠点ももつ．
　これらの特性は，樹種や加工により性質が異なるため，目的に適した材料を選ぶことが重要となる．

1 木材の組織構造

(1) 芯材と辺材

　樹木の根元部のほうを元（モト）といい，先端に向かって細くなっていくほうを末（スエ）という．木材の中心部は樹芯といい，この樹芯近くから取れる材のことを芯材，樹皮近くから取った材を辺材という．一般的な木材の色調から，芯材を赤身（アカミ），辺材を白太（シラタ）と呼ぶこともある（図3-1）．芯材は細胞膜が硬く，組織が緻密で樹脂も多く含んでいるため，耐久性に優れ，害虫も受けにくい性質をもつことから，高級造作材として用いられる．辺材は，芯材に比べて軽く軟らかいが，一方で節がでやすく腐食しやすいという欠点をもつ．

　1本の木から角材をとる場合，樹芯を中にもった角材を「芯持ち材」，樹芯のない角材を「芯去り材」という（図3-2）．「芯持ち材」は，「芯去り材」に比べて強度があるため柱や構造材として使われるが，木が乾燥するとともに中心部と辺材の収縮率の違いによって割れやすいという性質ももっている．樹皮側から樹芯に向かって背割りというノコ目を入れることで，木の収縮はこの切れ目で吸収されて割れを防ぐことができる．

第1章 よく使う材料

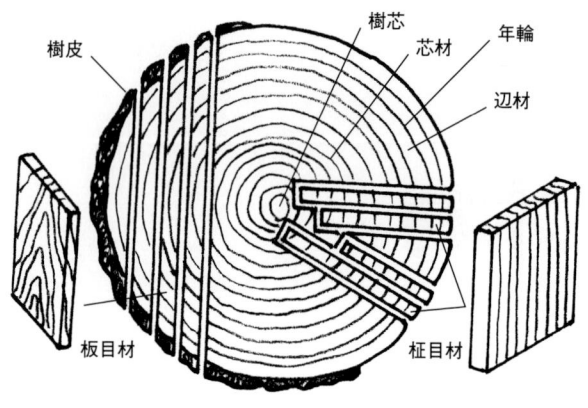

図 3-1 芯材と辺材

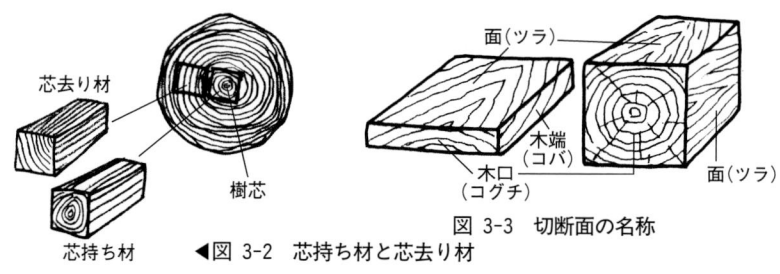

図 3-2 芯持ち材と芯去り材

図 3-3 切断面の名称

(2) 木目

　樹木は，日本のように四季がある地域では，春から夏にかけて成長し，秋から冬にはほとんど成長しない．そのため幹を直角に切断した面を見ると，成長時の幹の組織が粗く薄い色調になった部分と，組織の密度が濃く見かけも濃い色調になった部分とが繰り返し現れる．これを年輪という（図3-1）．

　製材した板材では，輪切りにした年輪の見える切断面を木口（コグチ），幹の方向に縦割りした面のうち板の厚さにあたるほうを木端（コバ），面積の広いほうを面（ツラ）という（図3-3）．面の部分には，年輪として刻まれた濃淡がいろいろな縦の線模様となって現れる．これを木目（モクメ）あるいは木理（モクリ）と呼んでいる．

　木目は大きく分けて柾目（マサメ）と板目（イタメ）に分かれる．樹芯から辺に向かって半径となるように木取りすると，木目が平行線状になる．これを柾目という．木目は美しく，収縮やねじれ，反り，割れが少ないが，反面1本の木から取れる枚数は限られるため価格は高くなる．樹芯をずらして木取りすると，木目は波状や山状のパターンと

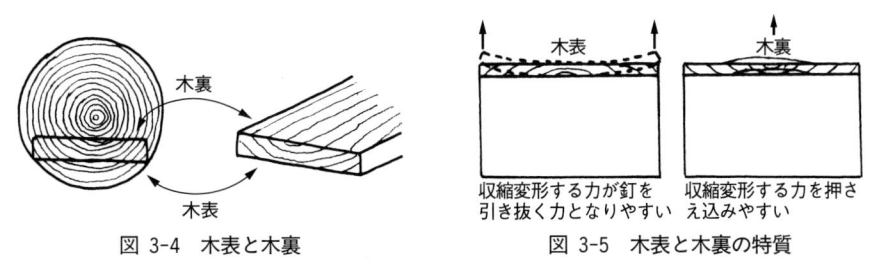

図 3-4　木表と木裏

図 3-5　木表と木裏の特質

図 3-6　木材の強度

なり，これを板目と呼ぶ．収縮や反りなどで狂いが起きやすいが，木取りに無駄がなく，幅広の材料も取りやすくなる（図3-1）．

(3) 木表と木裏

　樹芯をずらして製材された板目の板には，表と裏がある．樹皮側の面を木表（キオモテ），樹芯に近い面を木裏（キウラ）と呼ぶ（図3-4）．木表のほうが木目はきれいに出ているが，春材（組織の疎な部分）が秋材（密な部分）より収縮率が高いため，乾燥していくにつれて木表側に反ってくる．そのため板を用いるときには生じた反りが釘を引き抜く力になりにくいように，木裏から釘を打つとよい（図3-5）．

2　針葉樹と広葉樹

　木工に使われる樹木は，葉の形から針葉樹と広葉樹の2種類に大きく分けられる．針のように細い葉をもつ針葉樹は，生長が早いため材質も軟らかく軽い．また，「軟木」とも呼ばれ，加工がしやすい．さらに幹がまっすぐに育つために建築の柱や梁といった構造材や脚物（椅子・テーブルなどの脚のある家具）の材料として幅広く利用されている．しかし，加工が楽な反面，傷や曲げに対しての強度はやや劣る．

　一方，広葉樹は生長が遅いので，材質も堅く「堅木」といわれ，傷や曲げにも強い．

表 3-1 木材の比重

比重	0	0.1	0.2	0.3	0.4	0.5	0.6	0.7	0.8	0.9	1.0
広葉樹			バルサ	キリ		ホウ	カツラ	レッドラワン	ウォルナット	ナラ	ケヤキ	チーク			ローズウッド
針葉樹				スギ	ヒノキ	ツガ	マツ					

(荒井 章:工作と修理に使う材料の使いこなし術. 山海堂, p.37, 2000 より引用改変)

また，樹脂分が多く光沢がでるため，おもに仕上げ材として造作材や家具・建具材に利用される．ラワンも広葉樹だが，材質が軟らかく加工しやすいため，日曜大工の材料として多く市販されている．それぞれの代表的な樹種と性質については，表3-1 を参照いただきたい．

3 強度と比重

木材の強度には方向性がある．木材は，繊維方向の引っ張りに最も強く，圧縮の約3倍の応力に耐える．繊維に対して垂直にかかる力には強いが，繊維に対して平行にかかる力には極端に弱く，繊維に対して垂直にかかる力の1/10～1/20程度である（図3-6）．釘割れしたり，割りばしが割りやすく細くてもよく使えるのも木材の強度にこれほどはっきりした方向性があるためである．木材は，同じ乾燥状態であれば，比重の高い材，つまり重いほど強度がある．一般には広葉樹は針葉樹より比重や強度が高い傾向にあるが，実際には表3-1，3-2 のように幅がある．

4 木材の選び方

木材は，伐採・製材時の含水率が30％程度であるが，その後含水率15％で安定した状態となるまでに収縮し，変形（歪み）を続ける．乾燥すると強度が増し，加工はしにくくなるが，それだけ使用後に狂いが起きにくいというメリットもある．そのため売り場で木材を選ぶときは，よく乾燥した反りのないものを選ぶとよい．まずは，板を触ってサラッとしたものを選ぶ．材料をホームセンターで購入するときには，冷暖房の完備した売り場で販売されるため，材料自体がよく乾燥していることが多く，実際にはこの心

表 3-2 代表的な樹種と性質

	科目	樹種	硬・軟	肌目	色	割れ狂い	割り裂き	加工性	耐久性	備考
針葉樹	スギ	杉	軽軟	やや粗	淡黄		易	易	中	外壁
	ヒノキ	桧	やや軽軟	緻密	淡黄白		易	易	大	水に強い、柱
		米桧	やや軽軟	やや密	淡黄褐				大	国産桧の代用
		台桧	やや軽軟	緻密	黄		易	易	大	同、台湾産
	マツ	赤松	やや重硬	粗	黄白				中	水に強い
		栂	やや重硬	やや粗	淡黄褐				小	
		米松	やや軽軟		橙褐	小		易	大	パイン
		スプルス	やや軽軟	やや密	淡桃	小			小	桧の代用
	ナンヨウスギ	アガチス	やや軽軟	密	淡黄褐	やや大		易	小	安価
広葉樹	ニレ	欅（ケヤキ）	重硬	粗	黄白			やや難		装飾材、単板
	ブナ	橅（オウチ）	重硬	緻密	白	やや大	難			曲げ木、虫害
		ミズナラ	重硬	粗	淡褐白	やや大	難	難		虫害
	バラ	山桜	重硬	緻密	褐暗黄					装飾、彫刻材
	モクセイ	タモ	やや重硬	粗	淡暗褐					装飾材、単板
		塩地	やや重硬	粗	黄白			易		装飾材
	ゴマノハグサ	桐	軽軟	やや粗	淡白	小	難	易		タンス、難燃
	フタバガキ	レッドラワン	やや軽軟	粗	赤褐			易	小	安価、合板
		レッドメランチ	やや軽軟	粗	淡桃褐			易	小	安価
	ゴニシチル	ラミン	やや硬	やや密	灰黄白	やや大			中 甚小	安価

（相良二朗：テクニカルエイドの素材．OTジャーナル　36：778-787, 2002 より抜粋）

配はほとんどない．むしろ材料が乾燥しすぎることを注意すべきで，釘打ちのときに割れが生じないように，キリなどで下穴を付ける習慣をつけることが大切となる．

次に，まっすぐな板を選ぶ．木の端から見て，板の曲がりを点検する．または，床などの平らな面に置いて判断する．ねじれは，2枚の板を重ねて透き間がないかチェックする．日が当たる場所に置かれた材は，乾燥に偏りがあることが多く，奥側にあるもののほうが無難である．芯のまわりは大きく変形するため，木口では樹芯の入っていないものを選ぶ．抜けてしまうような節やヤニが多い節はダメ．確実に避けたいのは，丸い節よりも板を横に貫通する節．板はそこを境に折れたり曲がってしまう．

まっすぐな丸棒を選ぶコツは，まずたわみが見てわかる丸棒は選ばない．見ただけでは，たわみがわかりにくい丸棒は，床や壁などの平らな部分に置いて転がし，透き間やばたつきで判断する（図3-7a）．その他の方法として，丸棒を指で持ち早めに回転させると，まっすぐな丸棒は回転の軸がブレない．一方，たわんでいる丸棒は指先に回転軸のブレを感じたり，横から見たときに曲がっている部分が膨らむように回転することで判断できる（図3-7b）．

第 I 章　よく使う材料

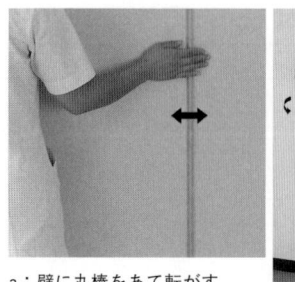

a：壁に丸棒をあて転がす．
b：丸棒を指で持ち回転させる．

図 3-7　まっすぐな丸棒の見分け方

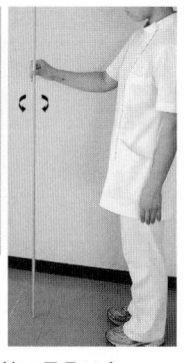

図 3-8　トランスファーボード

　どんな木材を使うかで，作業のしやすさは大きく変わる．ノコギリ*で切断・加工しやすいのは，「パイン」や「ヒノキ」などの針葉樹である．特にパインは釘や木ネジを打っても割れることが少ないので安心．広葉樹は全般に硬いので手で挽くノコギリ*が使えない．その他，棚板などのしなりやすい個所で強度を出すには，広葉樹の仲間で「ラワン」，厚さの割に安い「パイン材」，そして「ランバーコア合板」を使うとよい．

　自助具の材料として木材を選ぶ場合には，その材料にどのような機能を重視して選ぶかということになる．例えば，トランスファーボード（図 3-8）では，荷重に耐え，反りにくい材の選択が優先され，リーチャーでは，手で持って使用するため軽量で一定の強度があり反りの少ない材を選ぶことが重要となる．

5　木材の分類

　木材の呼び名を整理してみると，まず木を切り倒した状態は「原木」．これを製材用ノコで切り出したものが「製材品」．これにカンナがけしたものが「加工材」．その他に「合板」「集成材」などがある．

1）製材品・荒材

基礎知識

　原木を製材用ノコで四角く切り出したものが「製材品」．表面がザラザラした木材で，製材品そのものや丸太の表面が残った製材品を合わせて「荒材」と呼ぶこともある．

3 木材

種類

寸法での分類では，厚さと幅の比率で「板（厚さ 80 mm 未満，幅は厚さの3倍以上）」，「ひき割り（厚さ 80 mm 未満，幅は厚さの3倍未満の幅の狭い板）」，そして「ひき角（厚さ，幅が 80 mm 以上の太い材）」の3種類に分けられる．厚さ・幅とも定番寸法としての規格はなく，店によって異なる．屋根組用の「タル木」や壁組用の「胴縁」など，建築での用途名がついた製材品もある．

「タル木」は正方形に近い形なので「角材」と呼んでしまいそうだが，「角材」はカンナがけされた加工材を意味するため区別を要する．板材では杉，米ツガ，エゾマツなどの針葉樹が多い．

入手方法

日曜大工店やホームセンター，製材所など．
選び方は，「4．木材の選び方」（p. 22）参照．

加工方法

表面がザラザラなのでカンナがけするか，サンドペーパー*や電動サンダー*での研磨が必要となる．

2）加工材

基礎知識

製材品にカンナがけ（プレーナー加工）したものが「加工材」．大きく分類すれば，丸棒や2×4材，木端をしゃくり（段差）加工したものや，敷居溝の角材など数多くの種類がある．2×4材以外は寸法の規格はなく，店によって異なる．

種類・用途・加工方法

〔針葉樹加工材・ラワン材〕

平らで縁も直角な四角い板や角材．必要な厚さや幅で買えば，ノコギリ*で横引きするだけですぐに使えるため便利．店頭にある加工品の多くは，比較的長くて大きな材がとれる針葉樹．広葉樹ではラワンが使われることが多い．

サイズの規格はないが，長さについては 1,820 mm，910 mm でほぼ一定している．幅は広いもので 250 mm 程度まで．

〔2×4（ツーバイフォー）材〕

もともとは 2×4（ツーバイフォー）工法（日本では枠組壁工法）と呼ばれる北米の建築工法に使われる建築用構造材．日曜大工では，屋外のデッキなどによく使われる材．

図 3-9　台付き爪切り

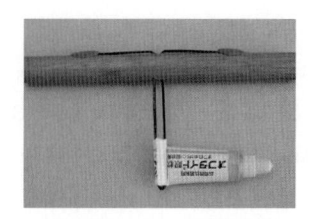

図 3-10　チューブ絞り器

名前は 2×4 インチの断面を意味するが，正確には 38×89 mm．その他 38×140 mm，38×183 mm，38×38 mm があり，長さも 910 mm，1,820 mm，2,430 mm，3,000 mm，3,600 mm の種類がある．どれも断面の角は丸く面取りされている．使用される樹種は 2 種類．全体の約 2/3 を占めるのが「SPF」．スプルス・パイン・ファー（モミ）の略で，北米の針葉樹．軟らかい材質で白い木肌．もう 1 種類が「ウェスタンレッドシダー（スギ）」．赤い肌の材で，SPF よりやや硬めで節は少ない．

〔工作材料〕

　模型など細部の加工に適した小ぶりの棒材や板材のことで，ホームセンターや日曜大工店，模型店ではだいたい工作材料のコーナーがある．長さは 600 mm 程度が中心で，幅や厚さは 5〜10 mm 単位の割り切りのよいサイズが揃っている．置いてある材は，「バルサ」などカッターナイフでも切れるほど軽く軟らかい材から「ヒノキ」「ホウ」などまで各種．一辺が 60〜70 mm の角材は，台付き爪切り（図 3-9）の材料として利用できる．

〔丸棒〕

　丸棒は，径約 30〜80 mm ほどの太さで，長さは 1,820 mm または 910 mm．樹種は，ラミン，ヒノキ，スギ，ラワンなど．ラミン丸棒は，ネジ頭を隠すための埋め木としても使われ，径は 3，5，8，10，12，15，30 mm と揃っている．

　自助具での使用では，チューブ絞り器（図 3-10）やリーチャー〔第Ⅳ章　1．リーチャー（p.224）参照〕などの材料として使用することも多い．ハンガーボルトが埋め込まれたものはテーブル用の脚材料で，長さは座卓用の 400 mm からダイニングテーブルの 700 mm までで角材のものもある．

　なお，ラミン材は，絶滅を危惧される生物を保護するためのワシントン条約による規制対象（2001 年 8 月）となっており，今後国内での流通が少なくなることも考えられる．

■ 入手方法

　日曜大工店やホームセンター，製材所など．

図 3-11　普通合板

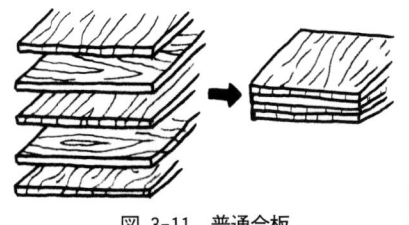

図 3-12　合板は,木口や木端へのネジ・釘打ちで割れやすい

価格は，38×89×1,820 mm SPF 2×4 材で 400 円程度．丸棒は，長さ 1,820 mm の径 20～15 mm の太さで 300 円前後．径 10 mm の太さで 200 円前後．

選び方は，「4．木材の選び方」(p. 22) 参照．

3) 合板

基礎知識

一般には，原木を薄くむいた単板（ベニヤ）を奇数枚貼り合わせた板でベニヤ板とも呼ばれる．通常は，繊維方向を直角に交差させて接着する．合板の利点としては，切断などの工作がしやすい．木材に共通する割れ，反り，収縮などの欠点がなく，タテヨコともに均一な強度があり，狂いが少ない．さらに，幅の広い板が安価に得られるなどが挙げられる．合板には，接着剤の種類による性能別分類がある．

1 類（タイプ 1）は接着剤にメラニン樹脂を使用しており，屋外や長時間濡れている状態でも使用可能な完全耐水合板．T 1 の表示がある．

2 類（タイプ 2）は純度の高いユリア（尿素系）樹脂を使用しており，タイプ 1 より耐水性は落ちるが，日常使用には十分の耐水性をもつ高度耐水合板．T 2 の表示がある．

また，合板の寸法規格としては，910×1,820 mm の通称サブロク(3×6 尺)が一般的．厚さは 2.3～30 mm まで．なお，プライ数という表示があったら，単板の貼り合わせ枚数のこと（5 プライ→5 枚合わせなど）．

種類・用途・加工方法

〔普通合板〕

表面に特殊加工をしていない合板（図 3-11）．ラワンやシナを材料としていることが多い．1 類（タイプ 1）完全耐水合板と 2 類（タイプ 2）高度耐水合板がある．

加工上の留意点としては，層がはがれないように切り口にネジや大きめの釘を打たな

第1章　よく使う材料

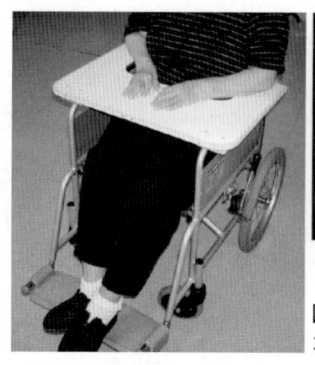

図 3-13　化粧合板を利用した車いす用カットアウトテーブル

いこと（図3-12）．接合には，細い釘と木工用接着剤*を併用するとよい．

〔コンパネ〕

正式には，コンクリート型枠用合板という．コンクリートを打ち込むときの型枠としての使用が本来の用途．1類（タイプ1）完全耐水合板で，厚さ12 mm以上の，表面が未仕上げのラワン合板．表面を塗装や樹脂コートしたものもある．普通合板よりも安価で，普通合板の代用としても使用可能．サイズは12×900×1,800 mmが一般的．これはコンパネ特有の規格で，普通合板よりやや小さめ．寸法精度は高く，対角線2本の差が2 mm以内の規格となっている．平積みで売られていることも多く，面の歪みも少ない．

〔化粧合板〕

表面が加工された合板．「天然木化粧合板（ツキ板合板）」は，普通は合板の表面に，チークやローズウッドなどの高級天然木を薄くスライスした板（ツキ板）を貼ったもの．「プリント合板」は，普通合板の表面に木目印刷した化粧紙を貼って，表面を樹脂加工した比較的安価なタイプ．「塗装合板」は，普通合板の表面にラッカーなどの塗料を塗布したもの．「樹脂合板」は，合板表面にプラスチックフィルムを貼ったもの．特に，硬質なメラミン化粧合板は耐水・耐熱性に優れており，熱い食器を置いても傷まないため，食事用テーブルや車いすのカットアウトテーブル（図3-13）などに使用される．「穴あき合板」は，S型などの吊りフックを自由に取り付けることができ，工具や材料などの整理・収納用の壁としての利用もできる．

〔特殊合板〕

・ランバーコア合板

角材を平行につないで芯にして単板で挟み，さらに補強のために外側から2層目にヨコ方向の単板が入れてある．繊維のほとんどがタテに向くので，長い距離に差し渡して

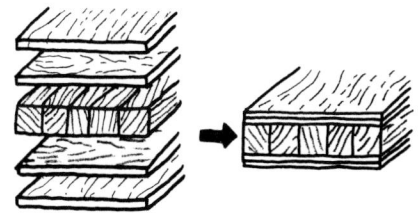

図 3-14　ランバーコア合板 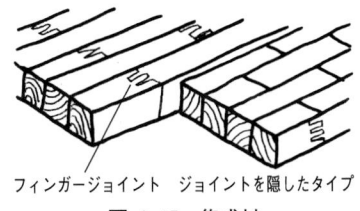　　　　　図 3-15　集成材

もたわみが少なく，棚板などへの使用に適している．しかし繊維と平行にかかる力に対しては弱い．厚さが 12〜30 mm と角材の分だけ厚いため普通合板に比べ，釘やネジの接合に強い（図 3-14）．

ランバーコア合板の表面にフィルムを貼ったのが「棚板合板」で木目調や白，黒，ベージュ系の色がある．

・パーティクルボードコア合板

木材を細かくし，接着剤を加えて熱圧成型し板状にしたパーティクルボードを芯材にしたもの．狂いや変形はないが，強度はやや弱い．

▎入手方法▕

日曜大工店やホームセンターなど．合板は，店頭で立てて保管されていることが多い．透き間があれば曲がりやすい．取り出してみて平らなものを選ぶ．

価格は，普通合板の $9 \times 450 \times 1{,}200$ mm や $9 \times 900 \times 900$ mm で 1,000 円程度，塗装コンパネで 1,500 円前後，塗装のないコンパネで 1,000 円前後．プリント合板は $9 \times 900 \times 900$ mm で 2,000 円程度．ランバーコア合板は $18 \times 910 \times 450$ mm で 1,500 円程度，$18 \times 910 \times 250$ mm で 1,000 円程度．

4）集成材

▎基礎知識▕

角材を平行に並べて貼り合わせた板．歪みが少ないだけでなく，加工材に近い見た目と性質で，ムク材（一本の木から切り出せる材）では得にくい 300 mm 以上幅広の板が得られることが利点．繊維方向の接合部は，接着面積を広げるために特有のフィンガージョイントなので強力．

最近ではフィンガージョイントをヨコに向けて隠し，表面には直線部分を出すものも多い（図 3-15）．

種類

原料の木材の種類は，スプルス，マツ，ツガ，ヒノキやオーク，ブナ，チーク，パインなど豊富にある．サイズとしては，厚さ 12〜36 mm，幅 300〜600 mm，長さは 910 または 1,820 mm 程度．化粧薄板を貼ったものもある．

入手方法

日曜大工店やホームセンターなど．

価格は，パイン材の 18×400×910 mm で 1,300 円程度．

加工方法

ノコギリ*，カンナはムク材と同じ要領で行う．水拭きを頻繁にするテーブルの天板は，長い間に継ぎ目が黒ずんでくるため必ずウレタンニスで塗装する．接着された板なので，雨にあたる場所は避ける．

4 金属

　金属は硬く強度があることや，曲げや切断，穴あけなどのほかに，叩いて変形させたり，高温で溶かしたものを型に流し込んだりといった多様な加工方法が可能である．そのため，建物などの大きな構造物から針などの小さなものまで，さまざまな形で利用されており，われわれの生活になくてはならない素材の1つである．自助具での利用では，特に強度を求める場合などに用いられる．

　金属材料の中で鉄が中心的に利用されてきたため，金属を分けるときには，鉄と非鉄に分類することがある．

1 金属特性と種類

1）鉄

(1) 鉄鋼

　鉄（Fe）は単体で用いられることはほとんどなく，炭素との合金，つまり炭素鋼の形で利用され，鋼（コウ：steel）と呼ばれる．しかし，刃物の材料として用いられる鋼（はがね）と区別する場合は軟鉄と呼び分けられる．鋼は強度，弾性，加工性といった特性をバランスよく持ち合わせており，安価でもあるため，最も幅広く利用されている金属材料である．炭素の含有率が特性に影響し，炭素が多いときには硬く脆くなり，少ないときには粘りが生じる．一般的な鋼で，1 mm^2 当たり402〜510 N（41〜52 kgf/mm^2）の力に耐える強度をもつ．また，鋼は熱処理によって多様な特性をもたせることができ，高温から急激に冷却することで硬度を高める「焼き入れ」，徐々に冷却することで硬度を下げる「焼きなまし」，高温からある温度まで急に下げ，徐々に冷却することで粘りをもたせる「焼き戻し」などが行われる．このような熱処理は金属の結晶構造の変化で変態と呼ばれ，鋼に限らず現れる現象である．

欠点は錆びやすいためにメッキや塗装などの保護被膜を必要とする点．メッキをする素材により呼び名が変わり，鋼にスズ（Sn）をメッキしたものをブリキといい，食品容器（缶詰など）に用いられる．亜鉛（Zn）をメッキしたものをトタンと呼ぶ．クロム（Cr）をメッキしたものは美しい光沢をもち，装飾性の高いものとなるが，水がかかる場所で使用すると内側の鋼部にサビが発生しやすい．

(2) 特殊鋼

炭素鋼の特性を改善するためにモリブデン，クロム，マンガンなどの金属を加えて合金としたもの．クロムとモリブデンを加えた炭素鋼を通称クロモリ鋼と呼び，薄い材料でも強度が高いため，機器の軽量化が可能となる．

クロムとマンガンを合金化した炭素鋼をステンレス鋼と呼ぶ．stain（サビ）-less（ない）という名前のとおり，炭素鋼の最大の欠点である錆（酸化）に強い特性と美しい光沢をもち，調理器具や電気製品，装身具などに使われる．しかし錆びないわけではなく，異種金属と接し，その間に酸があると電池が形成され電流が流れることで電解腐食という化学反応が生じる．ステンレス鋼には合金の配合でいくつかのグレードがある．SUS（サス）430 は，一般的なステンレス鋼でクロム（Cr）18％を配合しており磁性がある．比重は約 7.7．溶融点 1,427～1,510℃．

SUS 304（18-8 ステンレスとも呼ばれる）はマンガン（Mn）18％とクロム（Cr）8％を配合しており，非常に耐腐食性が高い．磁性はない．比重は約 7.9．溶融点 1,399～1,454℃．両者は磁石がつく（SUS 430），つかない（SUS 304）ことで見分けることができる．ステンレス鋼は炭素鋼に比べ強度や硬度が高い反面，加工性が低く，溶接も難しい．このため製品は高価となる．基本的に塗装の必要はなく，塗装してもはげやすい．

2）非鉄金属

(1) アルミニウムとその合金

非鉄金属の中で最もよく用いられるのは，アルミニウム（Al）とその合金である．アルミニウムの特性としては，毒性がない（この特性を生かして，食品や医薬品の包装，飲料缶，医療および家庭用機器などで広く使用されている），鋳造しやすい（アルミニウムは溶融点が 659℃と低く，溶けた状態でも表面が酸化被膜で覆われガスを吸収しにくいなどの性質をもっているため，薄肉の鋳物や，複雑な形状の鋳物を作ることができる），接合しやすい（溶接，ハンダ付け，リベット接合，接着などさまざまな方法で接合が可能），再生しやすい（他の金属と比べると酸化しにくく，融点が低いため，使用済みのア

ルミ製品を溶かして，簡単に再生することができる）などが挙げられる．

　また，アルミニウムは比重が約2.7と金属の中で最も軽量であり，重量は鋼の1/3程度で，その割に強度は高い．さらに電気や熱の伝導性が高く，表面に酸化被膜を形成するため錆びにくいという特徴をもつ．工業的には金型に溶融アルミを流し込む成形やプレスによる成形法が用いられることが多いが，パイプや板としても規格品が流通しており，軟らかいために曲げや切削といった加工もしやすく，手工作にはいちばん手軽な金属である．

　合金を含まないものは純アルミとも呼ばれ，軟らかく，加工しやすいため，一般工作に用いられる．一方で割れやすく，亀裂が入るとそこから徐々に破断するなどの欠点が挙げられる．またアルミニウム単独では軟らかいため，銅（Cu）やマグネシウム（Mg）などの金属と合金化して利用されることも多く，一般に軽合金と呼ばれる．アルミニウム合金には熱処理されたものとされていないものがあり，熱処理されたものは焼き入れ，焼き戻しにより強度と硬度が高められており，常温下にて急激に強い力を加えると瞬時に破断するなどの特性がある．そのため曲げるときに加熱するなどの工夫が必要となる．

　アルミニウム合金は酸化被膜を形成するために大気中では腐食しにくい．しかし，塩分や酸の影響を受けやすく，白色の酸化物が浮き出てくる．アルマイトで腐食から保護されるが，塩分や酸が強い環境では腐食が進んでしまう．そのため温泉などではアルミニウム製品は使用に適さない．酸化に弱いために溶接も酸素を遮断した（アルゴンガスで覆った）状態で行う必要がある．塗装は被膜が剥離してしまうため，プライマ処理（塗料との密着性を向上させるための下地処理）を施したうえで行う．

　アルミニウムに銅，マグネシウム，マンガン，亜鉛を合金化したものをジュラルミン（duralumin：ドイツの治金学者ウィルム氏による発明）という．特に強度を高めたものを超ジュラルミン，超々ジュラルミンといい，軽量（比重2.8）で炭素鋼と同程度の強度をもつ．

アルマイト（alumite）とは？

　「陽極酸化被膜処理」ともいい，アルミニウムに耐食性（腐食されにくい性質）酸化被膜を施すこと．硝酸溶液中でアルミを陽極として電解すると，アルミの表面に多孔質で繊維状の酸化被膜ができる．この繊維質を染色したのちに高圧蒸気または熱湯処理をして孔をふさぐと耐磨耗・耐食性に優れた被膜になり，アルミサッシの表面処理によく使われている．アルマイトの表面は硬く，折り曲げるとヒビが入りやすいため，用途としては切る材料に限られる．

(2) 銅とその合金

銅とその合金は耐蝕性に優れ錆びず，美しい地肌をもつため，古くから装身具や日用品，建築材料などによく用いられてきた．また，熱の伝導性が高く，電気抵抗が低いため電線や電気関係の部品材料としても利用される．比重は約 8.9，溶融点 1,083℃．色は十円玉とほぼ同じで，年月が経つと色合いが変わる．

工作材料としては，軟らかく，高い展延性（曲げたり圧し広げても破れない）のため加工性が高く，鍛金・彫金などのクラフト材料としてもよく使われる．また，ハンダ付けで接合が可能であるため，自助具材料として使われる場合もある．

銅と亜鉛の合金を黄銅（真鍮，ブラス：brass）といい，ドアノブや丁番などの建築材料や管楽器として用いられる．また，銅とスズの合金を青銅（ブロンズ：bronze）といい，美術品や機械部品に用いられる．黄銅は銅に比べ黄色みが強い．青銅にリン (P) を合金化したリン青銅は，ばね性の高い金属で，電気抵抗も低いため，スイッチなどの部品としてよく利用される．黄銅にニッケルを混ぜたものを白銅（洋白）といい，銀に近い外観になるため，スプーンやナイフなどの洋食器や装身具などに用いられる．

(3) チタン合金

チタン (Ti) は軽量（比重 4.54）で強度が高い材料であり，生体親和性も高い．また，錆びることがなく，塩分や酸があっても腐食しないという利点がある．

反面，硬度が高く，展延性が悪いために加工性が著しく低いのが欠点で，材料，製品ともに価格が高い．最近では車いすやスポーツ用品に使用されている．種類としては，純チタンと合金に分けられ，合金は，硬く加工も困難だが，純チタンは比較的軟らかく機械加工はしやすい．

2 金属板

基礎知識・種類

アルミニウム板，銅板，真鍮板，軟鉄板，ステンレス板などが一般的に売られている．板から切り出すことで，さまざまな形のものを作り出すことができる．各金属特性については，前述のとおり．厚さは 0.1 または 0.2〜3.0 mm，大きさは 100×300 mm から大判では 600×910 mm が一般的で，これらの等分サイズが各種ある．

用途

スプリントの金属本体部分やカフ類の基台・取り付け部分など．

4　金属

入手方法

日曜大工店やホームセンターなど．

価格は，アルミ板 300×400 mm は，厚み 0.1 mm で 250 円程度，厚み 0.3 mm で 420 円程度，厚み 1.0 mm で 880 円程度．銅板 300×365 mm は，厚み 0.3 mm で 950 円程度，厚み 0.5 mm で 1,370 円程度．真鍮板 200×300 mm は，厚み 0.3 mm で 470 円程度，厚み 0.5 mm で 740 円程度．

加工方法

〔準備〕怪我をしないように手袋を着用する．研磨作業では必ずマスクをする．

〔切る〕はじめに切断ラインを板に罫書き（材料の上に傷をつけて線を描くこと）する．複雑な曲線や同じ形を切るときには，図面をコピーして板にスプレーのりで貼るのもよい．はがした後ののりはベンジンで取る．この方法は板の保護にもなり，作業中の傷を防ぐこともできる．0.8 mm 以下の薄板は，金切りバサミを使って切る方向に刃を直角に当てて切る．0.3 mm 以下で板が刃の間に滑り込むようであれば，キッチンバサミや万能バサミ*で切る．厚さ 1.5 mm までは金切りノコ*で，また，曲線は糸ノコ盤*を使う．ジグソー*であれば厚さ 3 mm まで切断できる．

〔穴あけ〕穴の中心にポンチ*で印をつけてから，電動ドリル*で穴をあける．深い穴のときには，油を差しながらあける．アルミニウム板の穴あけ加工では，ドリルの刃が材料にくい込んでしまうことがあるため，刃の速度を速めて送りを少なくしたり，アルミニウム用のドリル刃を使用する．穴の周囲にはバリというめくれが生じやすいのでヤスリやトリマ用ドリル刃などで落とす．

〔削る〕仕上げに応じて，切断面のバリを鉄工ヤスリ*で削る．アルミニウム板は粘りが強く，鉄工ヤスリ（複目）*では目詰まりして使えないため，「単目」のヤスリ*を使用する．グラインダー*などの砥石類も同様．サンドペーパー*または研磨布なら使い捨てなので便利である．

〔曲げる〕軟鉄板の折り曲げは，バイス*，ハンマー*の組み合わせで厚さ 3 mm まで可能．アルミニウム板を曲げてアールを出す場合は，パイプや円筒に巻き付けるようにして曲げる．板をバイス*に加えて曲げるときには，傷がつかないよう保護板を当てる．あまり強く曲げると表面に割れ目ができやすい．表面に多孔質の荒れが目立ったら，弱くなっていないかどうか手で押して確かめる．アルミは加工硬化（ひずみ硬化ともいい，金属に力を加えて変形させると硬さが増し，逆に伸びは小さくなる現象で，その程度は材料によって異なる）しやすく，折り曲げや穴あけの場所が脆くなりやすいので注意を要する．アルミ合金の板には，圧延加工するときに生じる圧延ロールの方向の細かい筋

第1章　よく使う材料

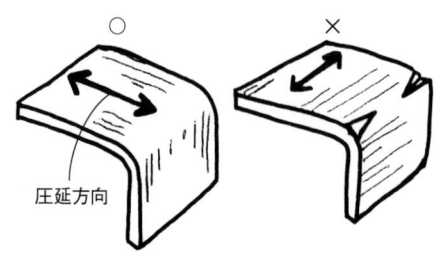

図 4-1　アルミ板を曲げるときは圧延方向に直角に

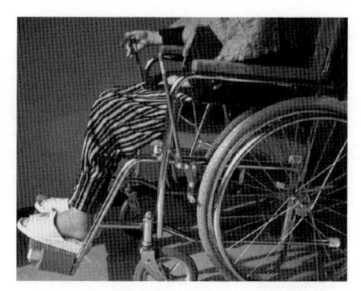

図 4-2　車いすブレーキの延長に園芸用支柱を利用した例

目（ロール目）が残る．金属内部の結晶組織もこのロール目方向に流れているため，曲げ加工はロール目に直角方向に行うと割れにくく（図4-1），切断も長手をロール目に合わせたほうが反りや歪みが発生しにくい．銅板の場合は，尖った角に曲げてもほぼ問題ない．打ち出しや絞りなどの加工にも適しており，金床*とハンマー*で半球にすることもできる．手だけで曲げるには厚さ0.8 mm，ハンマーでは2 mmくらいまで可能である．

〔接合〕穴あけ加工をしてネジ止めやリベット止めをするか，金属用接着剤*やハンダ*を用いて接合する．アルミニウム板はハンダやロウ付けは困難なため，その他の方法で接合する．

〔その他〕軟鉄板は錆びやすいので塗装を確実に行う．アルミニウム板は荷重がかかるところでは厚手の板を使う．

※切断面，切り口などで怪我をする恐れがあるので，取り扱いには十分気をつける．

3　棒・パイプ材

日曜大工店などの工作材料コーナーでは，丸棒，角棒，丸パイプ，角パイプ，L形，U形棒材など各種断面形状のものがある．材質もアルミ，銅，真鍮，ステンレス，軟鉄などがあり，長さも豊富に揃っている．パイプ径も豊富で，その中でも32 mmは標準的な手すりの太さ，25 mmはアンテナパイプの標準径，19 mmはパイプ製の家具に多い径．これらを選べば，固定や延長するときに適合サイズの金具や接ぎ手が見つけやすい．一般に中身が詰まっている棒材と中空のパイプの力学的特性としては，同じ材料であれば，パイプのほうが軽量で構造的にも強い〔コラム：板は曲げると強くなる（p. 101）参照〕．最初に代表的金属材料としてアルミニウムパイプを紹介する．

その他，園芸コーナーで探せば，植物のつるを巻かせるための園芸用支柱は鋼管をプラスチック材料で被覆しているため，ちょうどよい長さで切断して，車いすブレーキの簡易延長に利用できる（図4-2）．このように一般には金属材料として分類されないが，自助具材料として利用しやすい金属を主体とした材料を，本来の用途以外への応用例として紹介する．

1）アルミニウムパイプ

 基礎知識・種類

基礎知識は金属特性を参照．太さは径6～10 mm 程度．長さは1または2 m が一般的．

 用途

リーチャー，長柄ブラシの長柄部分など．

 入手方法

日曜大工店やホームセンター，模型店など．

価格は，純アルミなどの熱処理していないものは比較的安価（2 m パイプで500 円程度）．

 加工方法

丸パイプをアール状に曲げるときに，丸い断面を保って曲げるには専用機械が必要となる．手工具では曲げ部分に歪みが生じてつぶれたり，折れてしまう．簡易的には，内側に透き間なく砂をつめ，熱しながらゆっくりと曲げる．曲げの角度によって当て金*などの治具*を用いるとよい．これで完全な丸断面とはいかないまでも，つぶれ方は少なくてすむ．丸パイプを他の部材にネジ止めするときには，ネジ止めするところだけをバイス*で平らにつぶして穴あけしてから行う．

2）ABS被覆鋼管（イレクターパイプ® ：矢崎化工社製）

 基礎知識

鋼管の外側をABS樹脂でコーティングしたパイプとABS樹脂製のジョイントを専用の溶剤*で接着して，自由な形状で強靱な構造体を作ることができる．製作したものは耐水性が高く，美しい外観を呈する．構造体の強度（図4-3）は通常の使用には十分な範囲であるが，これは接着が正しく行われた場合に限る．ジョイントに過大な曲げモーメントが作用しないように設計することが重要となる．

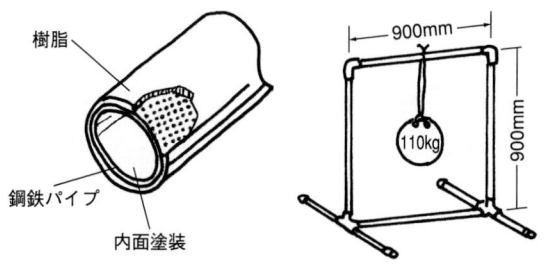

図 4-3　イレクターパイプの構造と強度

図 4-4　イレクターパイプ専用のハンドカッター▶
（パイプをバイスなどに固定すると切りやすい）

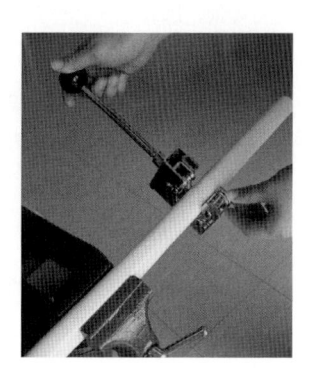

種類

パイプの長さは，30 cm〜4 m まで各種揃っている．色はアイボリーを基本にグレー，緑など．専用の塗装スプレー(5 色)もある．ジョイントはさまざまな形状のものがある．特殊なジョイントでは金属製のものもある．専用のパイプカッターと接着剤(サンアロー接着液)が同じ売り場で販売されている．パイプの切断には，金切りノコ*や一般用のパイプカッターでも可能であるが，切断精度，切断能力ともに専用のハンドカッター（図 4-4）が優れているため，ぜひ揃えておくことを勧める．

用途

ポータブルトイレ補高フレーム（図 4-5），車いす用テーブル（図 4-6）など．

入手方法

日曜大工店やホームセンター，医療材料店など．矢崎化工では，依頼すれば希望に応じた組み立ても行っている．

価格は，パイプは 1.5 m で 450 円，2 m で 600 円程度．ABS 樹脂製のジョイントは 50〜220 円程度．サンアロー接着液は，30 ml で 200 円，50 ml で 220 円，100 ml で 300 円程度．ハンドカッターは 3,300 円程度．スプレー塗料（900 ml）は 950 円程度．

加工方法

溶剤での接着のため，一度接着してしまうとはずすことはできない．そのため最初に簡単でもよいので，設計図を書き，必要なパイプの長さ，ジョイントの種類や数量，接着剤の量が足りているかを確認してから作業を開始する．

仮組し，構造的に問題ないか，寸法どおりの構造になっているか確認した後に接着作業を行う．接着作業はすべてを組み立ててから一気に接着してもよいが，大きな構造体では基本となる構造部分から直角を確認しながら接着固定し，その部分を土台にして直

4　金属

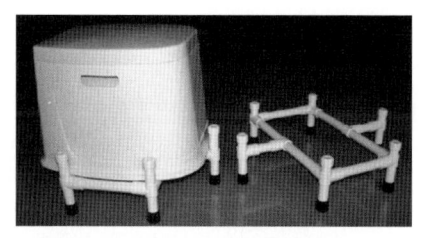

図 4-5　イレクターパイプを利用した
ポータブルトイレ補高フレーム

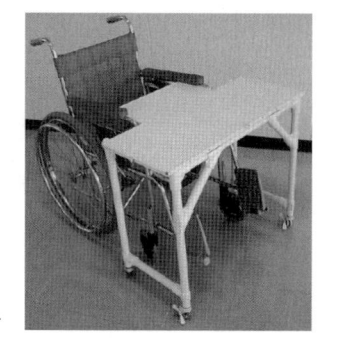

図 4-6　イレクターパイプを利用した車いす用テーブル▶

角を確認しながらパーツを組み立てるようにすると狂いが少ない．直角の割り出しには，サシガネ*や大きなパーツでは床のタイル面など身近にある直角部分を利用する．接着するジョイント部分が動かないようガムテープなどで仮止めをしてから接着する．

保存方法

　ジョイントはあらかじめコーナー用，中間コーナー用，キャップ類，キャスターなどの接合方向別や形状・用途別に分類し，保存しておくと製作のときにすぐに取り出せ，また在庫管理上も有効となる．パイプは，できるだけ長い寸法を準備しておくと無駄がでにくい．パイプの内側は錆びるため，湿気の少ないところに保存する．20 cm 以上の端材は後で使うことも考えられるため，捨てずに保存しておく．接着剤は揮発しないようしっかりと内蓋，外蓋を締めて冷暗所に保存する．

3）ベンリーカン（SAN-EI），フレキパイプ（KAKUDAI）

基礎知識・種類

　トイレタンクや湯沸かし器などに取り付ける給水管の一種（図 4-7）．いずれもステンレス製だが，ベンリーカン（SAN-EI）のほうが光沢がある．形状は両端が水栓に差し込めるようツバ出し形状となっている．パイプ部分は蛇腹状になっており，さまざまな形に曲げられるようになっている（曲げの限界は半径 35 mm 程度）．

　パイプの内径は 11 mm，外径は 14 mm で，長さは 200〜1,000 mm まで各種揃っている．10 cm 当たり 12.4 g と比較的軽量．どの部分でも自由に曲げられるため，一部分だけ曲げることも，弧を描くように曲げることも可能．

用途

　長柄ブラシの長柄部分，ふきふきリーチャーの角度調整部分〔第Ⅳ章　2．ふきふきリー

第 I 章　よく使う材料

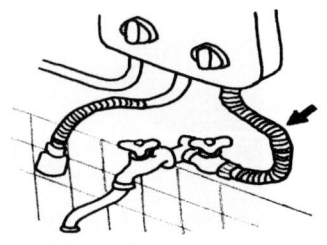

図 4-7　ベンリーカン（SAN-EI），
フレキパイプ（KAKUDAI）

図 4-8　長柄洗体ブラシの角度調整部分に
ベンリーカン（SAN-EI）を利用した例

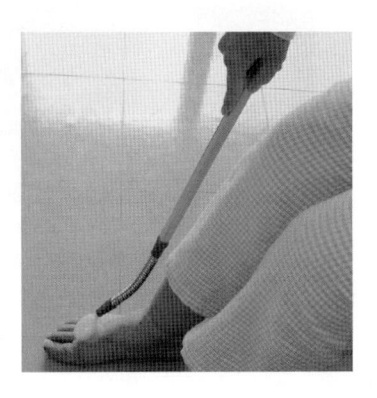

チャー（p. 235），3．長柄ブラシ（p. 242）参照］，長柄洗体ブラシの角度調整部分（図
4-8）など．

■入手方法

　日曜大工店やホームセンターなど．水道またはトイレ用品コーナーに置いてあること
が多い．

　価格は，長さ 300 mm で 660 円，500 mm で 800 円程度．

■加工方法

　曲げるのに特に道具類は必要としない．両手で曲げたい部分を持って曲げる．

4）カメラ三脚

■基礎知識・用途・種類

　本来の目的はカメラの固定であるが，三脚部分が伸縮することを利用して，伸縮タイプのリーチャー（図 4-9）の本体部分などに使用することができる．カメラを取り付けるときには，三脚に直接取り付けるのではなく，雲台というカメラの向きを操作するレバーなどが取り付けられた部品を介して，三脚に取り付けられている（図 4-10）．販売されている三脚には，三脚のみのもの（重厚な高級品に多い），三脚に雲台が取り付けてあるもの（普及タイプの中型に多い），三脚と雲台が一体となったもの（普及タイプの小型に多い）の 3 種類がある．

　伸縮部分の固定方法では，ジョイント部を回転させ締めつけて固定するタイプ（ナット式），ジョイント部の爪を折って曲げることで固定するタイプ（レバー式）などがあり，

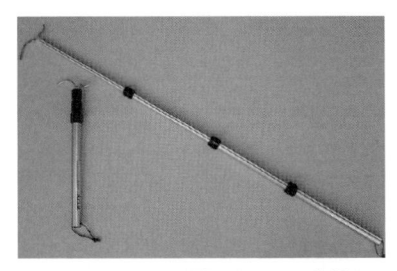

図 4-9 カメラ三脚を利用した伸縮タイプのリーチャー

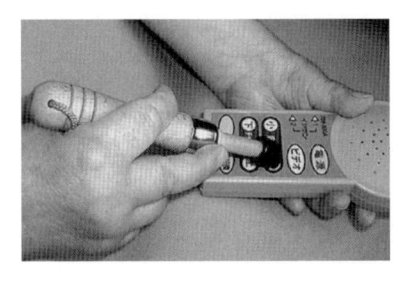

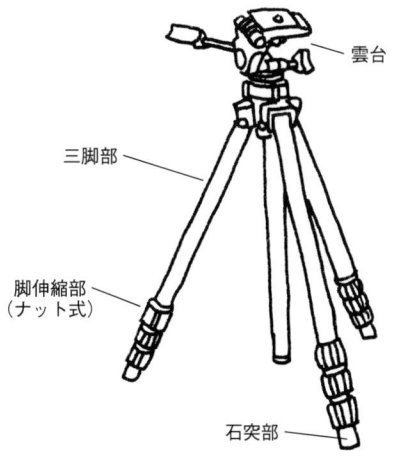

図 4-10 カメラ三脚の構造

◀図 4-11 カメラ三脚の石突部のゴムを利用したスイッチを押す自助具

レバー式はロックをかけるのにかなりの手指機能を必要とする．パイプの断面形状では，多角形パイプ，丸パイプ，溝入り丸パイプなどがあり，このうち丸パイプはパイプ同士が空転するため固定があまくなりやすい．

接地する部分（石突）はゴムが付いているものと金属が付いているものがあり，ゴムのほうが取りはずしやすい．取りはずしたゴムはスイッチを押す自助具（図4-11）を製作するときなどに役に立つ．三脚の長さや重量はかなり差があり，一般に全高（三脚を最も高くした状態での地上高）が高い機種ほど重量も増す傾向となる．

入手方法

カメラ店，日曜大工店やホームセンターなどのカメラコーナー．

雲台が必要ないのであれば，雲台を取りはずせるタイプで三脚のみ購入することでその分安価となる．購入にあたっては，必要とされる縮長と伸長と重量のバランス，脚ロックの方法，石突の種類，価格を吟味する．

価格は，SLIK製 500 GIII（雲台なし，三脚部のみ）で 3,700 円．その他，機種やメーカーによりさまざま．

4 針金・線材

基礎知識・種類

普通に針金と呼んでいるのは，鉄線に亜鉛メッキをしたもの．ほかに耐腐食性を高めた線としては，ステンレス線，銅線，アルミ線などがある．その他に色が白やグリーンなど10色くらいある塩ビコーティング線（カラーワイヤ）の芯は鉄線．針金の太さは，線径（針金断面の直径：mm）で表される以外に，「#16」のように表される場合がある．これはSWG（British imperial standard wire gage）番手という英国の規格で，換算表（表4-1）のとおり，数字が大きいほど径が細くなる．形状としては，10～50m巻のほかに1m程度の線材として，また鉄などをニッケルメッキしたものやステンレス製のものがリングの形でも売られている．ピアノ線は焼き入れした硬い鋼材で，バネのような反発がある．径は0.5～3.0mm.

用途

針金は，径が3mm程度の太いものは，リーチャーの先具〔第Ⅳ章 1．リーチャー（p.224）参照〕などに使われる．ただし，銅線とアルミ線は軟らかいため使用しない．ピアノ線は，ボタンエイドのフック部（図4-12）や洗濯バサミなどのバネ部改良用〔第Ⅳ章 2．ふきふきリーチャー（p.235）参照〕として使われる．リングの形状のものは，本来はチェーン類や鍵などとの連結用であるが，ファスナーをつまんで操作できない場合の改良材料（図4-13）として利用できる．この場合，二重になっているタイプのほうが連結させたものを脱落させにくい．また，先端部の段差をなくしたタイプのほうが引っ掛かりがなく安全性が高い（図4-14）．

入手方法

日曜大工店やホームセンター，教材店など．

価格は，針金#10（径3.2mm）×15mで400円，#26（径0.45mm）×95mで120円程度．ステンレス丸棒（外径30mm）×1mで350円程度．ステンレス線#10（径3.2mm）×15mで850円程度．ピアノ線#18（径1.8mm）×4mで150円，#24（径0.55mm）×20mで250円程度．二重リングは，鉄をニッケルメッキしたキーリング（線径3.2mm，内径20mm）3本入りで60円程度．

加工方法

切るときにはペンチ*を使用する〔第Ⅱ章 1．切る道具・工具（p.107）参照〕．針金は径3.2mm（#10）より太い場合は，ボルトクリッパーで切る．

太い針金を曲げる場合は，曲げ台（治具）を使ったほうが正確にできる．ピアノ線で

4 金属

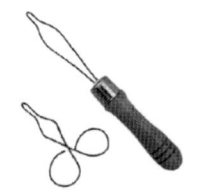

図 4-12 ボタンエイド
ピアノ線#18を使用．

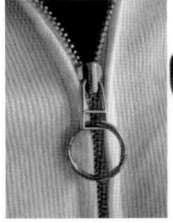

図 4-13 ファスナーの改良
リングに指をかけてファスナーの操作をする．

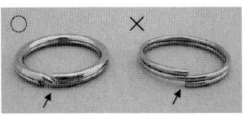

図 4-14 二重リング

図 4-15 ピアノ線でのバネの作り方

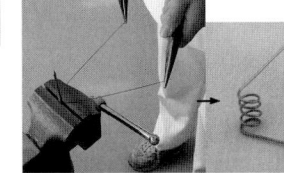

表 4-1 針金の線径（針金断面の直径）・SWG 番手換算表

番手	線径（mm）
#6	5.00
#8	4.00
#10	3.20
#12	2.60
#14	2.00
#16	1.60
#18	1.20
#20	0.90
#22	0.70
#24	0.55
#26	0.45
#28	0.35
#30	0.30

バネを作るときは，バイス*に必要な径よりも小さめの（ピアノ線の弾性により形が戻るため）釘などを固定し，そこへピアノ線を巻いて作る（図 4-15）．また，洗濯バサミのバネを弱くするときにもピアノ線を加工してバネを作る〔第Ⅳ章 2．ふきふきリーチャー（p. 235）参照〕．

保存方法

ピアノ線は錆びやすいので，湿気の少ないところに保存する．

5 固定（接合）材料

　材料同士を固定・接合して自助具を製作することは非常に多い．固定・接合方法には，おおまかに「機械的締結」「溶接」「接着」がある．「接着」と一部の「溶接」については，「6．接着・充てん材料」(p.58)で紹介し，この項では「機械的締結」とその類するものについて述べる．

1）釘

　■基礎知識■
　釘は材質，形，用途によって種類が豊富にある．材質は軟鉄，ステンレス，銅，真鍮，鉄にユニクロメッキを施したものなど多彩．形状では頭の大きい釘，スクリュー状の釘，打った跡を隠してしまう釘，仮止めをする釘などいろいろある．また接合する材料は一般的に木材用である．その他にはコンクリート用，石膏ボード用，トタン用など特殊用途の釘もある．サイズと各部の名称は図5-1を参照．太さが番手で表示されているときには，針金の太さと同じ規格である．

　■種類■
　釘の種類を選択するポイントは，打つ対象の材質，水分の多い場所かどうか，緩みを防ぐ必要度など．以下に，一般によく使用される釘について述べる．

　〔鉄丸釘〕
　ごく一般的な軟鉄製の釘．胴の断面が丸なので丸釘という（昔は胴の断面が四角の釘が一般的であり，その釘に対して丸釘といわれるようになった）．頭は平らで布目模様の滑り止めがついている．おもに木材同士の接合用．木材内部で錆びて接合力を増す（図5-2）．

　〔スクリュー釘〕
　胴部分がスクリュー状となっており，抜けにくく加工してある釘（保持力は丸釘の約

5 固定（接合）材料

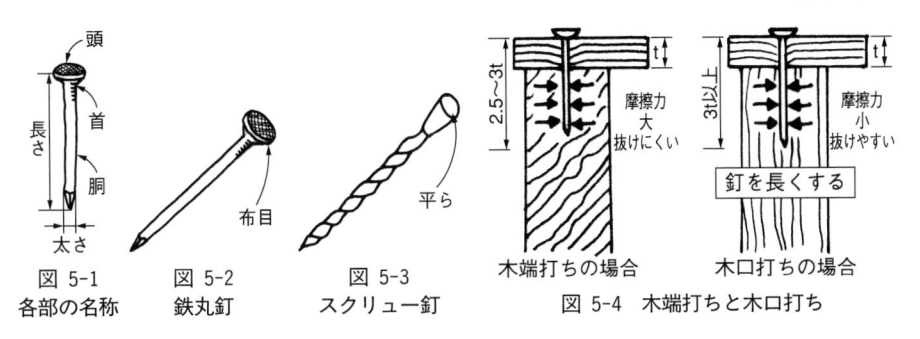

図 5-1 各部の名称（頭／首／胴／長さ／太さ）
図 5-2 鉄丸釘（布目）
図 5-3 スクリュー釘（平ら）
図 5-4 木端打ちと木口打ち
- 木端打ちの場合：2.5〜3t、摩擦力大・抜けにくい
- 木口打ちの場合：3t以上、摩擦力小・抜けやすい → 釘を長くする

1.3倍）．あとで分解する可能性があれば，スクリュー釘は避ける．また分解する必要があれば木ネジを使用する（図5-3）．

〔ステンレス釘〕
耐腐食性の高い釘．水がかかる場所や湿気の多い場所に使う．

用途

一般的には木材同士の接合．自助具での使用では釘付まな板など（この場合，錆びないようにステンレス釘を使用すること）．

入手方法

ホームセンター，日曜大工店など．

加工方法

釘付まな板を製作するときには，（まな板の表に2〜3cm出るような長さの）ステンレス釘をまな板の裏側から2本（3〜4cm離して）打つ．そのままでは釘の先が鋭利なためサンドペーパー*などで研磨する．

次に，一般的な木材同士を接合する場合．使用する釘の長さの目安は，木の繊維を横断するように打つ木端（こば）打ちの場合は上板の厚さの2.5〜3倍，木の繊維の方向に沿って打つ木口（こぐち）打ちの場合は上板の厚さの3倍以上（図5-4）．板の裏から突き出しそうなら，ワンサイズ小さいものを使うか，突き出した釘を鉄工ヤスリ*で削り取る．よく使うサイズのほかに隣り合うサイズも揃えておくのもよい．釘を打つ前に釘の太さより小さい径の四ツ目キリ*や電動ドリル*で下穴をあけておくと板割れを防ぎ釘打ちもしやすい．下穴の深さの目安は，釘の長さの1/2以下程度．釘打ちでは釘頭を材料表面よりも完全に沈める．木材を打ち締めることで，その復元力が釘の緩みを防ぎ保持力を高める．

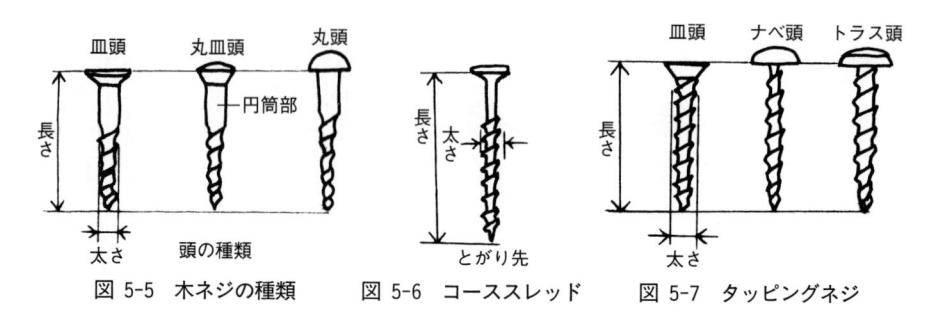

図 5-5　木ネジの種類　　図 5-6　コーススレッド　　図 5-7　タッピングネジ

保存方法

　ステンレスや真鍮釘以外は，密閉容器やビニル袋に乾燥剤といっしょに入れてサビを防ぐ．サイズも表示しておくとよい．

2）ネジ

基礎知識

　ネジはドライバー*を使って締めつける接合具．用途別では，木などに使う木ネジ，金属に使う鉄ビス，レンガ・モルタル・ブロック・コンクリートに使用するコンクリートビスなどがある．ネジの形は大きく分けて2種類．先がとがっており材料に分け入って締まるネジ（木ネジなど）と，円筒形で先端が平らで，ナット（雌ネジ）がかみ合って締まるネジ（小ネジ）がある．

種類

〔木ネジ〕

　おもに木材用のネジ．木ネジの頭下は円筒状．板の接合では，ネジのない円筒部が空転して2枚の間に引き寄せる力が働くが，一方で円筒部のため薄板2枚を締めるには不向きとなる．長さはネジ頭の形状によって測る部分が違うので注意を要する（図5-5）．また木材割れを防ぐために下穴が必要となる（軟らかい木材では不要）．その径はネジの太い部分の谷径，また深さはネジの長さの1/2〜2/3が目安となる．

　コーススレッド：充電式ドライバードリル*用の木ネジ．細い胴にラッパ状の頭．ネジ山からネジ山までの間が広く，高いネジ山で木材への食い込みが深いので保持力が高い．充電池の消耗を防ぐために，低い締めつけトルクで回し沈める形となっている．下穴をあけなくても木が割れない（図5-6）．

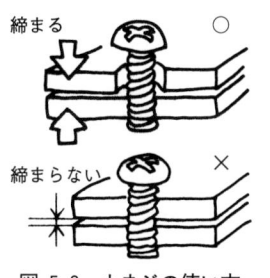

図 5-8　小ネジの使い方 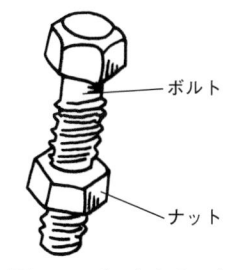　　図 5-9　ボルトとナット 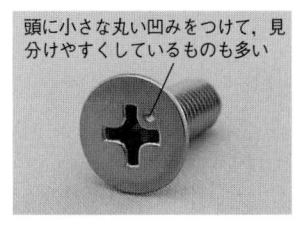　　図 5-10　メートルネジ（小ネジでの例）

〔タッピングネジ〕

　金属板またはプラスチック板用のネジで，下穴をあけてから締める．タッピングネジは「とがり先」で下穴を押し広げて進む．長さはネジ頭の形状によって測る部分が違うので注意を要する（図 5-7）．頭のすぐ下までネジなので薄板に適する．下穴径は首部分のネジの谷径が目安となる．欠点としては，力が余ってネジ切ってしまいやすいこと．特に薄い板では穴が広がって，同じ穴は再び使えなくなる．そのため，締めつるときには，ドライバー*の手応えが重くなったところで止めるのがコツとなる．きつく締めることができないため，振動を受ける場所では緩みがでやすい．

〔小ネジ〕

　軸径の小さい，頭付きの雄ネジ．ナット（雌ネジ）と 1 組にしてナットで締める．小ネジ本体だけでなく，ワッシャーとの一体型，ナット・ワッシャーとの一体型でも販売されている．ネジのピッチ（ネジ山からネジ山までのサイズ）の種類については，「3）ボルト・ナット」を参照．小ネジといってもサイズは径 2～8 mm，長さ 5～100 mm とかなり豊富にある．

▎入手方法

日曜大工店，ホームセンターなど．

▎加工方法

　下穴をあけるときには，ポンチ*で凹みをつけてからキリ*やドリル*で穴をあけると正確な穴あけができる．小ネジを使って 2 枚の板を接合するときには，上板の穴径が小さいとうまく締まらない．この場合は上板の穴を大きめにあけてから接合する（図 5-8）．

▎保存方法

　商品パッケージにサイズや下穴表などの情報が掲載されていることが多いので，パッケージは捨てずにそこから小出しにして，余ったものは再びパッケージに収納しておく．

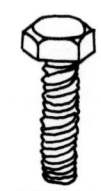

図 5-11　ボルトの種類

図 5-12　ナットの種類

3）ボルト・ナット

基礎知識・種類

　スパナ*やレンチ*などの工具を使って締めつける接合具(図 5-9)．ドライバー*よりも大きな力が使えるので，かなり太いサイズもある．ボルトのネジのピッチ（ネジ山からネジ山までのサイズ）にはメートルネジ(M 6 など頭に M 表示がある．最近では，頭部分に小さな丸い凹みがついていることも多い (図 5-10)．ミリネジ，ISO（イソ）ネジと呼ぶこともある）とインチ（ウィット）ネジ（W 1/4 など頭に W や分数の表示がある）の 2 つのタイプがある．メートルネジは ISO（国際規格）に合わせてあり，インチネジは基本的に廃止となっている．建築関係や家具には特殊ネジとしてインチサイズのボルトも使われている．ボルト同士で同じサイズかの見分け方は，ボルトの山同士を合わせて，ぴったり合えば同じサイズ．合わないボルトを無理に入れるとネジ山を壊して，ボルトをダメにしてしまうので注意する．必要なナットは同時に買うか，ボルトナットのパックで買えば，サイズ間違いの心配がない．素材は鉄にユニクロメッキ加工がしてあるものやステンレスが一般的．頭の形にはスパナ*やモンキーレンチ*で締める形状（六角ボルト），六角棒レンチ*で締める形状（六角穴付きボルト），手で締める形状（チョウボルト）などがある（図 5-11）．ナットにもさまざま形状のものがある（図 5-12）．

用途

　金属・木材・プラスチックなど同じ材質のもの同士，また違う材質同士の接合．

入手方法

　日曜大工店，ホームセンターなど．

加工方法

　ボルトより一回り大きな穴をあけ，ボルトを入れてからナットで締めつけて接合する

5 固定（接合）材料

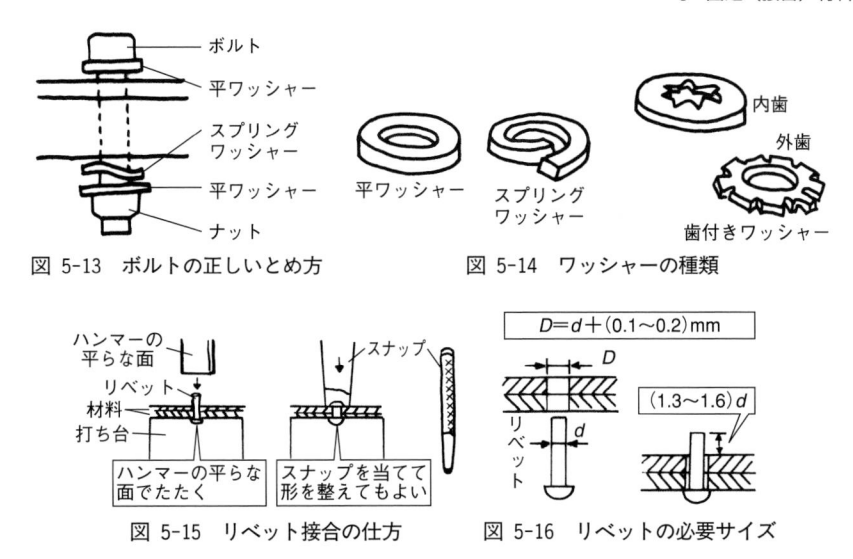

図 5-13 ボルトの正しいとめ方

図 5-14 ワッシャーの種類

図 5-15 リベット接合の仕方

図 5-16 リベットの必要サイズ

$D = d + (0.1〜0.2)$ mm

$(1.3〜1.6)d$

（図 5-13）．

4）ワッシャー

基礎知識・種類・用途

　別名は座金という．平ワッシャーは材料との接触面を傷めずに，ボルトを強く締めつけるためのカバー．金属材料だけでなく木材では締めるごとにネジ頭がめり込むので必需品となる．

　スプリングワッシャーは振動に対してクッションの役割をすることによりネジが緩むのを防ぐ．そのため振動がかかるところに使うとよい．また，ボルト自体に回転力がかかる場所の緩み止めには，摩擦力のかかる歯付きワッシャーを使うとよい．Eリングは回転軸の位置決めや外れ止めに使われる（図 5-14）．

入手方法

　日曜大工店，ホームセンターなど．

第1章　よく使う材料

シャフト
(芯軸)

フランジ
(リベット本体)　　図 5-17　ブラインドリベット

5) リベット

▶ 基礎知識・種類・加工方法 ◀

　薄い板同士を圧着固定する鋲（びょう）をリベットという．金属リベット（材質はアルミや銅などの軟らかい金属が一般的）とナイロンリベットがある．板のそれぞれに同じ径の穴をあけて，金属リベットを重ね合わせた板に通し，金属リベットの両端をハンマー*でつぶして固定する（図 5-15）．ナイロンリベットは端部を熱風加工器*（ヒートガンなど）やライターで加熱して球状にし，プラスチックハンマー*等で軽くたたいて仕上げる．このときに使用するリベットは，板2枚分より少し長くて穴径より少し小さめを選ぶとよい（図 5-16）．両端をつぶして穴より大きくすることで抜けなくなり板は固定されるが，単なるカシメと違い，両端をつぶすことにより穴の中の部分が太くなり，穴の中も強固に結合される．取り外すときには，ディスクグラインダー*などでつぶした一端を削り取り，釘などで打ってはずすか，食い切り*やラジオペンチ*でもう一端のほうから引き抜く．

▶ 用途 ◀

　金属リベットはネジよりも信頼性が高いので，2度と分解しないところに多用されている（飛行機の外板やテレビやラジカセのシャーシー部など）．
　ナイロンリベットはスプリント材やプラスチック板同士の接合など．

▶ 入手方法 ◀

　金属リベットは日曜大工店，ホームセンターなど．
　ナイロンリベットは各医療器具取り扱い店，各メーカー，義肢装具会社など．

5 固定（接合）材料

図 5-18 ブラインドリベットの接合の仕方

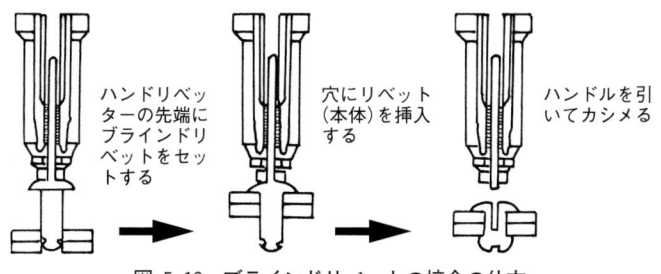

図 5-19 靴の面ファスナー部をリーチャーで操作するためのハトメ

6）ブラインドリベット

基礎知識・用途

　従来型のリベットは先端を叩いて丸めるが，これを簡単な操作でカシメられるようにしたのがブラインドリベット（図 5-17）．リベット径より 0.1〜0.2 mm 大きい下穴をあけてから，専用のハンドリベッター*を使用し接合する〔第Ⅱ章　4．打つ道具・工具〜ハンドリベッター（p. 154）参照〕．片側から接合できるので，ネジが効かない薄板や裏側に手が入らない袋状の構造やパイプにも打てるので利用用途が広い．

種類

　サイズは豊富で 10〜20 本のパックからある．素材はアルミ製，鉄製，ステンレス製など．

入手方法

　日曜大工店，ホームセンターなど．

　価格は，リベット径 3.2 mm 100 本入パックで，アルミフランジ・鉄製シャフトでは 500 円程度．フランジ・シャフトともにステンレス製では 1,800 円程度．

加工方法

　使用するリベットのサイズに合ったノーズピースにブラインドリベットのシャフトを入れてハンドリベッター*の先端にセットし，接合する穴に入れ，ハンドリベッター*のハンドルを強く握ってかしめる（図 5-18）．

7）ハトメ（鳩目）

基礎知識

比較的柔らかくて薄い材料にあけた穴の補強用金具．ハトの目に似ていることからこの名前がついている（小穴のほうもハトメというときもある）．ハトメだけで接合するものと，ワッシャーを使用して接合するものがある．

種類

一般的なサイズは穴の内径で3〜15 mm程度．ハトメパンチや専用の工具が付属している場合が多い．

用途

一般的には台紙や革，布の付け下げ用などの穴の補強用．自助具での使用では，靴の面ファスナー部〔8．その他の材料〜面ファスナー（p. 90）参照〕をリーチャーで開閉するための穴の補強用など（図5-19）．

入手方法

日曜大工店，ホームセンター，手芸店など．

加工方法

付属の工具やハトメパンチを使用して，ハトメ金具の大きさに合った穴をあける〔第II章 2．穴をあける道具・工具（p. 133）参照〕．穴にハトメを入れ（ワッシャーのあるものはその反対側から組み合わせ），専用の打ち台に置いて，専用の打ち具を当ててからたたいて留める．または，ハトメパンチで挟んで留める．

8）カシメ

基礎知識・種類

薄いプラスチック板や革などの同じ材料や違う材料同士を圧着固定する鋲（びょう）がカシメ．部品は頭（カブセともいう）と足（座ともいう）に分かれている．頭の径は6〜9 mm前後．足の長さは5.5〜9 mm程度．頭の色は各種揃っている．

頭と足を組み合わせ，両端から圧力をかけることで足の先端がつぶれ，頭の中で広がることではずれなくなる．足の下側からのぞくと足の先端がつぶれているのが見えることで接合されたかどうかを確認できる．リベットと違い穴の中の部分は太くならないので，接合した2つの材料はカシメを軸にしてある程度回転することができる．

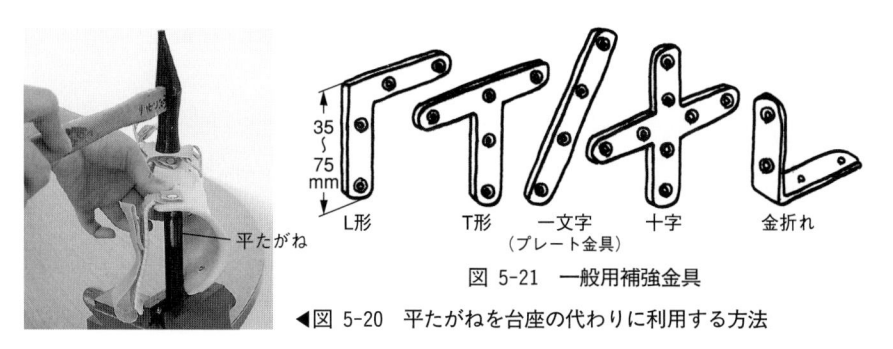

図 5-21　一般用補強金具

L形　T形　一文字（プレート金具）　十字　金折れ

◀図 5-20　平たがねを台座の代わりに利用する方法

用途

スプリント材にストラップを取り付けるときなど．

入手方法

日曜大工店，ホームセンター，手芸店，義肢装具会社など．

加工方法

はじめにそれぞれの材料に同じ径の穴をあける．次に頭と足を入れて重ね合わせた後に，カシメ部分を金床*などの台座に置き，金槌*でたたくか，またはプライヤー*で挟んで接合する．cock-up splint の前腕部などのようなプライヤー*では届かず，また金床*などの台座も置けない場所をカシメるときには，大きめの平たがね*をバイス*に固定し台座の代わりとして使用するとよい(図5-20)．取りはずすときには，頭のほうを食い切り*でちぎってはずす．

9）補強金具

木材同士を釘やネジで接合した個所の緩みを防ぐものを「補強金物」という．補強金具には「住宅用」と「一般用」がある．ここでは自助具作製に使われやすい一般用補強金具を紹介する．

基礎知識・種類

木工作品用の小さめの補強金具で，木材の厚さに制約なく使える平たい形をしている．皿穴があいているので，皿頭の木ネジなどで接合できる．材質はユニクロメッキ，ステンレスや真鍮製など．サイズや形状もさまざま（図5-21）．

用途

一般には机，椅子，箱などのコーナーの補強用．自助具では金属素材の強さと接合用

第1章　よく使う材料

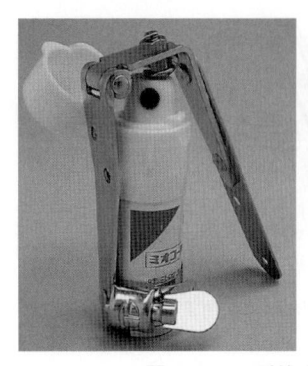

▲a：金折れ・ストラップ丁番・スプリント材を使用したナースコールスイッチ改良（黒い部分は熱収縮チューブ）
◀b：プレート金具・ストラップ丁番・ホースバンドをリベット接合したスプレーエイド．

図 5-22　丁番機構を利用してスイッチを押しやすくする加工例

の穴があいていることを利用してレバー部の延長などに用いる（図5-22aのナースコールスイッチ改良，図5-22bのスプレーエイドなど）．

■入手方法

　日曜大工店，ホームセンターなど．似たような金属製品としては，自動車用品店や日曜大工店，ホームセンターのカーコーナーなどにも置いている．

■加工方法

　金具を曲げるときには，曲げたい個所をバイス*に固定し金槌*で曲げる部分の近くをたたいて曲げる．このとき曲げる場所の近くではなく離れた場所に力を加えて曲げると全体にしなるように曲がってしまう．穴をあけるときには，電気ドリル*を手持ちで使用するのは危険．必ずドリルスタンド*か卓上ボール盤*を使う．また，締め金*を使ってテーブルにしっかり固定して穴あけをする〔第II章　2．穴をあける道具・工具（p.126）参照〕．

10）丁番（チョウバン）

■基礎知識

　チョウツガイのことをいう．ヒンジと呼ぶことも多い．2枚の羽根と呼ばれる金属板が軸によってつながれており，軸を中心に動くようになっている．種類や大きさはかなり豊富にある．

■種類

　代表的な丁番の種類としては，羽根が平らで長方形の「角丁番」．抜き差し丁番は，丁番を付けたまま扉をはずせるタイプ．手前に倒すタイプの扉に，管のでっぱりがなく平

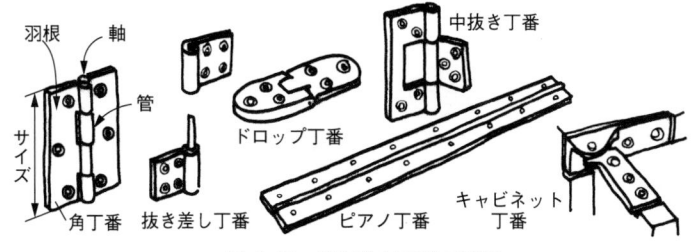

図 5-23　代表的な丁番の種類

らに使えるドロップ丁番．中抜き丁番は，羽根の重なりを少なくして彫り込みを省けるもの．ピアノ丁番は，長い扉で反りが心配なときに使う．その他の種類では，シンクや壁面収納の扉によく使われる，羽根同士がハサミのように擦れ合って開閉するキャビネット丁番などがある（図 5-23）．

▶用途◀

一般的にはドアや家具などの扉の可動部用の取り付け金具．自助具での使用では，丁番機構を利用してスイッチを押しやすくする加工（図 5-22）などがある．

▶入手方法◀

日曜大工店，ホームセンターなど．

▶加工方法◀

角丁番を扉に取り付けるときの位置決めは，羽根の切れ込みがよい基準になる．これを扉表面に合わせると，外の丁番も軸が一直線に揃いやすい（図 5-24）．丁番の取り付けは扉側を先にしたほうが，作業がスムーズにいく．丁番の多くは木ネジが付属しているので，それを使うとサイズ合わせに気を遣う必要がない．釘で留めると緩みやすく，扉を塗装する際などにはずせないので使用しない．丁番は 2 個付けが基本となるが，丁番を 3 つ 4 つと増やしても強度は変わらない．

11）止め金物

止め金物は閉めた扉が勝手に開くことを防ぐためのおもに家具用の金具．代表的なものに，マグネットキャッチとローラーキャッチ，その他ロールフィクス，三角締まりなどがある（図 5-25）．ここでは自助具の材料として使用しやすい「ローラーキャッチ」と，一般には止め金具には分類されないが締めつけて固定するのに利用しやすい金具「ホースバンド」を紹介する．

第 1 章　よく使う材料

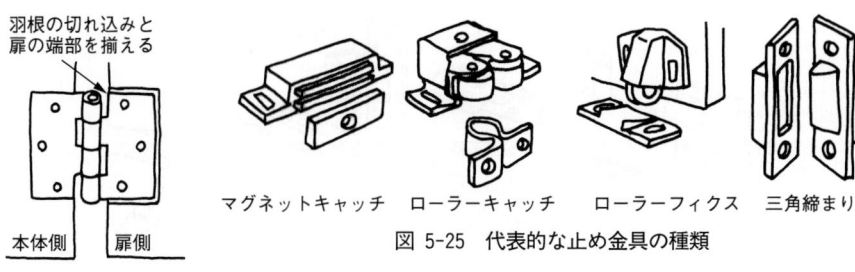

図 5-24　角丁番の位置決め

図 5-25　代表的な止め金具の種類

(1) ローラーキャッチ

基礎知識・種類・用途

　ローラー部分は硬質ナイロン，本体は鉄やステンレスなどでできている．扉が閉まるとローラー部分に扉へ固定した凸部が挟まれ固定される．

　自助具での使用では，手部に取り付けたスプリントにキャッチを接合し，キャッチにスプーンや筆記具などを固定する（図 1-6）．カフにキャッチが接合されている製品も販売されている（図 5-26）．

入手方法

　キャッチ本体は日曜大工店やホームセンターなど．カフにキャッチが接合されているものには右手用と左手用がある．黒・緑・黄・肌色などが揃っている．カフ部はアルミ塩ビコーティング製，2,900 円程度（斉藤工業社製，取り扱い：各医療器具取り扱い店）．

加工方法

　扉に取り付けするときには，キャッチ本体はキャビネットの内側の上下に取り付ける．下側は収納物の出し入れによく引っかかるため，上だけに取り付けるときには取っ手も上側に寄せて扉のたわみを防ぐようにするとよい．自助具への使用では，キャッチの取り付け穴を利用し，スプリント材などの適切な個所にリベット接合する．キャッチに保持した道具（スプーンや筆記具など）の固定が不十分な場合には，道具の大きさ・形の検討や滑り止めの工夫が必要となる．

(2) ホースバンド

基礎知識・種類

　ホースを器具や継ぎ手などに締めつけて固定するパーツ．締めつける方法には手（指）締めと，ドライバー*による工具締めがある．サイズはホース内外径 20〜90 mm 程度が一般的である（図 5-27）．

5 固定（接合）材料

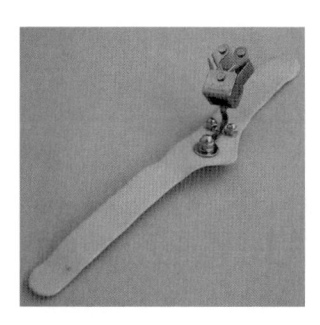

手(指)締めタイプ　　　　工具締めタイプ
図 5-27　ホースバンドの種類

◀図 5-26　カフにローラーキャッチが接合された製品

▎用途▎
　一般にはホースの固定．自助具での使用では，ホースバンドに自助具の操作部分を接合し使用する道具側に取り付け，固定する把持具のアタッチメントとしての利用（図 5-22 b のスプレーエイド）や円筒状のものにその他の材料を固定する場合などがある．

▎入手方法▎
　日曜大工店，ホームセンターなど．

▎加工方法▎
　ホースバンドに金具を接合するときには，それぞれに穴をあけリベットなどで接合する．

6 接着・充てん材料

　自助具を製作する過程で材料同士を接合することは多い．ここでは，接着材料として接着剤とハンダ，そして接着力を基に作られた材料として充てん材も紹介する．

1 接着剤

1）硬化のタイプ

　接着剤は塗る前は液状（または低粘度状態）であるが，被着材の表面を濡らして広がった後，固まる（硬化する）ことではじめて接着する．そのため，接着剤を塗ってもはじかれる材質（フッ素樹脂，ポリエチレン，ポリプロピレンなど）は，固まっても「はじかれっぱなし」な状態であるため「くっついていない」ということになり，接着剤は使えない（最近では，これらの素材の表面を改質して接着可能とした「難接着物専用接着剤」も発売されている）．

　接着剤のおもな硬化のタイプとしては，以下に示すとおりである．硬化のタイプを知ることで，その接着剤の使用・保存上の注意が理解（推察）しやすい．

　水揮散型：水分が蒸発して硬化するタイプ．酢酸ビニル樹脂系エマルジョン系接着剤（木工用・木工用速乾など）が代表的である．

　溶剤揮散型：溶剤が揮発して硬化するタイプ（合成ゴム系接着剤など）と，被着体を溶剤で溶かしたうえで溶剤が揮発して再び融着するタイプ（材料溶解型接着剤など）がある．

　化学反応型：主剤と硬化剤を混ぜ合わせ，その化学反応で硬化するタイプ（エポキシ系接着剤）とわずかな水分と反応して硬化するタイプ（シアノアクリレート系接着剤）がある．

　熱溶融型：熱で溶かした接着剤を冷却によって硬化するタイプ．融点の低いプラ

チック棒をグルーガン（加熱装置）に詰めて使うホットメルト接着剤が代表的である．

2）接着力を高めるには

(1) 表面処理

　接着剤はものの「表面」と「表面」に作用して接着力を発揮するため，接着面の表面は接着剤がよくなじむようにきれいにする．接着する面の油・水・サビ・ほこり・塗料などを，布・サンドペーパー*・塗料うすめ液などを使ってきれいに落とし，汚れを落とした後はよく乾燥させる．下地別の留意点は以下のとおり．

　木材：濡れていたり含水量の多い木材は，接着剤の硬化が遅く，木材の収縮・膨張がはがれの原因となり，また接着力も低下するので十分に乾燥させる．表面は平滑にしサンディングの後はほこりをよく払う．塗装面は塗膜を落として地肌を出す．

　金属：表面の油やサビ，酸化被膜を落として乾燥させる．

　ゴム・革：サンディングしシンナーなどで拭き取る．

　プラスチック：ほこりや油汚れは消毒アルコールで拭き取る．さらに表面の可塑剤や離型剤をひと皮むくように研磨するとよい．

(2) 接着剤を選ぶ

　接着剤を選ぶときには，接着したい材料にあったものを選ぶことが基本となる．具体的な判断材料としては，各接着剤のパッケージ部分に書いてある"材料と接着力の目安"や各商品のパッケージの謳い文句も目安となる．

　代表的な目安としては以下のとおり．

- 同じ材料同士を接着するなら，パッケージに"〜用"と書かれた専用接着剤を選ぶ．
- 木と鉄などの種類の違う材料の接着には，パッケージに材料名が表示されている用途の広い接着剤を選ぶ．
- 革と革，ゴムや布，木などの軟らかいもの同士の接着には，硬化後も柔軟性を失わない合成ゴム系接着剤を選ぶ．
- 浴室などの水がかかる場所での使用や金属や陶磁器などの硬いものを強力に接着したいときには，エポキシ樹脂系充てん接着剤を選ぶ．
- 凹凸面に接着するときには，透き間を埋めながら接着（充てん接着）できるエポキシ樹脂系などの接着剤を選ぶ．その他，各材料間に使用する接着剤の目安として表6-1に具体的商品名も記載したので参照していただきたい．接着に失敗しないためには実際に使うものと同じ材料でテストするとよい．

注意 口腔内で使用するものに接着剤を使用するときには，その接着剤が使用可能かどうかをメーカーに確かめてから使用すること．

3）接着剤の使用方法

　ここでは接着力を高めるための接着剤の一般的な使用方法について述べるが，各接着剤の特徴的な使用については，各接着剤の項を参照していただきたい．また代表的な接着剤の種類ごとの使用方法については，**表6-2**に概略をまとめたので本文と合わせて参照していただきたい．

(1) 接着剤の塗り方

　塗り方一つで，接着力は大きく異なってくる．以下に一般的な接着剤の塗り方を示す．

〔接着面全体に薄く塗る〕

　接着剤の塗り方の基本は「薄く，均一に塗る」こと．厚く塗るほうが接着力は強そうだが，実際には乾きが遅く，空洞部分ができて剝離の原因になり，また接着力も弱くなる．ヘラや古歯ブラシ，パテナイフなどを使ってなるべく薄く均一に塗る（木材の木口面，素焼きの製品，コンクリートなど接着剤をよく吸い込むものには多めに塗るか，または2度塗りするとよい）．

　ただし，凹凸面に接着できるものにはダンゴ状に塗ったり，やや厚めに塗るタイプや，瞬間接着剤などの滴下するタイプもある．また接着剤を塗る面では，片面または両面に塗るタイプがある．その他，塗る前に混ぜる2液タイプの接着剤もあるので，使う前に説明文を必ず読むこと．

〔接着面積は広くとる〕

　接着する面積が広いほど外からの力には強くなり，逆に面積が小さい場合は弱くなる．

(2) 接着剤の貼り合わせ方

　ほとんどの接着剤は，すぐに貼り合わせることが基本であるが，合成ゴム系接着剤のようにしばらく放置して乾かしてから（オープンタイム）貼り合わせるタイプもあるので注意する．

(3) 貼り合わせた後

　貼り合わせた後も接着剤が力を発揮するまでは，しっかり押さえてそっとしておく必要がある．具体的な方法としては電話帳などの重い本を載せる，粘着テープや紐で結ぶ，バイス*，クランプ*などで接着したものをしっかりと固定するなど接着するものに応じた固定を行う．

6 接着・充てん材料

表 6-1 接着剤目安表

	皮革	布・フェルト	木材	発泡スチロール	軟質塩化ビニル	硬質プラスチック	合成ゴム	タイル・陶磁器	金属
金属	サイレックス G17 スーパーX 速乾G	多用途 G17 Gクリヤー スーパーX 速乾G エクセルシーマ	サイレックス アロンアルファ G17 スーパーX EP001 ハイスーパー	サイレックス スーパーX 発泡スチロール用 ハイスーパー	サイレックス G103 多用途 スーパーX ビニール用 エクセルシーマ	サイレックス アロンアルファ G17 スーパーX ゼロタイム ハイスーパー	サイレックス アロンアルファ G17 スーパーX ゼロタイム 速乾G	サイレックス クイック スーパーX EP001 ベクダα	Eセット アロンアルファ クイック スーパーX ハイスーパー EP001
タイル・ 陶磁器	サイレックス G17 スーパーX 速乾G	サイレックス G17 Gクリヤー スーパーX 速乾G エクセルシーマ	サイレックス クイック コンクリート用 スーパーX ベクダα ハイスーパー	サイレックス クイック スーパーX 発泡スチロール用 コンクリメント	サイレックス G103 スーパーX ビニール用 エクセルシーマト	サイレックス G17 スーパーX ハイスーパー ベクダα	サイレックス G17 スーパーX ゼロタイム 速乾G	サイレックス Eセット 水中ボンド スーパーX EP001 ベクダα	
合成ゴム	サイレックス G17 Gクリヤー 水性G スーパーX 速乾G	サイレックス G17 水性G 多用途 スーパーX 速乾G	サイレックス ベクダα 速乾G ゼロタイム スーパーX 速乾G ゼロタイム	サイレックス 水性G スーパーX 発泡スチロール用 エクセルシーマ	サイレックス G103 多用途 スーパーX ビニール用 エクセルシーマ	サイレックス アロンアルファ G17 スーパーX ゼロタイム 速乾G	サイレックス アロンアルファ G17 水性G スーパーX 速乾G ゼロタイム		
硬質プラ スチック	サイレックス G17 Gクリヤー 多用途 スーパーX 速乾G 多用途	サイレックス G17 Gクリヤー スーパーX 速乾G 多用途	サイレックス ベクダα EP001 スーパーX 速乾G ゼロタイム	サイレックス 水性G スーパーX ハイスーパー EP001	サイレックス G103 多用途 スーパーX ビニール用 エクセルシーマ	サイレックス アロンアルファ G17 スーパーX ゼロタイム EP001			
軟質塩化 ビニル	G103 多用途	ビニール用 多用途	サイレックス 多用途 G103 ビニール用	サイレックス	サイレックス G103 多用途				

61

第1章　よく使う材料

表 6-1　接着剤目安表のつづき

	皮革	布・フェルト	木材	発泡スチロール	軟質塩化ビニル	硬質プラスチック	合成ゴム	タイル・陶磁器	金属
軟質塩化ビニル	スーパーX ビニル用エクセルシンガマ	スーパーX ビニル用エクセルシンガマ	スーパーX用 ビニル用エクセルシンガマ	スーパーX発泡スチロール用 エクセルタック	スーパーX ビニル用エクセルシンガマ				
発泡スチロール	サイレックス 発泡スチロール用 水性G	サイレックス 発泡スチロール用 水性G	サイレックス 発泡スチロール用 水性G	スーパーX 発泡スチロール用 コンソリメント					
木材	スーパーX 発泡スチロール用 木工用速乾	スーパーX 発泡スチロール用 木工用速乾	木工用（速乾） アロンアルファ						
布・フェルト	多用途 Gクリヤー 木工用G	多用途G 速乾G 木工用速乾	スーパーX 速乾G 木工用速乾						
皮革	水性G Gクリヤー 多用途G17	スーパーX 速乾G 多用途G17	サイレックス G17 水性G Gクリヤー	スーパーX 速乾G エクセルシンガマ	スーパーX用 ビニル用 エクセルシンガマ				

上段：コニシ

下段：セメダイン

※硬質プラスチックには、ポリエチレン・ポリプロピレンは含まれない。これらは接着困難なため、難接着物専用接着剤（セメダイン PPX セット、ボンド GP クリヤーなど）が必要。また、難接着物専用接着剤は接着できるものが特定されるため、必ず取り扱い説明書を読むこと。

※瞬間接着剤（コニシ：アロンアルファ、セメダイン：ゼロタイム）は、各種類から適切なものを選ぶ。

※目安表のマス目に複数の接着剤が表示してある場合は、材料の状態（平滑面か？凸面か？）、や目的（充てん接着、接着スピード）を考慮して適切な接着剤を選ぶ。

※本表は、平成14年10月現在の代表的な接着剤の組み合わせ。

6 接着・充てん材料

表 6-2 代表的な接着剤の種類と使い方

種類	酢酸ビニル樹脂系 エマルジョン形	酢酸ビニル樹脂系 溶剤形	合成ゴム系	シアノアクリレート系(瞬間接着剤)	エポキシ樹脂系	変成シリコン樹脂系
おもな利点	水性で安全性が高い．水で薄められ乾くと透明になる．乾く前なら水で洗い落とせる．	幅広い材料に対応．溶剤で薄めてあり，蒸発して硬化．粘度が高い．	幅広い材料に対応．固まるまで長時間押さえる必要がない．接着層が軟らかく，衝撃を受けてもはがれにくい．	数秒で接着可能．	耐水・耐油・耐熱性に優れ，凹凸面・硬い物同士の接着に最適．接着強度が大きく，充てん材としても使える．	無溶剤で安全．熱・水・ショックに強い．凹凸面の接着もOK．幅広い材料に対応．
おもな欠点	固まるまでに時間がかかる．水に濡れるとはがれやすい．	有機溶剤を含み吸うと有害．		衝撃などの力には弱い．広い面は不向き．	接着部分が硬くなり，布・紙・皮には使えない．一定時間内に作業を終える必要あり．	湿気で硬化するので，湿気を通さない素材同士は不適．
用途	木工用（木，布，紙など）	コンクリート，金属など	ゴム，皮，布，木など多用途	金属，プラスチックなど	金属，ガラス，陶磁器，コンクリートなど	多用途
代表商品	〈コニシ〉 木工用（速乾）	〈コニシ〉 K120	〈コニシ〉 G17, Gクリヤー	〈コニシ〉 アロンアルファ	〈コニシ〉 クイック，Eセット	〈コニシ〉 サイレックス
	〈セメダイン〉 木工用速乾	〈セメダイン〉 No.195	〈セメダイン〉 速乾G	〈セメダイン〉 ゼロタイム	〈セメダイン〉 ハイスーパー，EP 001	〈セメダイン〉 スーパーX

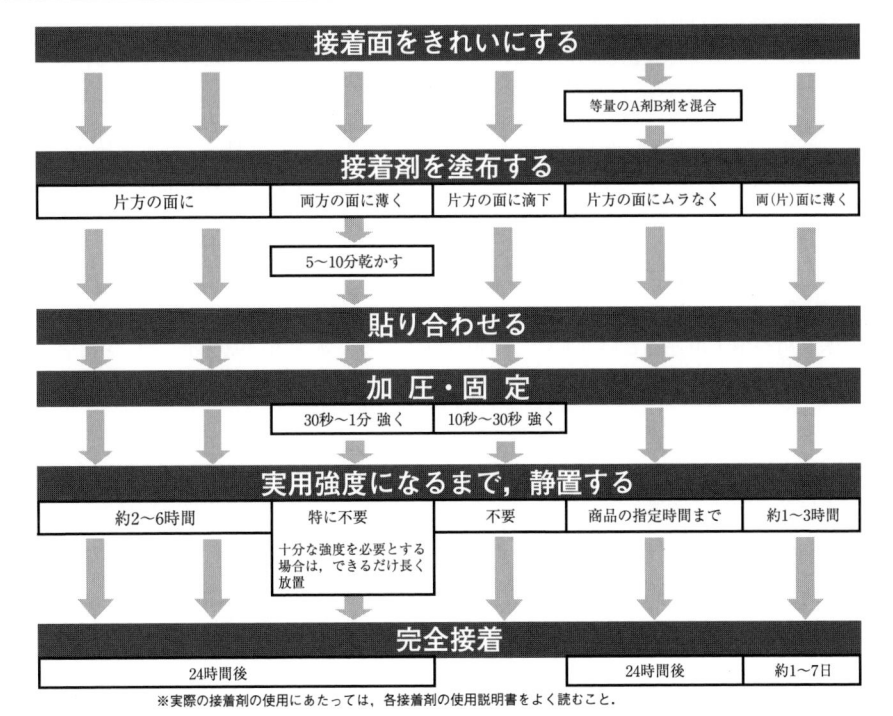

接着面をきれいにする

等量のA剤B剤を混合

接着剤を塗布する

| 片方の面に | 両方の面に薄く | 片方の面に滴下 | 片方の面にムラなく | 両(片)面に薄く |

5〜10分乾かす

貼り合わせる

加圧・固定

30秒〜1分 強く　　10秒〜30秒 強く

実用強度になるまで，静置する

| 約2〜6時間 | 特に不要 十分な強度を必要とする場合は，できるだけ長く放置 | 不要 | 商品の指定時間まで | 約1〜3時間 |

完全接着

24時間後　　　　　　　　　　　　　　　　24時間後　　約1〜7日

※実際の接着剤の使用にあたっては，各接着剤の使用説明書をよく読むこと．

より速く乾かす（固める）には日当たりや風通しのいい，暖かい場所に置いたり，寒い時期や雨の日にはヘアドライヤーで接着部を温めるとよい．

<u>注意</u>接合するときに接着剤単独では不十分と判断される場合は，接着剤と機械的接合方法（釘打ち，ネジ止めなど）を併用し，接着剤のみに頼ることを避ける．

4）接着剤のはがし方

接着剤が皮膚，服，机などに付いてしまったら，「必ず接着剤が固まる前に落とすこと」と「接着剤の種類によって水や溶剤を使い分けて拭き取ること」が大切である．乾く前と乾いてからでは落とし方が違う場合があるので注意する．各接着剤のはがし方については，各接着剤の項を参照していただきたい．

5）代表的接着剤

(1) 酢酸ビニル系エマルジョン形接着剤

基礎知識

お酢の臭いがする乳白色の液体で，酢酸ビニル分子を水に混ぜたものである．エマルジョンとはこの水に溶けずに混ざっている状態のことをいい，水分が吸収・蒸発することで硬化し透明となる．硬化後もあまり硬くならないのでノコ挽きやキリが使え，木工作業に便利である．水性で溶剤を含まないため室内作業でも中毒の心配はなく安全性が高い．また水でうすめることができるため扱いやすい．一方，水に濡れるとはがれやすく耐水性に限度があるので，湿度が高いところでの使用は避ける．硬化時間は5～6時間．

種類

木工用や木工用速乾という名称で市販されている．木工用速乾タイプは，粒子が大きく硬化時間が短い（3分程度で接着し，実用強度としては半日程度必要）．また，粘度が高いため染み込みの激しい材質に適する．

用途

木材，布，紙，皮革などの繊維質・多孔質の接着に使う．特に木材には最適．

入手方法

日曜大工店，ホームセンターなど．

価格は〔コニシ〕木工用（速乾），〔セメダイン〕木工用速乾ともに50ｇで150円，1ｋｇで700円程度．

使用方法

接着する片面に塗布し，クランプや紐，テープで固定する．重量物を載せてよい．初期の粘着力が低いため，固定して動かさないことが重要となる．木口のように吸収しやすい面に塗るときには，はじめに少量を塗りしばらくしてからもう一度薄めに上塗りして2度塗りするとよい．

保存方法

水分が蒸発して硬化するタイプのため，水分が蒸発しないようフタをしっかり締め，日陰に保存する．使用頻度が高ければいつでも使えるように，逆さまに置けるタイプの容器を使用したり適当な容器に逆さまに入れるなどして置く．

はがし方

固まる前：水または濡らした布で拭き取る．

固まった後：しばらくの間お湯につけ，軟らかくしてからこすり落とす．

(2) 酢酸ビニル系溶剤形接着剤

基礎知識

酢酸ビニル分子をメタノールまたは酢酸エチルなどの溶剤に溶かしたもの．エマルジョンタイプに対して，「酢ビペースト」とも呼ぶ．

種類

2種類あり，1つは白い充てん材を含んだ高粘度のコンクリート用接着剤．初期の粘着力が強く，凹凸面に効くタイプ．充てん材を含まないものは透明な粘性の液体で発泡スチロール用接着剤．硬化は両方とも3時間かかる．

用途

コンクリート用の充てん接着タイプはコンクリート面にタイル，木材，金属，プラスチックなどを貼るときに使う．粘度が高いので凹凸や透き間のある個所でもよい．硬化後の被膜は耐水性にやや劣り，絶えず水がかかる場所は避けたほうが無難．発泡スチロール用は発泡スチロール同士，または紙，木材などの接着に使う．

入手方法

日曜大工店，ホームセンターなど．

価格は〔コニシ〕K 120，1 kg，1,250円程度．〔セメダイン〕No. 195，170 ml，550円程度．

使用方法

コンクリート用は被着体の片面に点状または線状に付け，すぐ相手に押しつける．点がつぶれて接着剤は凹凸や多孔質の奥へ．重みがあるものはテープで固定して硬化を待

つ．発泡スチロールの場合は，接着後3時間は固定し，6～24時間で硬化する．

注意 有機溶剤を含むため，換気をよくし，火気のあるところでは使用しない．

保存方法

溶剤が揮発して硬化するタイプのため，溶剤が揮発しないようフタをしっかり締め，日陰に保存する．

はがし方

固まる前：塗料うすめ液で拭き取る．

固まった後：サンドペーパー*などで削ると，いくらかは取ることができる．

(3) 合成ゴム系接着剤

基礎知識

合成ゴムを溶剤で溶かした接着剤で溶剤が揮散して硬化する．特徴的なのは初期粘着力の強力さと硬化後の柔軟性．利用範囲が広く，多くの材料に使える．

種類

合成ゴム系接着剤の代表的な種類のクロロプレンゴム系は，黄色い液のためはみ出すと見苦しい．その点では透明タイプのスチレンブタジエン(SBR)系のボンドGクリヤー〔コニシ〕，または速乾G〔セメダイン〕が便利．しかし接着力はクロロプレンゴム系より劣る．形状としては，チューブタイプのほかにスプレータイプもある．

用途

接着後の柔軟性に特徴があるためゴム，革，布などの接着に優れ，接着後も曲げることが可能．また紙，木，金属，硬質プラスチックにもよく付く．ただし，接着面が小さいものには向かない．

注意 有機溶剤を含むため，換気をよくし，火気のあるところでは使用しない．

入手方法

日曜大工店，ホームセンターなど．

価格は〔コニシ〕G 17, 170 ml, 550円．Gクリヤー, 170 ml, 660円程度．〔セメダイン〕No. 575, 180 ml, 720円程度．〔住友スリーエム〕スプレーのり各種, 430 ml, 2,000円．

使用方法

合成ゴム系接着剤は接着する両面に薄く塗り，そのまま5～10分後乾燥してから(オープンタイム)貼り合わせる．貼り合わせるタイミングの目安は，接着剤が指で触っても付かない程度に乾いたとき．貼り直しは利かないので位置をしっかり決めてから行う．

貼り合わせた後で強く押さえればすぐに動かなくなるが，十分な強度を必要とする場

合はクランプやテープ，重しなどで十分に圧力をかける．完全硬化は 12 時間後．接着物を使用するのは 24 時間以上たってからがよい．厚塗りは硬化不良のもととなるので注意する．

▶ 保存方法

溶剤が揮発して硬化するタイプのため溶剤が揮発しないようフタをしっかり締め，日陰に保存する．チューブの端を巻き付けて使うと手で押さえないときにも出てしまい，机などを汚しやすい．そのため，まっすぐ延ばしたまま使用し，そのままの形で保存する．

▶ はがし方

固まる前：ベンジンや塗料うすめ液で拭き取る．

固まった後：サンドペーパー*や砂入り消しゴムでこすり取ると，いくらかは取ることができる．または塗料うすめ液で軟らかくしてからこすり落とす．

(4) シアノアクリレート系接着剤

▶ 基礎知識

一般的には瞬間接着剤のことで，空気中あるいは材料の表面に付着しているわずかな水分との化学反応により，すばやく固まる接着剤．硬化時間が短いので小さな面の接着に適する．硬化後は硬い皮膜を形成する．強い接着力だが，耐水・耐衝撃性はやや弱い．

▶ 種類

低粘度で金属，ゴム，硬質プラスチックなどの吸収性のないものの接着に使用する「一般用」（5〜60 秒で接着）と，高粘度で木材や革などの浸透性のある材質に使用できる「木工用」「ゼリー状」（20 秒〜5 分程度で接着）がある．

▶ 用途

材質としては金属，陶磁器，ゴム，プラスチックなどに使う．急ぐときなどに便利．透き間が大きい場合や接着面積が広いとき，さらに接着面が変形する材料には不向きである．木材などの吸収が激しい材料にはゼリー状のほうが適している．

▶ 入手方法

日曜大工店，ホームセンターなど．

価格は〔コニシ〕アロンアルファ，2 g で 400〜450 円．〔セメダイン〕ゼロタイム，3 g で 400 円程度，20 g で 900 円程度．

▶ 使用方法

瞬間接着剤の塗り方のコツは，塗り広げる間に硬化してしまうため「接着剤を塗り広げない」こと．接着面から離して 1 滴たらし，接着するものを貼り合わせてよく密着さ

せることで押し広げるようにする．

|注意|
- たらしすぎると，はみ出して白く固まってしまったり，固まるのが遅くなるので注意すること．
- 貼り合わせた後はすぐに動かなくなるため，慎重に位置を決めてから接着すること．
- 指と指などを瞬間的に接着するため注意すること．
- 布などに多量に付着すると発熱するため火傷に注意すること．

|保存方法|
空気中のわずかな水分と反応して硬化するタイプのため，フタをしっかり締め，湿気の少ない場所（冷蔵庫など）に保存する．

|はがし方|
固まる前：はがし液やマニキュアの除光液（アセトンタイプ），塗料うすめ液で拭き取る．

固まった後：瞬間はがし液やマニキュアの除光液を塗って溶かして落とす．指に接着剤が付いてしまったときには，お湯の中でゆっくりともみほぐすようにしてはがす．

(5) エポキシ樹脂系接着剤

|基礎知識|
主剤と硬化剤を混合し化学反応で硬化するタイプ．接着強度が非常に大きい．熱（耐熱温度は 60〜150℃で多くは 80℃まで），化学薬品に強い．充てん材としても使え，水彩絵の具を混ぜて着色することができる．瞬間衝撃に弱く，一般に耐水性はやや劣る．

|種類|
硬化時間によって 5, 30, 60, 90 分型（いずれも硬化しはじめる時間）などがある．

通常の金属・ガラス・陶器用のほかに，浴室などの常に濡れているところや完全に乾燥できないところに使用する水中硬化型もある．その他，垂直面に塗っても垂れない高粘度タイプやガラス用の透明タイプもある．

|用途|
金属，ガラス，陶磁器などの硬い材質に性能を発揮する．硬化膜は弾力がないので，布，紙，革，ゴムなどの軟らかい材質や，変形するものは不向き．

|入手方法|
日曜大工店，ホームセンターなど．

価格は〔コニシ〕ボンド E セット，100 g 1 セットで 800 円程度．〔セメダイン〕EP 001，

40 g で 850 円程度．

使用方法

どのタイプも主剤・硬化剤を等量に出して十分に混ぜ合わせた後，透き間をしっかり埋められるだけの量をヘラで片面（凹凸のある側）にすり込んで，やや厚盛りに塗布するのが効果的．もちろん，透き間がないものを接着するときには，「薄く，均一に塗る」のが基本となる．硬化がはじまると使えないため，接着するときには1カ所ごとに新しく混ぜる．接着後は圧着固定する．

「同じ量」を計るときには，混ぜ板に線状に絞り出すと目安となる．「同じ太さ」で「同じ長さ」であれば，ほぼ「同じ量」と判断する．

注意 エポキシ樹脂系接着剤は皮膚に付くとかぶれることがあるので，必ずゴム手袋やポリエチレン手袋を付けて作業する．

保存方法

接着作業がすぐに開始できるように主剤・硬化剤を一緒にして保存する．また，直射日光を避け涼しい場所に保存する．

はがし方

固まる前：塗料うすめ液で拭き取る．

固まった後：不可能．

(6) 変成シリコン樹脂系接着剤

基礎知識

液は白色で溶剤を含まず，空気中の水分と反応して硬化するタイプ．初期の粘着力はほとんどなく，硬化するに従って粘りをもち，硬化後はシリコンゴムのような弾力がある．接合はゴムでつなぎ止めたような弾性感があり，衝撃や歪みには特に強く追従性がある．耐熱性は－60～120℃と優れ，耐水性も高い．

用途

凹凸面の接着にも使用でき，幅広い材料に対応する．また，アルミなどの付きにくい金属やガラスにも使用できる．特に性能を発揮するのは振動が多い場所への部品の取り付け．ただし，湿気によって硬化するので，湿気を通さない素材同士では硬化がかなり遅くなる．

入手方法

日曜大工店，ホームセンターなど．

価格は〔コニシ〕サイレックス，120 ml で 1,300 円程度．〔セメダイン〕スーパーX，135 ml で 1,500 円程度．

使用方法

両面塗布．初期の粘着力がないので5～10分の長めのオープンタイムをとってから貼り付けてもよい．貼り合わせるのに適当だと思われる状態の目安は，ヘラなどでつついてみて接着剤表面に両面テープのような粘着性が出てきたとき．被着体の固定が十分にできれば，1点に盛り上げ接着も可能．圧力をかけることよりも動かないように固定する．1～3時間でほぼ固まるが，完全硬化までは1～7日間かかる．

保存方法

直射日光を避け，涼しい場所に保存する．

はがし方

固まる前：塗料うすめ液で拭き取る．

固まった後：カッターナイフでできるだけそぎ取り，残ったものは塗料うすめ液などを使い根気よくこすり落とす．

6) その他の接着剤

(1) 材料溶解型接着剤

基礎知識

材料を溶剤で溶かした後，溶剤が蒸発して再び融着する溶剤接着タイプ．通常その材料の専用接着剤である．接着剤によっては，溶剤の中に接合するプラスチックを1.5～15%添加し，蒸発速度および粘度を調節したドープセメントタイプもある．

種類

専用用途別に塩ビパイプ（硬質塩ビ）用，ビニル（軟質塩ビ）用，アクリル用，プラモデル用，イレクターパイプ用などがある．

入手方法

日曜大工店，ホームセンターなど．売り場は接着剤コーナー以外に，その材料の売り場に置いてあることも多い（アクリル用，イレクターパイプ用など）．

使用方法

塩ビパイプ（硬質塩ビ）用・プラモデル用：片面塗布したのち圧着．

ビニル（軟質塩ビ）用：両面塗布したのち圧着．

アクリル用・イレクターパイプ用：仮組みしたのち接合部の透き間から専用注射器で接着剤を噴射．

詳細な使用法は各接着剤の使用説明を参照．なお，いずれのタイプも揮発性の溶剤タ

6 接着・充てん材料

イプのため換気には十分に気をつける．

▎保存方法▕

揮発性のため使用後はすぐにフタをしっかり締めて，直射日光を避けた涼しい場所に保存する．

▎はがし方▕

固まった後は材料同士が融着しているため不可能となる．

(2) ホットメルト

▎基礎知識▕

常温では個体で熱を加えることによって液化し，塗布後冷えて固まるときに接着するタイプ．原材料は EVA（エチレン・酢酸ビニル）樹脂．軟化温度は 75～85℃．溶けた樹脂は 30 秒以内で冷えて硬化する．接着強度は中程度．

▎種類▕

スティック状が一般的である．スティックの径は通常 7 mm であるが，その他に大型グルーガン用の 11.5 mm もある．色も各種揃っている．おもに布用としてシート状，粉状などのものがある．

▎用途▕

紙や木材，金属，発泡スチロールなどの接着に使用する．おもに軽い小片を止めるときに使用する．充てん接着的な使い方も可能〔第Ⅳ章 1．リーチャー（p.224）参照〕．

▎入手方法▕

日曜大工店，ホームセンターなど．

価格はグルーガン 1,000 円～．スティック直径 7×100 mm，12 本入り 200 円程度．

▎使用方法▕

スティック（グルー）を使うときには，専用のグルーガンに詰めて加熱して使用する．シート状，粉状のものを使うときにはアイロン，ドライヤーなどで加熱・融解し接着する．液化した接着剤は高温なので火傷に注意する．接着面を形成するときはやや冷えてから，指に水を付けて形成する．形成し直すときには，熱風加工器*（ヒートガンなど）で熱加工し軟化させてから形成する．

▎保存方法▕

直射日光を避け，涼しい場所に保存する．

▎はがし方▕

衣服に付いたときには取り除くことはできない．

2 ハンダ

基礎知識

　一般にスズと鉛の合金で，古代から金属同士の接合材として利用されてきた融解温度の比較的低いロウ（金属ロウ）で軟ロウとも呼ばれる．耐熱性，熱伝導性，電導性がある．

　ハンダ付けできる金属には，ハンダ付けしやすいものと難しいものがある．ハンダ付けのしやすい順に，スズ，銀，金，銅，鉛，亜鉛，鋼，ステンレスがある．接合が難しい金属でもフラックス（金属表面の酸化被膜を除き，溶けたハンダの表面張力を低くして流れをよくする．また，金属面の空気との接触を遮断する．ヤニもこの一種）を使用すれば接合可能．なお，ハンダ付けできないものにセラミック，チタン，クロムなどがある．

種類

　スズの含有量が低くなると融解温度が高くなるので作業内容や接着する金属によって選ぶ．パッケージに用途別の表示があるので，それを目安にするとよい．

　ハンダの形状としては棒状，糸状，板状のものなどがあるが，よく使われるものとしては糸ハンダの中にフラックスを入れたヤニ入りハンダ（図6-1）がある．

用途

　電気器具内の配線や金属などの接合用．あまり大きな荷重がかからない部分に使う．また加熱される部分への使用は避ける．

入手方法

　日曜大工店，ホームセンターなど．

　価格は一般用スティックタイプの径1.0 mm×3.4 m（スズ含有率50％フラックス入り）で600円程度．ステンレス用スティックタイプの径1.6 mm×2.5 m（スズ含有率60％フラックス入り）で1,000円程度．鉛を含まないタイプは，径1.0 mm×4.3 m（フラックス入り）で500円程度．ハンダゴテは20，40 Wともに1,000円程度から揃っている．

使用方法

　ハンダゴテのコテ先が酸化膜によって黒くなっている状態では，ハンダを当ててもなかなかハンダが溶けない．このようなときにはコテ先のクリーニングが必要となる．耐蝕コテ先を使うときには乾いた布などに擦りつけ，純銅のコテ先を使うときには軽くヤスリがけして表面の酸化物をよく取り除く．

6 接着・充てん材料

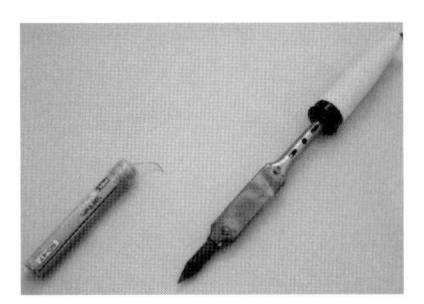

図 6-1 ハンダ
スティックタイプ（左）とハンダゴテ（右）．

　接合面はサンドペーパー*で磨いて汚れと酸化皮膜を取り除く（手の油が付くので素手で母材を触ることは，極力避ける）．その後にフラックスを塗る．次に，接合面をハンダゴテでハンダの溶融温度以上に加熱しておく（溶けたハンダを加熱していない接合面に載せると，はじかれるため）ことがポイント．その次にハンダをコテの先に載せて接合面に移すと，接合面が加熱されているためハンダはスッと広がる．接合面の固定がうまくいかないときには，バイスで固定したり，人に手伝ってもらうとよい．ハンダ付けしたらハンダが固まるまで動かさない．リード線の接合でリード線の抗張力を増すためにガラス繊維が含まれているときには，そのままハンダ付けするとはずれやすいのでガラス繊維を取り除いてからハンダ付けする．
　ハンダゴテは接合面が大きいほど加熱に余裕のある高いワット数のものを選ぶ．また作業の種類にも合わせる．

3 充てん材

　さまざまな欠損部や透き間，穴，欠け部分を水密，気密または成型する材料の総称で接着剤の一種でもある．充てん材はシーリング材，コーキング材，パテ類などに分類される．シーリング材とコーキング材は，ともに防水・気密性の性能をもつが，その違いはシーリング材が充てん後に弾性体に硬化するのに対し，コーキング材は油脂，合成樹脂などと鉱物性充てん材を油で練って作られたもので，表面は硬化して皮膜を形成するが内部は固まらない不乾性タイプ．パテ類は透き間を埋めるというよりは凹みや段差，穴，欠け部分を平らに整えたり成型するもの．
　充てん材を選ぶときには，使用目的（防水，成型，穴埋めなど），充てん部の材質は何

か（木材，金属，プラスチックなど），使用個所に必要な条件は何か（耐水性，耐熱性，弾力性，成型性，塗料が塗れるか）などの点を考慮し適切な充てん材を選定する．

1）シーリング材

防水性，気密性などの性能をもち，充てん後に弾性体に変化する．種類としては，空気中の水分と反応して硬化する湿気硬化タイプ，水性で水が揮散して硬化する乾燥硬化タイプ，有機溶剤が揮散して硬化する溶剤揮散タイプがある．ここでは自助具材料として利用しやすいシリコン系シーリング材を紹介し，その他の種類と特徴については表6-3を参照していただきたい．

(1)シリコン系シーリング材

▌基礎知識

空気中の水分と反応して硬化する湿気硬化タイプ．被膜の硬化が30〜50分，完全硬化でも24時間と硬化が早く，硬化後はゴム状の弾性体となる．また衝撃に強く，透き間の動きにも追従する．さらに耐熱性が−50〜150℃と非常に広く，耐水性，耐久性にも優れる．また薬品にも強い反面，その上から塗装ができない．そのため，塗装をするときには他のシーリング材を選ぶ．シリコン特有の欠点として，カビが生じやすいので，水がかかったり湿気の多い場所で使用するときには，防カビ剤の入ったタイプ（「防カビ」または「バス用」の表示のあるもの）か，変成シリコン系などの他のタイプを使用するとよい．

▌種類

おもな形状として，チューブタイプ（小容量タイプ50 g，100 g入り）とカートリッジタイプ（大容量タイプ，330 ml入り）がある．このうちカートリッジタイプはカートリッジガンに装着して使用する．

〔チューブタイプ〕

補修用としてはバスコーク（セメダイン），バスボンド（コニシ）などのチューブ入りがあり，白，アイボリー，アルミ色，黒，透明などの色が揃っている．水槽などに使用される透明色を除けば他の色は防カビ剤入りだが，効力は約2年のため2年経てばカビが生えやすい．

〔カートリッジタイプ〕

作業量が多いときは，防カビ剤入りで水まわり用のカートリッジタイプのシリコン系充てん材シリコンシーラント8070（セメダイン），ボンドシリコンコーク（コニシ）を使

6 接着・充てん材料

表 6-3 シーリング材の種類と特徴

分類	種類・商品名	特徴	皮膜硬化時間	完全硬化時間	塗装
湿気硬化型	シリコン系 B；シリコンシーラント，バスボンド C；シリコンシーラント 8060	・耐水性，耐候性，耐久性がよい ・耐熱性は−50〜200℃ ・硬化後はゴム状弾性体 ・接着力が強い ・カビが生えやすい(防カビタイプあり) ・液の色は，透明（クリア）も含めて数色	30〜50分	24時間 (3mm厚/日)	塗装の上塗りは不可
	変成シリコン系 B；変成シリコンコンコーク C；POSシール スーパーシール	・耐水性，耐候性，耐久性がよい ・耐熱性は−40〜90℃ ・硬化後はゴム状弾性体 ・塩ビ鋼板に接着性がよい ・防カビ性に優れる	60〜90分	3日 (3mm厚/日)	水性塗料 1時間〜3日以内 油性塗料は不可
	ポリウレタン系 B；ウレタンコーク C；S-700M	・耐熱性は−40〜110℃ ・硬化後はゴム状弾性体 ・接着性がよい ・硬化後，多少の肉やせがある	4時間	7日間	施行後3日後 油性はウレタン塗料のみ
	発泡ウレタンスプレー C；ハイスパンフォーム（変成シリコン系）	・空気中の水分と反応して発泡硬化し，発泡ウレタンとなる ・発泡倍率は吐出量の約30倍 ・断熱効果もある	1時間	24時間	
乾燥硬化型	アクリル系 B；ウッディコーク ボンドコーク C；目地シール ウッドシール	・耐熱性は−20〜80℃ ・硬化後はゴム状弾性体 ・接着性がよい ・硬化後，肉やせする ・水性で軟らかく，使いやすい	30分	7日間	施行後3日後 油性塗料は適さない
溶剤揮散型	ブチルゴム系 B；ブチルコーク C；ブチルシール	・硬化後，弾力性あり ・金属に対する接着性が特によい ・耐水性がよい ・多孔質の材料には不向き	20分	24時間	施行後7日後 塗装は不向き
	合成ゴム系 B；ウッドパテ C；スーパーシール	・硬化後，弾力性あり ・金属に対する接着性がよい ・溶剤分だけ肉やせする	10〜20分	24時間	施行後7日後

B：コニシ製　C：セメダイン製

第I章　よく使う材料

うと経済的．

■用途■

　透き間や穴を埋めるために使われる．自助具を作製するときには，本来の充てんという目的以外に滑り止めとして使用することがある（補高便座の滑り止めなど）〔第IV章6．補高便座（p. 261）参照〕．

　その他，工作用の作業台の一部に厚塗して木材を切るときなどの滑り止めとして使用したり，彫刻刀の後ろに付けて緩衝材として使用するなど（図6-2）．水がかかったり，湿気の多いところでの使用では防カビ剤の入ったタイプを使用する．

■入手方法■

　日曜大工店，ホームセンターなど．

　価格はチューブ入りではバスコーク50 ml で500円程度．バスボンド50 g で400円程度．カートリッジタイプではシリコンシーラント8070, 330 ml で500円程度．ボンドシリコンコーク, 330 ml で1,000円程度．カートリッジガンは300円程度から揃っている．

■使用方法■

　充てんする個所に合わせてノズルをカットし，シーリング材をチューブやカートリッジから押し出し表面をヘラなどでならす．目地にはマスキングテープを使用すると美しく仕上がる．施行後は硬化するまで水がかからないように注意する．また，使用中および硬化するまでの間は換気を行う．うまくシーリング材がなじまないときには各素材に合ったシーリング材用プライマーを下塗りすると，はじきやすい表面になじみを出したり粉っぽい下地を固めてくれる．

〔カートリッジタイプの使用方法（図6-3）〕

① ノズルの先を透き間の大きさに合わせてカッターで切る．
② ノズルの内部のアルミ箔を穴あけ棒で突き破る（ノズルは回すとはずれるので，はずして棒状のもので穴をあける）．
③ カートリッジガンのストッパーを親指で押さえてシャフトをいっぱいに引き，カートリッジの充てん材をセットする．
④ ノズルの先を透き間に当て，ピストルのようにレバーを引きながら充てんしていく．

■保存方法■

　直射日光を避け，涼しい場所で保管する．使い残しのシリコン系シーリング材は，ノズルを取りキャップをしっかりしておけば半年から1年ぐらいはもつ．ノズルに残ったシーリング材はそのままにしておけば自然に固まる．ノズルは接着剤や充てん材が付かないポリエチレンでできているので，固まってからキリ*などで引き抜けばスポッと取れ

6 接着・充てん材料

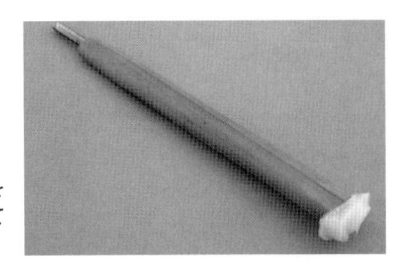

図 6-2 シリコン系シーリング材を彫刻刀の後ろに付けて緩衝材として使用した例

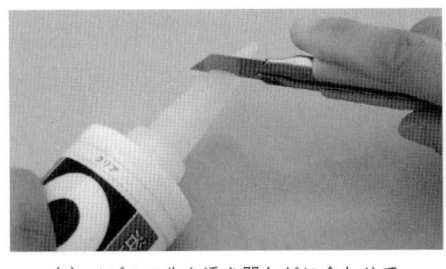

(1) ノズルの先を透き間などに合わせてカッターで切る．

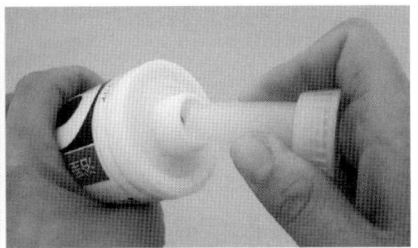

(2) ノズルをはずしてノズルの内部のアルミ箔（防湿膜）に穴をあける．

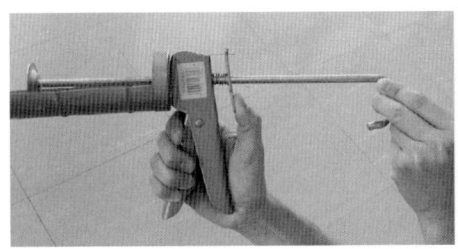

(3) カートリッジガンのストッパーを親指で押さえて，シャフトをいっぱいに引いて充てん材をセットする．

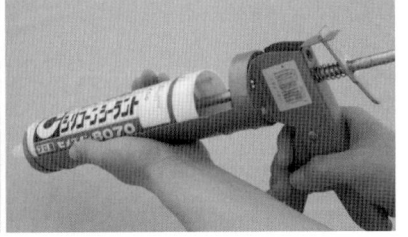

(4) ノズルの先を透き間に当て，レバーを引きながら充てんしていく．

図 6-3 カートリッジガンとカートリッジタイプの一般的な使用方法

る．

2) パテ類

種類・使用方法

　形態は粘土状の塊，テープ状，粉末など．充てん後，硬質に固まるタイプと固まらない不乾性タイプに分けられる．硬化のタイプとしては，水揮散型（水分が蒸発して硬化するいわゆる水性タイプ），溶剤揮散型（溶剤が揮発して硬化するタイプ．セルローズ系

やラッカー樹脂系など），化学反応型（主剤と硬化剤を混ぜ合わせ，その化学反応で硬化するタイプ．エポキシ系など）がある．用途別分類としては，木工用，金属用，プラスチック用などがある．

　使用方法はパテに必要な処置（混ぜ合わせるなど）をした後，ヘラなどで充てん（硬化後に肉やせするタイプの場合は多めに充てんする）し，必要な硬化時間を経てから研磨，塗装する(商品によっては塗装できないものもあるので注意する)．各商品のパッケージに記載されている使用方法や注意事項を参考に使用する．使用中はできるだけ保護手袋を着用する．また，乾くと取り除けないので衣服類に付着しないよう注意する．

入手方法

　日曜大工店，ホームセンターなど．

　価格はラッカー樹脂系セメダイン木工用パテ 70 g で 250 円程度．アクリル樹脂系ウッドパテ S 50 g で 300 円程度．エポキシパテ金属用 10 分硬化型 60 g で 550 円程度．

保存方法

　直射日光を避け，涼しい場所（水性タイプの場合は 2〜40°C）で保管する．

7 塗料

塗装の目的は外観を美しくし，材料を保護して耐久性を高めるだけでなく，自助具においては滑り止めなどの用途でも使用される．ここでは塗料だけでなく，塗装に必要な用具とそれらの取り扱いについても触れる．

1）塗料の組成と成分

樹脂：塗膜を形成する主成分．現在では各種の合成樹脂がおもに使用されている．

顔料：塗料の着色や塗膜に厚みをもたせるなどの目的のために配合される．

添加剤：塗料中の顔料の沈殿防止，増粘防止，色分かれ防止，塗膜の柔軟性付与，カビ止め効果などの目的で配合される．

溶剤（うすめ液）：塗膜になる成分を溶解し，流動性を与えて塗りやすい粘度に調整するために使われる（水性塗料の場合は水）．揮発するために塗膜にならない成分．その他，ハケなどの塗装用具を洗浄したり，塗料で汚れた部分を拭き取る清掃液としても用いられる．

注意 うすめ液の種類と使用上の注意点

- 溶剤でうすめる塗料には，主としてペイントうすめ液（または塗料用シンナー）と，ペイントうすめ液より揮発が速く，溶解力も強いラッカーうすめ液（またはラッカーシンナー）がある．
- ラッカーうすめ液を使用する塗料をペイントうすめ液でうすめると，塗料が固まってしまう．逆の使用では色の分離を起こしたり，溶解力が強いため下地を侵す恐れがあるため，使用に際しては，塗料の容器に記されているうすめ液の種類を間違えないこと．
- 特殊塗料で専用うすめ液があるときには，専用うすめ液を使用する．
- うすめる割合は塗料によって異なるため表示に従う．夏は乾燥が速いのでうすめる割合を多くし，冬は乾燥が遅いのでうすめる割合を少なくする．

2）塗料の硬化

　塗料は種類によって硬化の仕組みが異なる．また，気温や湿度によって硬化時間も異なる．各容器に表示されている硬化（乾燥）時間は半硬化乾燥時間（塗面の中央を指先で静かに軽くこすっても塗面にすり跡がつかない状態）を表しており，完全硬化までは気温や膜厚にもよるが，半硬化乾燥時間の倍くらいが目安となる．

3）塗料の種類と特性

　溶剤（うすめ液）の種類によって，水性と油性に大きく分かれる．塗装の方法では，ハケなどで塗る以外にスプレー式もある．この他，木目を生かして下地が見えるニスタイプの透明塗料，下地が完全に隠れてしまう不透明塗料という区分けもできる．

(1) 水性塗料（エマルジョン塗料）

　微粒子の合成樹脂が分散浮遊している状態（乳化 emulsion）であり，水の蒸発により微粒子の合成樹脂が融着乾燥する．乾燥時間は 30 分〜2 時間．一度乾燥して塗膜を形成すると，その塗膜は水に溶けにくい性質をもつために，水に融解しなくなる．そのため，水性でありながら，水回りや屋外にも利用できる．また，乾燥時間も比較的早く，揮発溶剤のにおいや引火などの心配もないため，現在では塗料の主役となっている．

　用途別では，多用途タイプ，屋根専用タイプ，壁専用タイプ，鉄部専用タイプ，床面専用タイプなどがある．

　気温 5℃以下のときには樹脂が融着せず，簡単にはがれてしまうので注意する．塗料を混合して色を作るときには，硬化後に色が 1 段階暗くなるので留意する．これは白濁していた樹脂成分が硬化すると透明になるため．そのため，このことを予測して明るく作るのがポイント．また，その塗料を使い切ってから新規に同じ色を作るのは至難の業．この場合は，塗料を使い切る前に一部を別の容器に移して，そこに調色した塗料を数滴垂らしながらというように，塗料液同士を見比べて調整するとよい．

(2) 油性塗料

　溶剤が揮発した後，空気中の酸素と酸化重合し乾燥する．乾燥時間は 4〜20 時間かかる．水性に比べて，乾くまでに時間がかかるが耐水性・耐熱性に優れている．その他，溶剤が揮発することによって，固化・乾燥するラッカー系の塗料（乾燥時間 10 分〜1 時間），2 液を混合し，化学反応で乾燥する 2 液型塗料（乾燥時間 30 分〜15 時間）タイプなどがある．

　用途別では，多用途タイプ，屋根専用タイプ，壁専用タイプ，鉄部専用タイプ，床面

専用タイプなどがある．

うすめ液は容器に表示してあるうすめ液を使用する．換気をよくし，火気に注意する．気温 5℃以下のときには，乾きが極端に遅くなるので塗装しない．

(3) ニス

塗料の膜になる成分（樹脂など）を溶剤に溶かしたもの．顔料や染料が入っていないので透明になる(顔料や染料を微量含んだものもある)．そのため，木製品の木目を活かした塗装に最適．水性タイプと油性タイプがあり，塗装の方法としてはスプレー式もある．商品によりうすめ液が異なるため，容器の表示に従う．塗装には通常ニスバケを使う．

(4) ステイン

未塗装木部の着色剤として木工品に使用する．樹脂分が少ないために木に染料や顔料が浸透し，木目を活かした着色仕上げができる．こすると色落ちするので，透明のニスの下塗り剤として使うと美しく仕上がる．木に浸透するタイプのため，ニスや塗料を塗った上には塗れない．水性と油性がある．

(5) 塗料補助剤

塗料剥離剤：塗ってある塗膜を全面はがすときやサンドペーパー*などで塗膜を取りにくい場所に使用する．剥離剤を塗布し，5 分程度で塗膜が浮いてきたらヘラやタワシでこすり落とす．使用後は水でよく洗い落とす．より安全な中性タイプもある．

との粉：木材の導管をふさいで吸い込みを防ぎ，木の表面を均一化する粘土の粉．との粉を水でねって軟らかい粘土状にし，ヘラで木目と木目の直角方向に塗布し，半乾き状態のうちに拭き取る．乾燥後，サンドペーパー*で余分なとの粉を落とし，ボロ布で軽く拭く．その後ニス類などで仕上げる．

パテ：下地の凹凸や細かな割れ，穴などにヘラで充てんし，乾燥後サンドペーパー*をかけ素地を調整するもの．

4）塗装用具の種類と取り扱い

(1) ハケ

▍種類

形状としては，平バケ(塗る対象が広い場合に適している：図 7-1)，すじかいバケ(日本特有のハケで狭い場所用，ペンホルダー式に握る：図 7-2)，その他，コテバケ（角形のプラスチックなどでできた本体にスポンジを取り付け，これに短毛のモケットを貼り，ブラシ機能をもたせたパッドをカセット式に取り付けたもので天井などの手の届かない

第1章　よく使う材料

図7-1　平バケ　　図7-2　すじかいバケ　　図7-3　コテバケ(左)とつぎ柄(右)

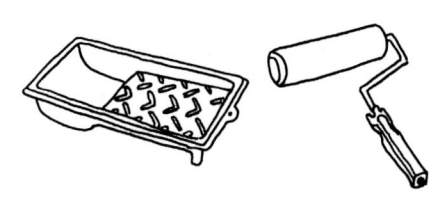

図7-4　ローラーバケ(右)と受け皿(左)
手の届かないところには，つぎ柄（図7-3右）をして使用する．

図7-5　ハケのおろし方

ところには，つぎ柄をして使用する：図7-3）やローラー型ペインター（ローラーバケともいい，外側にモケットを貼った特殊樹脂加工の円筒をローラーハンドルの軸に差し込んで使用する：図7-4）がある．

　用途別の種類としては，水性バケ（毛の量が多く，塗料を多く含み耐水性に富んでいる白毛），油性バケ（毛の腰が強い黒毛），水性・油性兼用バケ，ニスバケ（ハケ目が残らないよう，毛が軟らかく腰が弱い白毛），小物バケ（毛の少ない小型のハケ）が一般的で，塗料に粘りがある油性塗料ほど硬い毛で押し伸ばすこととなる．最近では，わかりやすく用途表示されているものも多い．

〔新しいハケを買ったら（ハケのおろし方）〕
　塗装作業中に毛が抜けて塗料に混ざらないように，手のひらでハケをしごいたり指先で毛をつまんで軽く引き，抜け毛を取る（図7-5）．

(2) スプレー式（エアゾール塗料）
　液化ガスと塗料が充てんされたもので，容器のボタンを押すと気化したガスの内圧で塗料が霧状に噴射される．

▌用途・入手方法

　日曜大工店，ホームセンターなど．
　お店に行くと膨大な種類と量の塗料が並んでいる．その中で塗りたいものに合った塗

料を選ぶときの絞り方を以下に示す．

・水性か？　油性か？

　よほどの耐候性，耐水性などを求めない限りは，水性塗料のほうが危険が少なく扱いやすい．

・塗装用具は？

　ハケで塗りにくいような形状であればスプレー式を選ぶ．

・用途は？

　例えば，木材に塗るのであれば「木部用」もしくは「多用途用」などの表示で選ぶ．

・色は？

　透明塗料（ニスなど）にするか，不透明塗料（色付き）にするかを決める．塗る色を鮮やかに仕上げたいときには，最初に白色を塗って乾いてから目的の色を塗るのがコツ．また，淡い色にするときにも白色は重宝するので揃えておくとよい．

・その他

　水が当たる場所での使用であれば，防カビ剤入りなどを選ぶ．滑り止めの目的であれば，塗料見本を実際に触って確かめる．

　などの要素で絞り込んで塗料を選ぶ．あとは，塗りたい面積をあらかじめ調べてから使用量に余裕をもった量を見込んで購入する．このとき塗料の容器には塗れる面積が表示されているのでそれを目安に購入する．

5）下地調整

〔下地処置〕

　塗りたい面の汚れ，ホコリ，カビ，油分などをきれいに落とす．また，ひび割れや凹凸しているところはサンドペーパー*やパテ*を充てんして，研磨し仕上げる．

〔マスキング〕

　塗料がほかに付かないように準備する．塗料を付けたくないところには，マスキングテープを貼ったり，新聞紙やビニルなどで覆っておく．

6）塗装

(1) 塗装時の天候，環境を考慮する

　屋内，屋外にかかわらず晴天の日が望ましい．雨の日でも屋内塗装はできるが，特にラッカーうすめ液を使用する塗料などは湿度が高いと塗膜表面が白化するブラッシング現象が生じやすく，塗装に悪影響を与える．また，低温時には塗料の乾燥がかなり遅れ

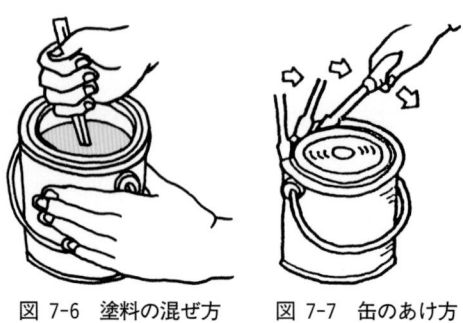

図 7-6　塗料の混ぜ方　　図 7-7　缶のあけ方

るのであらかじめ考慮する．

(2) 室内で塗るときには風通しをよくする

　油性塗料の揮発溶剤の排出，水性塗料の乾燥促進のために窓をあけるなどして換気をよくする．

(3) 塗料の準備

　塗り始めと塗り終わりの色が違わないように，沈んでいる顔料をよく混ぜることが必要．塗料の容器をあける前に容器をよく振る．また缶の場合は，開缶してからも長いヘラのようなもので缶の底からよくかき混ぜる（図7-6）．缶をあけるときはマイナスドライバーの先でフタを起こすようにあける．1カ所であかない場合は，少しずつ移動しながら何カ所か起こすとよい（図7-7）．スプレー式では塗る前に缶をよく振り，中の塗料をよく混ぜる．

(4) 塗料に合ったうすめ液を使う

　うすめ液にはペイントうすめ液，ラッカーうすめ液，水などがあり，塗料に合ったうすめ液を使わないと化学反応を起こして使えなくなる．塗料の容器に表示してあるうすめ液を必ず使うようにする．

(5) 使う分だけを取って，適当にうすめて使う

　水性なら水，油性なら適合したうすめ液で必要な分だけうすめながら使用する．塗料の粘り気が強すぎるとハケの流れが悪く，色ムラの原因となる．2度塗りすることを考えれば多少うすめの液で塗ったほうが効率よく作業が進む．水性塗料を使用するときには，直接塗料の容器に水を入れてうすめると，保存している間に残った塗料が腐って使えなくなることもあるため，使用する分だけ別の容器に移して使う．なお，容器に「1回塗り」と表示してある塗料は厚塗りできるように作られているため，表示のとおりに使用する．

(6) 塗装用具の使い方

〔ハケの使い方〕

ハケは根元まで塗料を付けず，毛の 2/3 まで塗料に浸し，缶の縁で余分な塗料を落としてから使用する．

塗る手順は上から下へ，左から右へ，奥から手前へ，狭く塗りにくい部分から広く塗りやすい部分へと進めるのが基本．また，ニス類や速乾性の塗料は木の木目に沿って塗る．

塗り方は薄く 2 回あるいは 3 回に分けて塗るのがきれいに仕上げるコツ．このとき 1 回塗るたびによく乾燥させてから次の塗りを始めることが大切．乾きが不完全では剥離の原因となるため注意する．厚塗りをすると乾燥までに無駄な時間がかかり，乾燥した表面と内側の未乾燥部分との収縮率の違いから剥離の原因となりやすいので注意する．

〔スプレー式（エアゾール塗料）〕

マスクや手袋を着用し，塗料を吸い込んだり皮膚に触れないようにして作業する．エアゾール塗料は可燃性ガスと有機溶剤が入っている（水性スプレーも硬化を速めるためにアルコール系の溶剤がわずかに含まれている）ので，床などに火気はないか注意し，換気を十分に行う．屋外での作業では，風を背中に受けるように風上から風下に向けて塗装する．スプレー容器を塗装面に近づけすぎたり一度に厚塗りしてしまうと，塗料が垂れたり泡立ちの原因となる．噴射距離を適度（15〜30 cm）にとり，スプレー缶を 50 cm/sec 程度の速さで，塗り重ね部分が 1/3〜1/2 となるようにうすめに塗って，必要な厚さまで 2〜3 回塗り重ねる．ラッカー系塗料は，直射日光が当たるところでの作業は泡が出やすいので日陰で作業する．泡が出てしまったときは，うすめ液で拭き取って塗り直すか，完全に乾いてから耐水ペーパー*で水研ぎして平らにしてから塗り直す．

(7) 塗装後の後始末

〔塗装面の始末〕

マスキングテープは長時間付けたままにしておくと，はがすときに塗膜も一緒にはがれてしまうことがあるため，早めにはずす．マスキングテープからはみ出して塗料が付いたところは，早めに塗料に合ったうすめ液で拭き取る．

〔ハケの後始末〕

しばらくしてから同じ塗料で塗装するのであれば，ハケを水につけておき，空気に触れて乾燥するのを防ぐ．再び使うときには，水から取り出し，水をよく切ってから使用する．洗うときには，新聞紙の上で塗料をできるだけ落としてから，乾かないうちにハケに付いた塗料を塗料に適したうすめ液（水性塗料では水）でよく洗う．これで終わり

にすると乾いたときにまだ硬いことが多いので，その後，台所洗剤で洗って水気を切り，陰干しにする．ローラーバケやコテバケも同じ要領で洗う．なお，油性塗料は素手で洗うと手が荒れたり，手洗いにも時間がかかるため，ゴム手袋を着用して洗う．また，油性塗料はきれいに洗うのも大変なため，使い捨てにするのも1つの方法．

〔塗料が衣服に付いたら〕

塗料は水性・油性ともに乾いてしまうと落ちないので，すぐに落とすことがポイント．塗料に合ったうすめ液で落とし，その後に洗剤で洗う．しかし，完全に落とすことは難しいので，塗料が付いてもよい服装で塗装するほうがよい．

7）残った塗料，うすめ液の保存

水性塗料：一度水でうすめた塗料は長期間保存すると水が腐るので，6カ月以内に使いきる．残った塗料はしっかりとフタをして，直射日光の当たらない涼しい場所に保存する．ただし，-5℃以下では成分が分離するため，冬場は室内保存が原則．この状態で1年くらいは保存が可能となる．

油性塗料：空気に触れると固まるので，残った分量だけ入る小さな缶に移すか，塗料に合ったうすめ液を少し加えて混ぜずに密閉し，火気のある場所を避けて涼しい場所に保管する．

スプレー塗料：中身が漏れたり，破裂しないように湿った場所や錆びやすい場所，直射日光の当たる場所や火気の近くなどの温度が高くなる場所を避けて保存する．

8）塗料の捨て方

塗料は液体のままでは廃棄できない．新聞紙などに塗り広げ，乾かしてから一般ゴミとして処分する．容器は塗料を使い切ってから一般ゴミとして分別して処分する．スプレーは中のガスと塗料を十分に抜いて廃棄する．塗料やガスが残ったまま廃棄すると，ゴミ収集車やゴミ処理場で破裂する恐れがあるので特に注意する．

8 その他の材料

1 皮革・繊維・布材

1）皮革

> 基礎知識

　動物からはいだままの皮（生皮）は，腐りやすく乾燥すると固くなってしまう．この生皮を腐らせず軟らかさを失わないように加工することを「なめし」という．また，なめし加工をしていない皮を「皮」，なめした皮を「革」といい区別される．皮革に利用されている動物はウシ，ブタ，ヤギ，ヒツジなどの家畜が多い．

　革の長所は丈夫で耐久力がある．立体加工ができる．切り口がほつれない．保温性，柔軟性，順応性，吸湿・通気性がある．革の断面を見ると表層の銀面層と呼ばれる部分の繊維は細く，下の網様層では繊維は太い．また，よく絡み合っており，この繊維の絡みが掛かった力をそれぞれの繊維方向に分散し，力を革全体で受けるため丈夫で革の切り口がほつれない．ただし，厚い革を薄くすいた場合は繊維が切断されて革は弱くなる．一方，欠点は，湿気を吸うと伸びる．乾燥すると縮む．カビが生えやすい．濡れると熱に弱い．均一でなく傷などがある．大きな面積が取れないなどが挙げられる．

　革細工のカービングは，乾いたままでは伸びないが，濡れた状態では引っ張る力で伸び乾燥しても元には戻らないという革の性質を利用して行われる．

> 種類

　革は同じ種類の動物でも年齢や体の部分によって性質が異なる．また，なめしや仕上げの方法によっても，異なった種類の革となる．

(1) なめしの方法

〔タンニンなめし〕

　渋なめしともいい，植物から抽出したタンニン液につけてなめす．革の繊維の透き間

にタンニンが詰まるためその分だけ重くなるが，伸びは少なく丈夫である．さらに水をよく吸い，水を吸うと軟らかくなり可塑性に富んでいるため，形がつけやすく革細工に最適となる．革の色は薄い茶褐色で日に焼けると次第に濃くなる．

〔クロムなめし〕

タンニンなめしに比べて軽く仕上がり，革は青みがかったグレーとなる．吸水性が少なく伸びが大きい．また，弾性が強く強靱である．ただし，可塑性はあまりなく革細工には不向きとなる．このなめしは短時間ででき生産性がよいため，現在ではほとんどの革がクロムなめしされている．1884年アメリカのA. Schultzが重クロム塩酸と塩酸による二浴法クロムなめしを，1893年にM. Dennisが塩基性クロム塩溶液による一浴法なめしを開発し，その後1960年代になめし剤メーカーが塩基性クロム塩を粉末として供給するようになって，今日のクロムなめしが確立されている．クロムなめしによってクロム原子同士が連結した多核錯体（高分子物質）がコラーゲン（皮を構成する主タンパク質）分子間に橋を架け，構造を安定化することにより弾性が強く強靱で可塑性はあまりないなどといった性質が生まれる．

〔白なめし〕

革の色を白く仕上げるなめし．主として合成なめし剤やホルマリン類を使用して行われる．ロウケツ染めには向いている．この他に，2種類以上のなめし剤を使う混合なめし，油なめしなどがある．

(2) 動物の種類と年齢

同じ動物でも成長の段階で革の性質は大きく異なる．牛の場合，子牛の皮の厚さは1 mmくらいだが，成牛になると5〜7 mmにもなり堅牢度もまるで違ってくる．牛革の区分は，生後約6カ月以内のカーフから生後3年以上の牡の成牛のブルまで5段階に分類される．その他の動物の種類としては，以下のようなものがある．

豚革（ピッグ）：銀面（表）に豚独特の3つの毛穴の模様がある．

羊皮（ヤンピ）：キメが細かくしなやかで軽いが，やや弱い革．手袋，衣服，本の装丁などに使われる．

山羊（ゴート）：キメは粗いが表面にはつやがあり，丈夫で耐久力がある．

馬革：面積は大きくとれるが，繊維が粗いので丈夫さに欠ける．キメもあまり美しくないので，工芸品では安い靴やカバンなどに使用される．身体に付けるときには，柔軟でよくなじむため万能カフなどの自助具材料として利用しやすい．

(3) 仕上げの方法

ギン：革の表革で0.3 mmまで薄くすいた表皮だけをギンという．

図 8-1 万能カフ

床：ギンを取ったあとの表革のついていない部分をいい，袋物の芯などに利用される．

アメ豚：渋なめしの豚革の表面を摩擦して光沢を出したもの．レザーカービングではバッグの裏張りによく使う．

スエード：革の裏をこすって起毛させたもの．軟らかくて簡単に縫える．表面が光らず上品な感じ．肌触りもよいので滑り止めの用途も兼ねて，握り柄に貼り付ける材料としても利用しやすい．

ベロア：牛革または豚革をスエード調に仕上げたもの．

この他にもさまざまな仕上げがある．

用途

車いす用プロテクターの手袋や万能カフ（図 8-1）など保温性や柔軟性といった特性を利用して身体へ密着した使用が多い．

入手方法

義肢装具会社，手芸材料店など．革の単位は DC（デシ）で表され，1 DC は $10\,\mathrm{cm}^2$．価格は，成牛で 1 DC 148 円程度，アメ豚は 1 DC 76 円程度，スエードは 1 DC 70 円程度．革を選ぶときには，日光の差し込むところでいろいろの角度から見ると細かいアラがよく見える．ただし革は天然のものなので 100％無傷，均一はない．

加工方法

繊維の方向に革を使うと伸びにくい．

保存方法

革は乾いたままでは伸びないが，濡れた状態では引っ張る力で伸び，乾燥しても元には戻らない．そのため革で製作したもの（万能カフなど）は，カフを取り付けたまま水を扱うことや汚れたからといって水洗いしてはいけない．革が伸びてしまい，その後は使用できなくなることがある．また，濡れることでカビが生えやすい．部分的な汚れ

第1章　よく使う材料

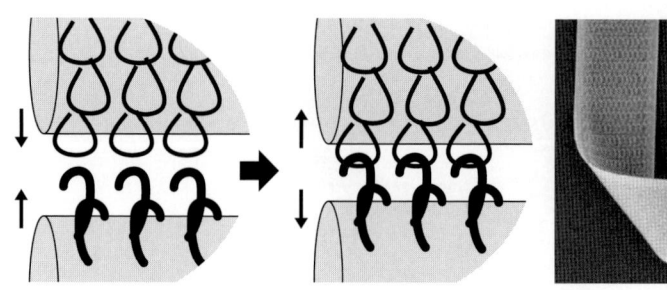

図 8-2　面ファスナーは，フックがループに引っかかることで接合する構造となっている

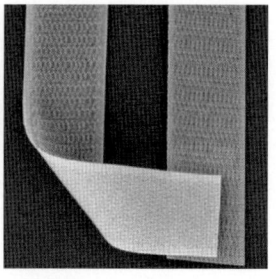

図 8-3　一般的な面ファスナー
左：ループ面（メス）
右：フック面（オス）

は湿らせた布で軽く拭き取るか，クリーナーを含ませた布で拭く．革の保存は全体を紙に包むなどして乾燥した場所に置く．特にタンニンなめし革は，日光に当たると革が焼けて茶褐色になってしまうため注意を要する．

2）面ファスナー

|基礎知識・種類|

　服などに野生ゴボウの実がくっつくことにヒントを得て作られた，着脱が自在の面ファスナー（self-adhesive hook and loop fastener）．日本では「マジックテープ（Magic Tape）」の呼び名が有名だが，これはクラレ社の商標登録である．欧米では「ベルクロ（Velcro）」が一般的な呼び名で，これはオランダのベルクロ社の商標登録．その他「クイックロン（Quicklon）」はYKK㈱の登録商標である．

　ワンタッチで止められ引っ張ると簡単にはがすことができる面ファスナーは，微小なカギ状フックがループに引っかかることによって"くっつく"構造となっている（図8-2）．このフックとループの並びや形によってさまざまな面ファスナーの種類がある．一般的なタイプとしては，小さなループがびっしり並んだループ面（メス）と細かいカギ状になっているフック面（オス）の2枚1組で使用するタイプがある（図8-3）．このタイプの欠点としては，はがすときにベリベリという音がすることや水に濡れたり凍ったり水中で使用するときには，接合強度が低下する点などが挙げられる．その他，繰り返しの使用で接合力が低下する点やフック面（オス）に糸くずなどがつきやすい点などがある．

図 8-4 同じ面にフック（オス）とループ（メス）が混在した面ファスナー

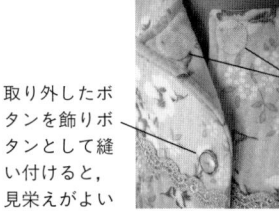

図 8-5 ボタンから面ファスナーへの変更

また，同じ面にフック（オス）とループ（メス）が混在した面ファスナー，例えばフリーマジック（クラレ社），4QNNGタイプ（YKK）などは1面でフック面とループ面の2つの働きをするタイプ（図8-4）となっている．ただし，接合力は2枚1組で使用する一般的なタイプより弱い．

その他，フック面がマッシュルーム形状や矢尻形のフックになっており，ループにはまり込むことで強力に結合するタイプ（クラレ社），アイロン接着が可能なタイプ（WE-T）や裏面に両面テープや粘着剤を貼ったタイプ（AD，ADN，ADS），伸縮可能なタイプ（1(2)QNE，2QWE）などがある（YKK）．

幅は一般に市販されているものは 25 mm を中心に 12・16・20・25・30・38・50・100 mm などがある．長さは，巻きタイプでは25 m巻や5 m巻，50 m巻，短いタイプでは10 cm前後で市販されている．色は，白，黒，肌色以外に黄，赤，茶，緑など各種揃っている．

加工方法・用途

ボタンから面ファスナーへの変更などに使う（図8-5）．面ファスナーの取り付けは，ミシン*などによる縫い付けが一般的．

関節リウマチなどの手指機能障害がある場合には，フリーマジック（クラレ社）などの同じ面にフック（オス）とループ（メス）が混在した接合力の弱い面ファスナーを使用したり，一般のタイプでも幅方向に使用することで着脱がしやすくなる（幅方向に使用すると剪断，剝離強度ともに長さ方向の強度の約70％ですむ〔YKK〕）．逆に強い結合が必要なときは接着面を広くとるか，接合力の強いタイプを使用する．また高湿度下や水中での使用は，接着強度が低下するため注意を要する．

入手方法

日曜大工店，ホームセンター，手芸店，パソコン店，義肢装具会社，医療材料店など．

価格は，幅 25 mm×25 m 巻きでループ（メス）4,000 円程度，フック（オス）5,500 円程度．幅 50 mm×25 m 巻きでループ（メス）7,500 円程度，フック（オス）11,000 円程度．

保存・手入れ方法

洗濯機で洗うときには，しっかりフック面とループ面を止めておくか，洗濯ネットに入れるとほかの洗濯物を傷めず洗濯クズも付きにくい．面ファスナーを取り付けた布にアイロンをかけるときには，熱面が直接面ファスナーに当たらないように裏からかけるか，ハンカチなどで当て布をする．白・淡色の製品は長時間の在庫または光にさらされた場合，黄変することがあるので注意を要する．

3）布材

基礎知識

布材はその原料となる繊維の種類によってその性質が反映される．繊維は一般に天然繊維，化学繊維，合成繊維，無機繊維に分類される．以下に，各繊維の代表例と特徴を示す．

〔**天然繊維（自然界に存在する天然のもので，植物繊維や動物繊維がある）**〕

木綿(もめん)，綿：綿から作る最も一般に使われる繊維．強くて丈夫．吸湿性，保温性，熱にも強く，肌触りもよい．肌着によく用いられる．日光に当て過ぎると強度が低下する．濡れやアルカリにも強い．弱アルカリ性洗剤や石けんで洗ってよい．アイロン(210 度まで)，水洗い(30〜40℃)とも高温可．白布は塩素さらし可．色布は塩素さらし不可．

毛（毛糸）：羊の毛から作られる．しわになりにくい．吸湿・保温性がよい．よく染まる．濡れや日光，アルカリにも弱い．洗うときは，水温 30℃程度の水で中性洗剤を用いて手洗い．アイロンは中温で当て布を用いて行う．塩素さらしは不可．虫害を受けやすい．

絹：天然繊維の中で唯一の長繊維．優雅な光沢．手触り軟らか．虫害を受けやすく，手入れが大変．高価．毛，絹とも物質としてはタンパク質のため燃やすと黒く丸まる．

〔**化学繊維（人工的に手を加えて生産されるもの）**〕

レーヨン・キュプラ：木材パルプなどの天然の繊維を溶解し，紡糸してできた繊維で再生繊維と呼ばれる．吸水性もあり，肌にやさしくバクテリアなどにより土にかえる環境にやさしい繊維．絹のように美しい光沢．水に濡れると弱くなる．しわになりやすく

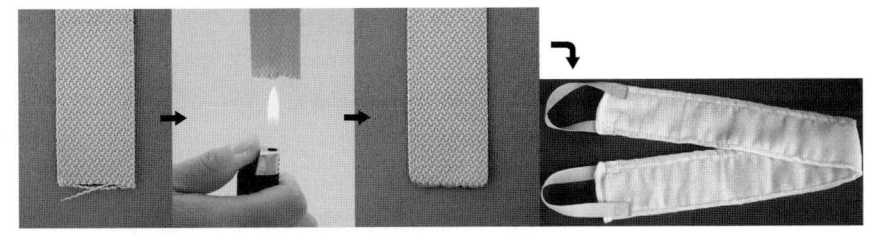

熱処理することで端部がほつれない
図 8-6 ポリエステルテープを用いたループ付きタオル

紙のように燃える．

アセテート：半合成繊維と呼ばれる．木材パルプにアセチレンから作る酢酸を作用させて作る．熱可塑性に優れるため，ワイシャツに適する．美しく吸湿性，保温性がある．引っ張り力はレーヨンよりも弱い．

〔合成繊維（石油などから化学的に作られる繊維）〕

ナイロン（ポリアミド系繊維）：石油から作られた世界初の高分子系合成繊維．強くて軽い．弾力性に富む．アルカリに強い（石けんで洗っても可）．濡れに対して弱い．紫外線で黄変色．シルクの代用といわれるようにソフト感があり，染色性に富み，合成繊維の中でも比較的吸水性がある．

アクリル（ポリアクリロニトリル系繊維）：軽くて暖かく染色性に優れ，保温性や肌触りが軟らかいため毛糸や毛布などに使用される．ソフトな風合いで弾力がある．ほとんど水を吸わない．濡れに対しては弱い．

ポリエステル（ポリエステル系繊維）：繊維が堅くシャキッとしているのが特徴．しわになりにくく，寸法安定性に優れ，型崩れが起きにくい繊維．ほとんど吸水性もなく静電気が起こりやすい．アルカリに強い（石けんで洗っても可），濡れに対しても強い，乾きがよい，などの特徴からポリエステルテープはループ付きタオルの材料としても使用しやすい（図 8-6）．アイロンは低温でかける．染色性にも優れている．リサイクルのペットボトルからも作られ，フリース地の防寒具の材料となる．

ポリプロピレン（ポリプロピレン系繊維）：比重が軽く水に浮く軽さ．また光沢があり，吸水性もほとんどなく，静電気が起きやすく，染色性もよくない．強度が強いため漁網，ロープ，ベルトなどにも使われる．

ポリウレタン（ポリウレタン系繊維）：伸縮性に優れている．濡れに対して強い．

※混紡：2種類以上の繊維を混ぜ合わせて紡績し，両方の繊維の欠点を補い合う繊維とすること．例えば，綿とポリエステルの混紡のワイシャツは，ポリエステルにはない

吸湿性があり，綿にはない型崩れしにくい製品になっている．

〔無機繊維〕

ガラス繊維（グラスファイバー），炭素繊維（カーボンファイバー），金属繊維（金・銀糸，スチール線繊維，アモルファス金属繊維）などがある．

■種類■

布材には，いくつかの種類があり，一度繊維を糸によってから作る「織物」・「ニット」と繊維をそのまま布状にする「不織布」が代表的．

織物：並べられたタテ糸に一定の方式に従ってヨコ糸を交錯させたものを織物という．こうしてさまざまな糸と織り方で作られた織物は，衣料用はもとよりインテリアや建築材料などさまざまな分野で広く使われている．

ニット（編み物）：ニットとは編み物の総称で，knit（編む）という英語から派生したもの．ニットの編目の構成はヨコ編とタテ編に大別でき，ヨコ編地は編み終わりのほうからほどけやすい性質があり，ヨコ編地はタテ地よりも伸縮性がある．織物と比較すると，ニットは編目で構成されるために伸縮性が大きい，シワになりにくい，ソフトな風合いがある，ほどけやすい，型崩れしやすいといった特性がある．

不織布（ふしょくふ）：糸を幅広く重ねて並べ，強度を出すためと繊維の固定のために熱プレスや接着剤などによりシート状にしたもの．繊維はほぼタテ方向に並んでおり，ヨコ糸に相当する糸はない（貼布剤用など一部にはタテ糸とヨコ糸を混ぜ合わせたものもある）．そのため生産性がよく，安価で大量に生産できる．ただし洗濯性能や磨耗性では織物や編み物にはかなわない．羊毛を原料としたフェルトもその多くは不織布．原毛に熱と水分を含ませ大きな圧力により時間をかけて揉み固めた（縮絨された）繊維製品で，通称プレスフェルトと呼ばれている．

その他（ほかの材料と組み合わせた布材）

ネオプレーン（ゴム）：ウェットスーツなどに使われている布材で，発泡させた高分子材料（ゴム）の表と裏に布材を貼り合わせたもの．クッション性，伸縮性があり，肌になじみやすい．また断熱性が高く，通気性は悪い．ネオプレーンは気泡によって保温効果を維持しているが，古くなるとこの気泡が小さくなり保温効果もなくなり生地が硬くなってくる．義肢装具会社から入手できるものは，表地がマジックテープなどの面ファスナーで接合できるパイル地が張り合わされている．

■用途■

布材の自助具への利用は，モノを包んで使用する（図8-7）．また滑らかで滑りやすい布材では，種類の違う2枚の布をベッド上に敷いて身体を移動しやすくするときなどに

8 その他の材料

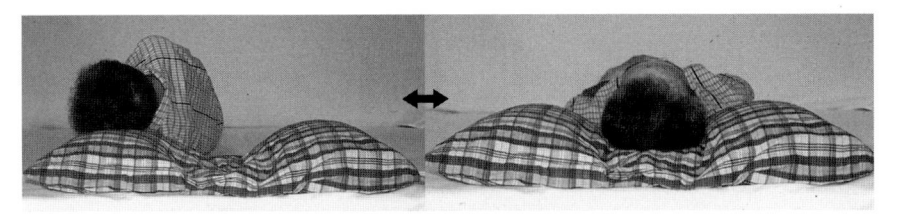

図 8-7 木綿布を用いた頸椎保護用枕
側臥位時用の枕が離れないように木綿布で包んでいる．

使う．ネオプレーンは，表地がマジックテープなどの面ファスナーで接合できる生地が張り合わされていることを利用して，万能カフなどやスプリント材としてもよく使われる．なお，ネオプレーンは断熱性が高く，通気性が悪いため，冬場は保温性が高く有用だが，夏場は蒸れてしまうため使用が制限される．

加工方法
おもにミシン*などによる縫い付け．線引きや印付けには時間が経つと自然に消える水性のペンを使うと仕上がりがよい．

入手方法
一般的な布材は手芸店など．ネオプレーンゴム，ポリエステルテープは義肢装具会社，医療材料店など．

価格は，木綿布が無地で 500 円程度から柄物で 600 円程度から．フェルトは，3 mm×22 cm×20 cm の裏面接着剤付きで 450 円程度．義肢装具会社から入手できるネオプレーンゴムは，色は肌色，厚さはゴム部分の厚さによって 1, 2 mm などがある．ゴムの色は，白または黒．価格は，130 cm×220 cm 厚さ 1.6 mm（ゴムの厚さ 1 mm），厚さ 2.6 mm（ゴムの厚さ 2 mm）ともに 25,000 円程度．ポリエステルテープは肌色，25 mm 幅×23 m で 3,000 円程度．時間が経つと自然に消える水性のペンは手芸店で．価格は，水性チャコペン（クローバー）300 円程度．

保存方法
酵素入り洗剤は 30〜40 度の水温で一番よく汚れが落ちる．また，洗剤の濃度には最適な濃度があり，それより多く洗剤を入れても効果は上がらず無駄になる．過酸化水素水はすべての繊維の漂白に使える．血液のシミ取りは湯より水のほうが落ちやすい．その他は「3）布材」の基礎知識（p. 92）を参照していただきたい．

第1章　よく使う材料

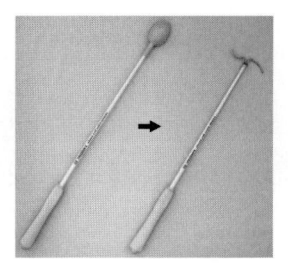

図 8-8　カーボンファイバー製のまき餌用の杓（左）を利用した軽量リーチャー（右）

4）カーボンファイバー（炭素繊維 carbon fiber）

■基礎知識・種類

　ポリアクリロニトリル繊維またはコールタールピッチを原料とする繊維を窒素気流中で高温に加熱して炭化した高弾性の繊維．炭素は原子間の結合力が強く，軽くて非常に丈夫な繊維となる．

　長所としては，軽量で酸アルカリ，有機溶剤に対して耐食性が大きい，耐海水性に優れる，熱膨張が小さく耐熱性に優れるなどが挙げられる．短所としては，電気伝導性がよい，伸びが小さく耐衝撃性が低い，応力が集中しやすいなどが挙げられる．

　パイプ状に成型されたものでは，しなりと弾性に優れており軽量である．変形に対して復元力が高いが，一定の範囲を超えると一気に破損する．破断面は鋭利のため取り扱いに注意を要する．金属に比べて強度・弾性が大きく，耐熱性・耐薬品性に富み，軽量なため航空機・自動車部品，ゴルフクラブ・テニスラケット・釣り竿などに用いられている．

■用途

　リーチャーなどの長柄部分を軽量にしたいときなどに使う（図 8-8）．

■入手方法

　ホームセンターや釣り具店に，釣り竿やまき餌用の杓などとして販売されている．

　価格は，まき餌用の杓（長さ 60 cm，重さ 32 g）で 700 円程度から．長さ 80 cm，重さ 40 g で 1,000 円程度から．

■加工方法

　電気伝導性がよいため感電防止や破損時の安全性も考慮し，自助具として用いるときには熱収縮チューブなどのカバーが必要となる．

8 その他の材料

図 8-9 ゴルフクラブ用グリップ

図 8-10 自転車ハンドル用グリップ

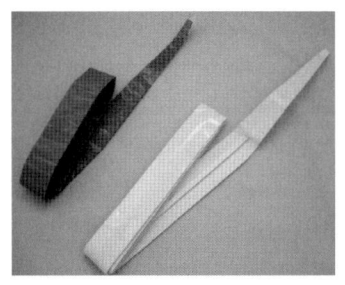

図 8-11 各種グリップテープ

2 滑り止め材料

　自助具を製作するとき，使用者の把持力が弱い場合などには握り柄部分に滑り止めの処置が必要となることがある．このときに利用できる材料としては，各種ゴム材，液体ゴム〔以上「2．ゴム」（p. 15）参照〕，シリコン系充てん材〔「6．接着・充てん材」（p. 74）参照〕，ニス〔「7．塗料」（p. 81）参照〕，滑り止めシートや各種グリップ，グリップテープ類などがある．今までに紹介した材料については各項を参照していただきたい．

1）各種グリップ，グリップテープ（レザー）

■基礎知識

　一般に市販されているグリップには，ゴルフクラブや自転車ハンドル用があり，おもに樹脂系材料が使われている．形状は，ゴルフクラブ用グリップ（図8-9）は端（小指）側の径が大きくなっており，把持が安定しやすいようになっている．内径は約 11 mm．自転車ハンドル用グリップ（図8-10）の形状はさまざまであるが，径はほぼ一定で各指の間に横ずれ防止用の突起がついているものもある．一般車用のハンドルバーは径 22.2 mm，子ども車用は 19 mm．

　グリップテープ（図8-11）は，テニス，バドミントンなどの各種グリップの滑り止めや衝撃吸収材として市販されている．さまざまな種類があるが，ラケットのグリップ本体に直接巻き付けるグリップレザーとその上から巻くグリップテープなどがあり，化学繊維のものが多い．

用途・加工方法

　筆記具，リーチャーや長柄の自助具のグリップ部分の太柄への加工，滑り止め防止，安定性の確保を目的として用いる．グリップテープ類は必要な部分に必要な厚さまで巻き付ける．防水は目的としていないため，水に濡れるような使用場面には配慮が必要となる．各種グリップは，断面形状が円形以外のものは，握る方向が定まってしまうために差し込む方向に注意する〔コラム：握り柄の形状と先具（p. 102）参照〕．取り付けるときに差し込みにくいときには，グリップ内部に水を付けて滑りをよくしてから入れる．逆に透き間があくようであれば，あらかじめテープなどを巻いてから取り付ける．滑りをよくするために油類を使用するとグリップが抜けることがあるので用いない．

種類・入手方法

　グリップは，自転車販売店，ゴルフ用品店，スポーツ用品店やホームセンターなどで．価格は，自転車のグリップは 300 円程度から．ゴルフクラブのグリップは 400 円程度から．グリップテープ類はゴルフ用品店またはスポーツ用品店やホームセンターなどで．材質，テープの幅，長さは各種揃っている．価格は 400～1,200 円程度．

2）各種滑り止めシート

基礎知識・種類

　一般に市販されている滑り止めシート類は，自動車のダッシュボードやトランクルーム内などに置いたものが滑って移動しないための滑り止めシート（図 8-12），カーペット用の滑り止めシート（図 8-13）があり，材質はおもに樹脂系素材．その他，福祉用具として取り扱われているものでは，シートロール状や長方形のポリ塩化ビニルやシリコン製シート，PET フィルムの裏面が粘着タイプで表面はプラスチック粒子が付着してざらついた材質となっているテープ状の滑り止めシート（アンチスキッドテープ・クリアー，図 8-14）などがある．

用途・加工方法

　必要な大きさに切って使用する．15×15 cm 程度に切ったものを使用して容器のフタをあけたり（図 8-12 b），車いすの座面に敷いて座位姿勢の保持（図 8-13 b）などに使う．裏面に粘着テープが付いているものは箸の握り部に貼って手指機能の補助（図 8-14 右）などに利用する．

入手方法

　自動車用とカーペット用シートは自動車用品店やホームセンター，100 円均一店など．

8 その他の材料

a：自動車の車内用の滑り止めシート．
b：容器のフタをあけるときの使用例．

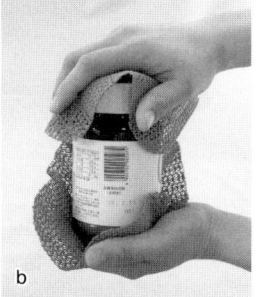

図 8-12 樹脂製滑り止めシートと使用例（1）

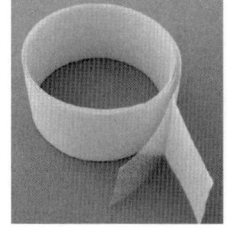

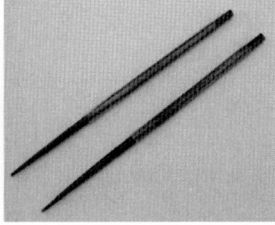

図 8-14 アンチスキッドテープ・クリアー（左）と箸の握り部に貼った利用例（右）

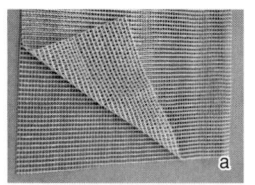

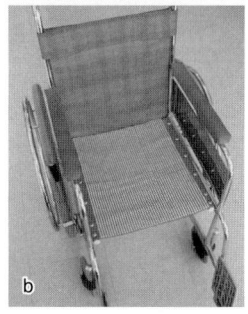

a：カーペット用の滑り止めシート．
b：座位姿勢の保持用に車いすの座面に敷いた利用例．

図 8-13 樹脂製滑り止めシートと使用例（2）

　価格は，125×45 cm のアクリル樹脂製が 1,000 円程度．芯材がポリエステルで表面が塩化ビニル樹脂またはアクリル樹脂製のものが 180×30 cm で 1,000 円程度，65×80 cm で 700 円程度から．福祉用具として取り扱われているものでは，シートロールが長さ 1 m×幅 40 cm×厚さ 1 mm で 4,000 円程度（ADL エクスプレス社，Tel 03-3460-2341），長方形シートはタテ 255×ヨコ 356 mm×厚さ 2 mm で 3,700 円程度（ADL エクスプレス社），アンチスキッドテープ・クリアーは長さ 5 m×幅 5 cm×厚さ 0.3 mm で 4,200 円程度（ネイチャーコーポレイション INC，Tel 06-953-5355）で福祉用具や医療器具取り扱い店で．

■保存方法

　ポリ塩化ビニル製のシートは垢がついて滑り止め効果が弱くなったときには，ぬるま湯（50℃以上の熱では変形する恐れがある）で洗浄する．また，シートの上に紙を置くとはがれなくなることがあるので注意する．

第1章　よく使う材料

参考文献

1) 相良二朗：テクニカルエイドのための素材．OT ジャーナル　27：1076-1087，1993
2) 相良二朗：テクニカルエイドの素材．OT ジャーナル　36：778-787，2002
3) ジェームズ・サマーズ，マーク・ラムズ（山下恵美子，他訳）：Let's Begin！日曜大工　木工・DIY・カントリー家具．MPC，1999
4) 岡本利之，他：要約ドン！中学用技術・家庭．学習研究社，2002
5) 荒井　章：DIY をもっと楽しくする木工の基礎知識．夫婦で楽しむやさしい手作り家具（DO SERIES），pp 115-137，立風書房，2001
6) 荒井　章：工作と修理に使う材料の使いこなし術．山海堂，2000
7) 小方早苗：住まいの修理とメンテナンス．梧桐書院，1999
8) 西沢正人：暮らしに役立つウッド・ワーク．新星出版社，1999
9) 機器対策委員会編：作業療法士が選ぶ自助具・機器-1991 素材・部品・道具．日本作業療法士協会，1991
10) 商品委員会編：DIY 商品の解説．日本ドゥ・イット・ユアセルフ協会，1995
11) DIY アドバイザーハンドブック編集委員会編：DIY アドバイザーハンドブック．第 3 版，日本ドゥ・イット・ユアセルフ協会，2002
12) 彦坂和子：レザークラフト図案集 2．日本ヴォーグ社，1984
13) 彦坂和子監修：レザーカービング　革の彫刻と仕立て．第 5 版，グラフ社，1983

コラム　板は曲げると強くなる

　スプリントの力学的原則の一つに「縁を曲げて材料の強度を増す」があります．
　スプリントシートそのままではたわんでしまって柔らかい材質も，前腕部や手部に沿って形づくって曲げるとそれだけで強い構造となります．これは，紙の上に置いた鉛筆をそのままでは支えられませんが，紙を曲げると支えることができることと同じですね．さらに紙を曲げ続けるとパイプ状になります．よってパイプも強い構造体です．そのためスプリントにアウトリガーのフレームを取り付ける場合でも，スプリント材を切ってそのまま使うよりもパイプ状にしたほうがより強い構造となります．
　縁を曲げて材料の強度を増すことは，日常のさまざまなものにも応用されています．例えば自動車のボンネットを見てみるとさまざまなプレスラインが入っています．これは水切りやデザイン上の配慮もありますが，広い板状の金属板を曲げることによって材料の強度を増しているのです．
　私たちの体の中にもその応用例をみることができます．それは大腿骨や上腕骨といったいわゆる長管骨です．これらの骨はパイプ状になっていますので軽くて丈夫というわけです．人の体はよくできていますね．
　ここで，自助具への応用例を一つ．
　関節リウマチの方で，ラジオを聞きたいがイヤホンを耳までもっていくことができないという相談がありました．あと10cmほど耳まで届かないのです．そのリーチを補う材料としてストローを利用してみました．ストローはパイプですので軽量で比較的強い形になっています．ストローを切ってその中にイヤホンのコードを入れセロテープでとじ，イヤホン本体をストローに固定したところ，自分でイヤホンを耳にかけることができるようになりました．身近なものの応用です．

参考文献
1) 内西兼一郎監訳：手の装具療法．pp 76-77，医学書院，1983（Fess EE, et al：Hand Splinting-Principles and Methods. Mosby, 1981）

コラム　握り柄の形状と先具

　握り柄をどのような形状にするかということは，自助具を作製する際の重要なポイントの一つです．さまざまな道具や身近なものの握り柄を分類してみますと，その断面形状によって，おおよそ表1のように分けられます．

　もし包丁の握り柄が，ヤスリ柄のような断面が円形の握り柄だったらどうでしょう．刃（先）の方向がわかりにくいために，切るものに垂直に当てにくく，また切る途中で刃が横に倒れそうで怖いですね．道具は，その長い使用経過（経験）の中で，使用目的や使いやすさに合った形に洗練されてきたのです．

　握り柄の形を自助具で考えてみますと，例えば長柄ブラシの握り柄に包丁柄のような断面が楕円の握り柄を使用したとすると，髪をとくのにブラシが頭部に当たる位置が定まってしまい，非常に使いにくい長柄ブラシとなります．逆に，握り柄を断面が円形のヤスリ柄を使用すると，どの方向にも持つことができますので，ブラシを頭のどの部分にでも当てやすくなるために，長柄ブラシの握り柄としては，断面形状が円形のもののほうが適合しているということになります．

　自助具の作製にあたっては，使用する方向や目的に合った握り柄を選択しましょう．

表1　断面形状

円（多角）形	どの方向にも自由に握れる．使用方向を変えて使用するものや回転させて使うものに適する（例：ドライバー，ヤスリ柄，キリ，野球のバットなど）．さらに多角形の場合は，どの方向にも握れるが，握った位置に固定しやすく，回転しにくい（例：ドライバー，テニス・バドミントンの握り柄など）．
楕円（長方）形	握った位置で固定される．特にその使用方向が長軸方向に定まった用具に用いられる（例：包丁（図1），カッターナイフ，ノコギリ，金槌など）．

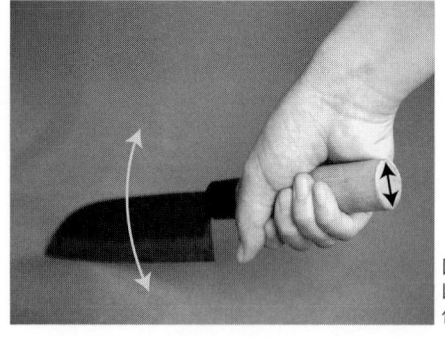

図1　握り柄の形状と先具の使用方向
断面形状が楕円形の握り柄は，その長軸方向に使用方向が定まった道具・用具に用いられる．

II よく使う道具・工具

1. 切る道具・工具
2. 穴をあける道具・工具
3. 削る道具・工具
4. 打つ道具・工具
5. 締める道具・工具
6. つかむ道具・工具
7. 固定する道具・工具
8. 測る道具・工具
9. その他の道具・工具

本章では，自助具を製作する際に使用される道具・工具について述べてある．自助具の製作においては，必要な道具・工具が揃っているか？　道具・工具の正しい使い方ができるか？　適切な工作技術をどの程度持ち合わせているか？　によって作業効率や自助具の完成度は，格段に違ってくる．

自助具を製作する際の具体的な使用については，「第IV章　実際に作ってみよう」を，工作技術については各コラムもご参照いただきたい．

1 切る道具・工具

自助具製作において，さまざまな材料を「切る」場面は多い．ここでは，切る道具・工具を，ペンチのように挟んで切断する道具・工具と，ノコギリのように挽いて切断する道具・工具に分けて，紹介する．

1 挟んで切断する道具・工具

切るものを工具の刃で挟んで切断する．硬いものを切る工具は，テコの原理を有効に使うために刃先が短い構造となっているか，柄部が長く，握り部が回転軸より遠くで操作（握ることが）できる構造となっている〔コラム：テコの原理からみた道具・工具（p.202）参照〕．

1）ハサミ

ハサミは工作道具の中でも使用頻度がきわめて高く，そのため市販されている種類も多いが，その分，無造作な使われ方をしている場合も多い．適切な選択と使用をすることで，工作時の操作性や効率，仕上がり具合も格段に違ってくる．

| 基礎知識 |

ハサミの形状は，U 型と X 型に大別される．

U 型は，握りバサミ，もしくは（現在，ほとんど日本でしか使用されていないため）和バサミ（図 1-1）ともいう．糸切りなど細かい作業に適している．

X 型とは，ラシャ切（裁ち）バサミ（図 1-2）などの系統で，中間に支点のある型で握りバサミ以外はすべてこの型となる．

手（指）の開きには限界がある．そのため，テコの原理〔コラム：テコの原理からみた道具・工具（p.202）参照〕により，刃が長いタイプでは，特に刃先にいくほど力は伝

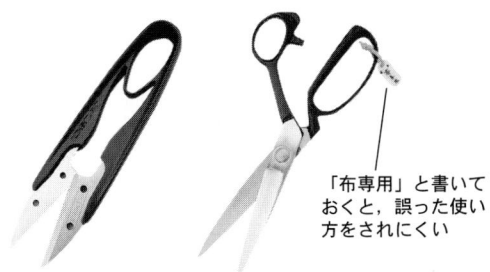

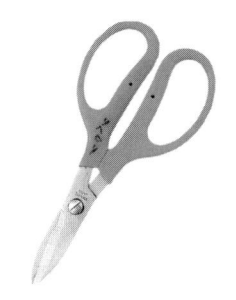

図 1-1 和バサミ

図 1-2 ラシャ切バサミ（裁ちバサミ）
「布専用」と書いておくと，誤った使い方をされにくい

図 1-3 いわゆる万能バサミ

達されにくい．よって，形状の違いによる用途としては，刃が長いタイプは柔らかいもの用（硬いものを切ってはいけない），刃が短いタイプは硬いもの用として作られている．

種類

ラシャ切バサミ（裁ちバサミ）：布地の裁断用のハサミ．ラシャとは，もともとは毛織物の一種．刃と柄を一体の鋼で作る全鋼製や，日本刀の伝統技術である付け鋼（着鋼）製法によって作られたもの，ステンレス鋼製などがある．付け鋼（着鋼）とは，鋼と軟鉄の複合材で鍛造し，刃の裏（刃と刃が擦れ合う部分）のみ鋼でできている．硬い鋼を軟鉄で覆うことにより，硬さと適度な粘りをもたせている．耐久性に優れ，よく切れる．切れ味としては，付け鋼（着鋼）製＞全鋼製＞ステンレス鋼製の順となる．「裁ちバサミで，紙を切ってはいけない」とよく言われるが，これは紙の製造工程の中で紙の白色度を増し，裏抜けを防ぐ目的で填料（てんりょう）と呼ばれる炭酸カルシウムなどの鉱物質の粉末が添加されているためである．そのため紙を切ると細かい刃こぼれを起こし，布地向きの刃角が鈍くなって切れ味が低下する．

万能バサミ（図 1-3）：刃が短くさまざまなものを切ることができる．ステンレス製や最近ではチタン製などもある．利点として，錆びることなく布地でも紙でも同じように切れ，少々乱暴な使い方をしてもよい．しかし，用途別に作られたハサミのようなデリケートな切れ味はない．一般に，鋼に比べると切れ味は少し劣る．

フッ素コーティングしたハサミ：刃先にフッ素コーティングを施し，粘着物を切っても付かないタイプ．粘着物（両面テープやテーピング用テープなど）を切るときには，必ずこのようなタイプのハサミを使用する．

注意 コーティングのないハサミで粘着物を切ると格段に切れ味が落ち，付着した粘着物を取り除くのに時間もかかるので注意すること．

ギプス用ハサミ（図 1-4）：スプリント材を切るときに使うと思っている場合が多い

図 1-4　ギプス用ハサミ

肌を傷つけないよう刃先が丸くしてある

図 1-5　ピンキングバサミ

切り口がジグザグになることで、ほつれを防ぐことができる

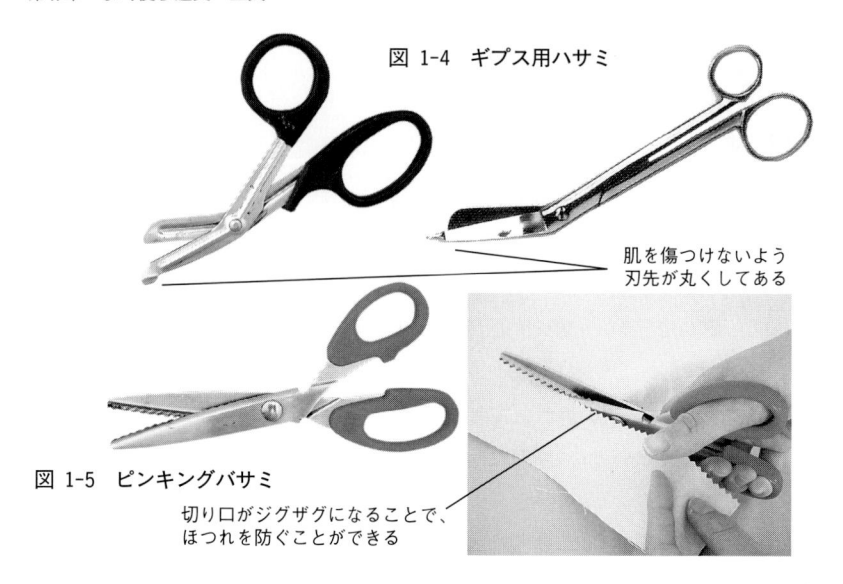

が，実際には硬いままのスプリント材を切るときには使いづらい．このハサミの本来の使い方は，ギプスカットした内側のストッキネットや綿を切るためのもので，そのためにギプスの中に入りやすい形状で，肌を傷つけないよう刃先が丸くしてある．スプリント材などの熱可塑性樹脂を切るときには，スプリント材をお湯などで軟化させてから切る．

ピンキングバサミ（図 1-5）：切り口がジグザグになることで，裁ち目のほつれを防ぐことができる．布専用．

> 入手方法

日曜大工店，ホームセンター，手芸店，刃物店，学校教材取り扱い店など．
ラシャ切バサミは長さ 210 mm で 2,500 円程度から．ピンキングバサミは長さ 230 mm で 4,000 円程度．ギプス用ハサミは長さ 190 mm で 5,000 円程度から．

> 使用方法

刃が短いハサミで硬いものを切るときには，刃元に近いところで切るとテコの原理を有効に使うことができ切りやすい．

ラシャ切バサミ（裁ちバサミ）で布を切る場合は，ハサミを斜めにして切ったり布を浮かせて切ったりすると，裁ち線が曲がる原因となる．台になっている平面に対してハサミを垂直に立て，切る方向の真正面に向かって立ち，布が動かないように片手で布をしっかり押さえ，ハサミの下側を台にぴったりつけ，布が台から浮き上がらないように

図 1-6　ペンチ

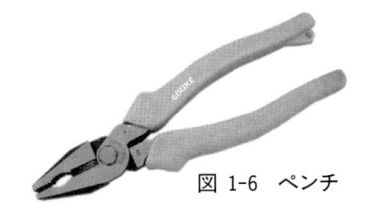

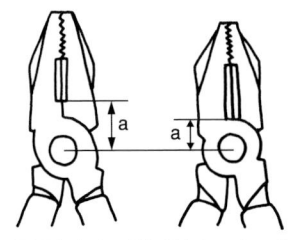

図 1-7　刃元を支点に近づけることにより効率よく刃に力が伝わり，断線が楽にできるペンチ(右)

して切る〔コラム：まっすぐ切るためには？（p.204）参照〕．

　ハサミ全般の使用上の留意点としては，その製品の本来の用途よりも硬いものは切らないこと．刃が長いハサミは，柔らかいものの切断用として作られているので硬いものは切らない．調子が狂ったハサミを調整し直すことは難しいので，床に落としたり強い衝撃を与えないように注意する．なお，刃が摩耗し切れ味が落ちてきたら，布用から紙用やその他の素材用に切る対象を変えていき，最後まで切る道具として使い切る．

保管方法

　ラシャ切バサミ（鋼製ハサミ）の手入れ方法としては，使用後は，糸くずなどの汚れを拭き取り，錆びないように刃部やネジ部にミシン油などを染み込ませた布で拭き，湿気のない場所に保管する．また，ラシャ切バサミが切れなくなった場合は，プライヤーなどでネジを締める(締めすぎに注意)．それでも切れない場合は，刃の摩耗が原因のため，研ぎ直しまたは買い替えをする．

2）ペンチ

基礎知識

　金属板などをつかんだり，針金や銅線の曲げ，切断に使用するハサミ状の工具．また，サイド・カッティング・プライヤーとも呼ばれ，プライヤーの仲間でもある．

種類

　ペンチ（図 1-6）：サイズは全長 180 mm くらいが一般的．先端はギザギザ部となっておりものをつかむ役目をし，刃部は針金などの切断用．最近では，刃元を支点に近づけテコの原理により効率よく刃に力が伝わり，断線が楽にできるタイプ（図 1-7）も発売されている．

　ラジオペンチ（図 1-8）：機能は，ペンチと同様だが，先端部が細長くなっているため，

図 1-8 ラジオペンチ

図 1-9 (ラジオ) ペンチの選び方

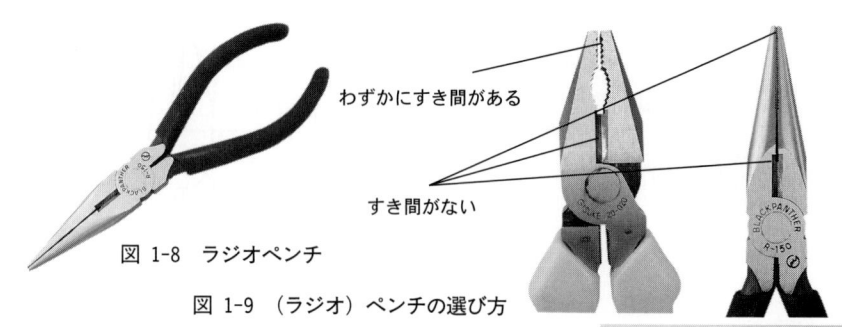

細い針金の保持や精密加工に向いている．先部が曲がった形状のタイプもある．バネ付きとバネなしがある．サイズは，全長 150 mm が一般的．

入手方法

日曜大工店やホームセンター，学校教材取り扱い店など．

ペンチ，ラジオペンチともに閉じた状態で刃部にすき間がないものを選ぶ．動かしてみて回転軸の周辺のすき間が変化したり，特定の角度で重くなる製品は，精度不足なので選ばないこと．また，ペンチは閉じた状態で先端部にはわずかなすき間があること．これは針金などを切るときに刃部にかかる力が先端部で分散しないためである．

反対に，ラジオペンチは，薄いものをつまんだりするのですき間があるとダメで，必ず先端部が密着する製品を選ぶ（図 1-9）．

価格は，ペンチ，ラジオペンチともに 1,500〜2,500 円前後．

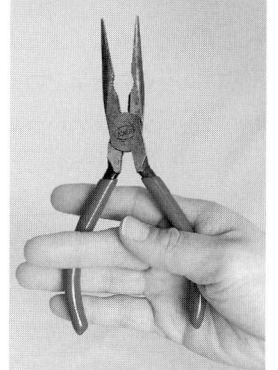

図 1-10 ラジオペンチの持ち方
細部での作業では，図のように持つと，開閉が片手で自由にでき，操作しやすい．

使用方法

細部での作業では，一方の柄に母指をかけ，他指をもう一方の柄の外側にかけた状態から母指以外の指 1〜2 本を柄の間に入れて使用すると，片手で開閉がしやすい（図 1-10）．

ペンチで針金が切れない場合は，以下のように工夫する．

- 針金を刃元（ペンチの回転軸）側に近づけて，なるべく柄の先を持って切ると，テコの原理により効率よく刃に力が伝わり，断線しやすい（図 1-11）．
- 刃あとがついたところを 90°回して切る（断線するまで交互に繰り返す）（図 1-12）．
- ある程度切れたら，針金の末端をペンチでつかみ交互に折り曲げ，金属疲労を利用し

1 切る道具・工具

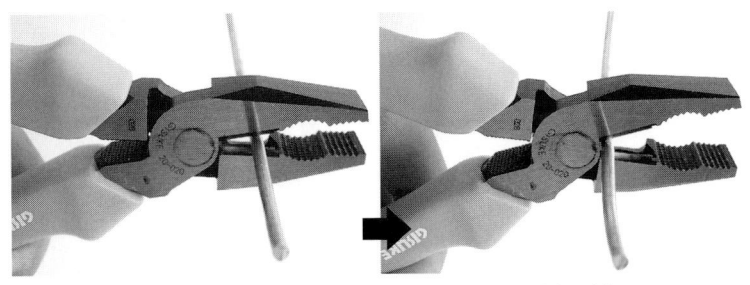

図 1-11 ペンチで針金が切れない場合の工夫例（1）
針金を刃元（ペンチの回転軸）側に近づけて切る．

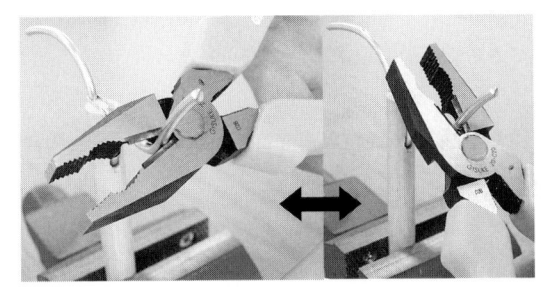

図 1-12 ペンチで針金が切れない場合の工夫例（2）
刃あとがついたところを 90°回して切る．

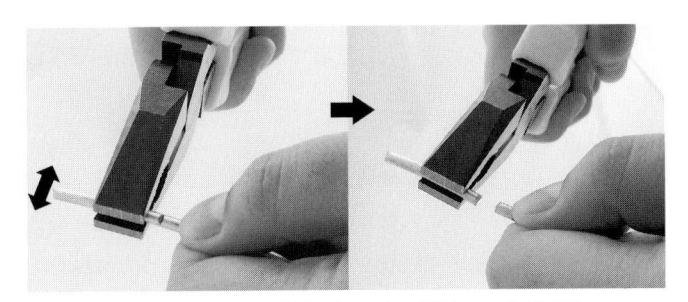

図 1-13 ペンチで針金が切れない場合の工夫例（3）
ある程度切れたら，針金の末端をペンチでつかみ交互に折るようにして切り取る．

切り取る（図 1-13）．
・力のある人に切ってもらうか，断線能力の高いボルトクリッパ（図 1-14）などの工具で切断する．

　注意・ペンチを金床や金槌の代わりに使用してはいけない．

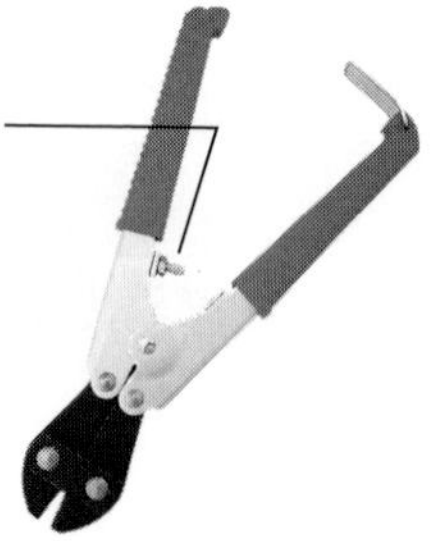

図 1-14 ボルトクリッパ（ミニクリッパ）

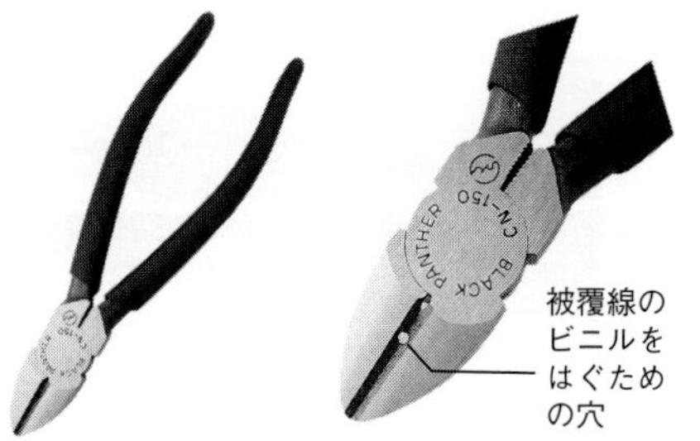

ストッパーネジ（刃が必要以上にかみあって刃こぼれしないためのネジ）

図 1-15 皮むきニッパー

被覆線のビニルをはぐための穴

- 針金がなかなか切れないからといってハンマーで叩いてはいけない．
- 使用書に書いてある切断能力以上の使い方をしない．

保管方法

濡れたまま保管すると，錆びて動かなくなることがある．濡れた場合は水気を拭き取って保管する．ときどき，回転軸部に注油する．

3）ニッパー

基礎知識

もともとは，電気器具内の配線用の道具．ペンチと異なり，刃部が斜めで鋭利な刃が付いている．細い金属線の切断に使われ，正確で切れ味のよい切断が要求される精密作業に適している．

種類

スタンダードニッパーのほか，狭い部分の作業に刃がフラットではなく傾斜の強い斜ニッパーがあり，これらをベースに穴付きで被覆線のビニルをはぐこともできる皮むきニッパー（図 1-15），特殊な熱処理で硬度を上げてピアノ線のような硬線を切断できる強力ニッパー，その他にマイクロニッパーやバネ付きニッパーなどがある．

入手方法

日曜大工店，ホームセンター，学校教材取り扱い店など．

サイズが大きいほうが切断は楽であるが，細かい作業には向かない．作業内容によってサイズを選ぶ．配線作業をするのであれば穴付きが便利であるが，その作業をしないのであれば穴はないほうが便利．

価格は 1,500〜2,000 円前後から．

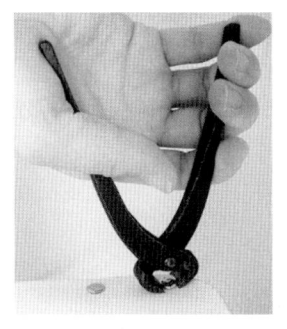

図 1-16 食い切り（カシメを取りはずすとき） 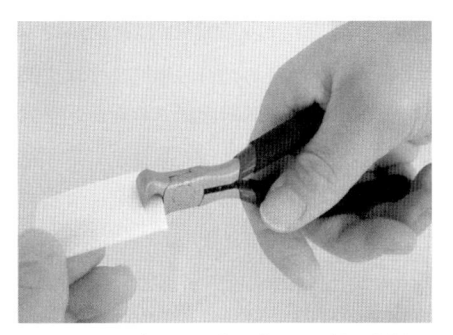　　図 1-17 食い切り（スプリント材の内側をくり貫くとき）

使用方法

　皮むきニッパーは，電線を刃の丸い穴に挟み込んで，中の銅線を傷つけずに周囲の覆いだけを切りとった後，そのまま外に引っ張り，覆い部分だけを取る．

注意 使用書に書いてある切断能力以上の使い方をしない．特に普通のニッパーは細い金属線の切断用のため，太い針金を切ってはいけない．太い線の切断には専用の強力ニッパーやペンチを使用する．切断するときには刃こぼれに注意する．ピアノ線などの硬線を切ると刃が傷みやすい．針金でも，刃を倒してこじるのは刃こぼれのもと．切れないときは，針金または道具を回して何回かに分けて切る．

保管方法

　濡れたまま保管すると，錆びて動かなくなることがある．濡れた場合は，水気を拭き取って保管する．ときどき，回転軸部に注油する．

4）食い切り

基礎知識

　食い切りのほか喰切り，喰切，エンドニッパーなどと表示されることもある．釘の頭を切って目立たないようにしたり，釘が突き抜けた先を切ったり，カシメやリベットをはずすときに頭を切るために使われる（図1-16）．
　変わった使い方では，板状のスプリント材の内側をくり貫くときにも使う（図1-17）．タイルモザイクに使われるタイルカッターでも代用できる．食い切りはその形状のため，深く加えることができず，長い線材の切断には向かない．

入手方法

日曜大工店，ホームセンター，学校教材取り扱い店など．

サイズの大きいほうが切断は楽であるが，細かい作業には向かない．作業内容によってサイズを選ぶ．食い切りは，切断能力が必ず表示してあるとは限らない．一般的な全長 180 mm の食い切りの切断能力は 2.2 mm 程度．釘の長さに置き換えると 38 mm となる．これを購入時の参考とする．

価格は，長さ 150 mm 程度で 1,500〜2,000 円程度．

使用上の注意

切断するときには刃こぼれに注意する．ピアノ線などの硬線を切ると刃が傷みやすい．針金でも刃を倒してこじるのは刃こぼれのもと．切れないときは針金または道具を回して，何回かに分けて切る．食い切りで釘をくわえてテコ式に抜くとすぐに刃が欠けてしまうので注意する．

保管方法

ニッパーと同様．

2 刃を押し付けて，挽いて切断する道具・工具

手で操作する工具と電動工具に分かれる．それぞれに切断する材料によって，使用する種類が異なるので注意する．

1）ノコギリ（鋸）

工作過程において材料を必要な大きさ・形に切ることは，最も基本となる作業であり，そのための代表的な工具がノコギリ（鋸）．日本のノコギリは手前に引くときに切れ，西洋のノコギリは押すときに切れる構造となっている．ノコギリの種類は，その用途（切断材料）によって木材用ノコと多目的ノコに大きく分類される．

（1）木材用ノコ

基礎知識

ノコギリの刃には，大きく分けると縦挽き用と横挽き用の刃がある．縦挽きは目が粗く，木材の繊維方向に沿って切るときに使う．横挽きは，木材の繊維方向を直角に切るときに使う（図 1-18）．最近では，縦挽きと横挽きを兼用した刃もある．ノコギリの歯の断面は，歯の先端が交互に左右に曲がっている．これをアサリ（歯振り）と呼び，切断

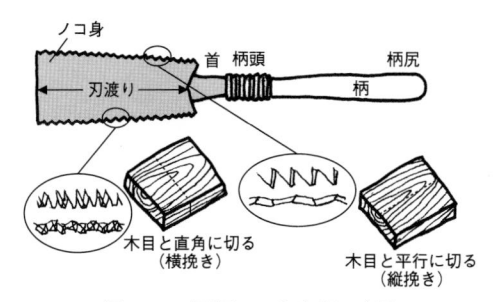

図 1-18 両刃ノコと各部の名称

時の摩擦抵抗を減少させる働きをする．ノコギリのサイズは，ノコ身の長さ（刃渡り）を mm で表す．

種類

木工作業の内容や切る木材の性質によってさまざまな種類がある．以下に代表的なノコギリを紹介する．

両刃ノコ(図 1-18)：直線を切るときに使われる．幅広いノコ身に縦挽き，横挽きの刃を設けたもの．切れ味が落ちてきたら目立てが必要であるが，目立てを引き受ける店が減ってきたことと，加工材が多くなり，縦挽きの機会が少なくなってきたため，だんだん使われなくなってきている．替え刃式もある．

片刃ノコ(図 1-19)：直線を切るときに使われる．片側だけに刃が付いている．固定式もあるが，現在では替え刃式の代表的なノコギリ．縦挽き用，横挽き用，兼用刃がある．

胴付き（導突き）ノコ（図 1-20)：木材の精密な切断用で，ノコ身が非常に薄いため，刃がたわまないように背金が付いている．刃は横挽き刃で細かく，アサリも小さいので切り口がきれいに仕上がる．あまり深く切っていると，背金が切り口にあたるため，あくまでも精密作業用．

畔（あぜ）挽きノコ（図 1-21)：楕円形状のノコ身に縦挽き用と横挽き用の刃が付いている．材料をくり貫くときや表面に溝を作るときなどに使われる．

廻し挽きノコ(図 1-22)：ノコ身が細く厚みがあり，先細状になっている．曲線や板をくり貫くときなどに使われる．

入手方法

日曜大工店やホームセンター，刃物店，学校教材取り扱い店など．

縦挽きと横挽きでは，圧倒的に横挽きをよく使う．また横挽きで縦挽きの代用もできるため，まず揃えるなら替え刃式の横挽きノコ．サイズ（刃渡り）としては，250 mm 程

第II章　よく使う道具・工具

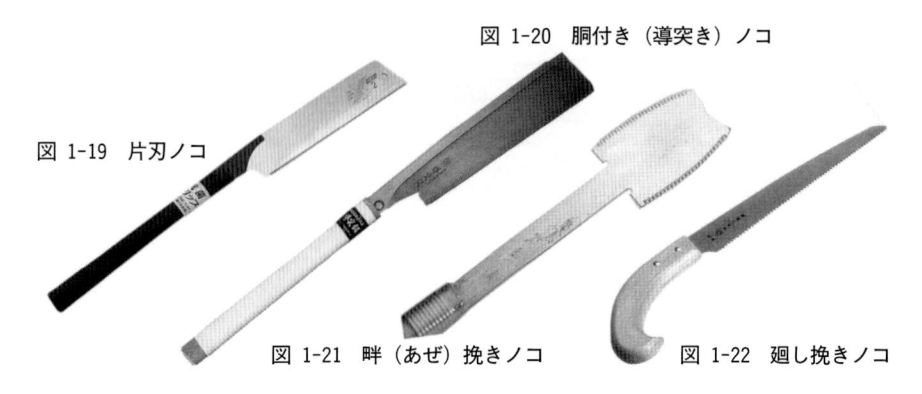

図 1-20　胴付き（導突き）ノコ

図 1-19　片刃ノコ

図 1-21　畔（あぜ）挽きノコ　　図 1-22　廻し挽きノコ

度が一般に使用しやすい．

　選ぶポイントは，アサリが左右均等に開いているノコギリを選ぶ．不揃いだと切断面が曲がりやすい．また，柄とノコ身がまっすぐなものを選ぶ．柄の端から片目で見るとわかりやすい．替え刃は，取り付け部の構造がメーカーごとに違うため，必ず同じメーカーのものを購入する．取り付け方法は，ノコギリや替え刃のパッケージに記載されている．

　価格は，両刃ノコが刃渡り240 mmで2,500円前後から．片刃ノコは刃渡り250 mmで1,500～2,500円前後．胴付き（導突き）ノコは刃渡り240 mmで2,500円前後から．畔挽きノコは刃渡り90 mmで2,500円程度から．廻し挽きノコは刃渡り210 mmで1,000円前後から．

■使用方法

　切断するときのポイントは，切る材料をしっかりと固定することと，ノコギリの操作方向〔コラム：まっすぐ切るためには？（p.204）参照〕．

　まず切断ラインを引いて，板を台にクランプで固定する．次いで，利き手でノコギリの柄尻（柄の後方）を持ち，もう片方の手を柄の前方に添える．引きはじめはノコがずれやすいので，切る個所（ラインの外側）に母指や示指の爪を立ててガイドにするとよい．材料に対してノコギリを20°くらいにして，小刻みに2～3回引き，ノコ道がついてからは，30°くらいにして，だんだんノコ身の全体を使って大きく挽くようにする．前に送るときには力を入れず，手前に引くときに力を少し加えるようにして切断する．引き終わりは，そのまま切り落とすと切り口が欠けてしまうため，落ちる板を片手（非利き手）で支えるか，ノコギリの柄を下方に20°くらいにして，ゆっくりと小さく引き終わるようにする．前もって，落とす板の下に2～3 cm低い台を置いたり（図1-23），人に持っ

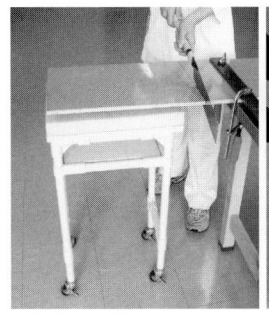

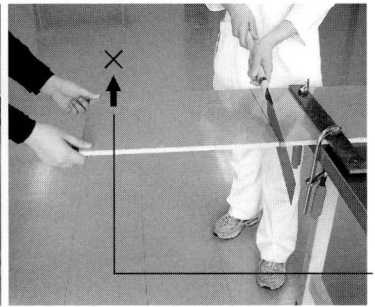

図 1-23 切り口が欠けないための工夫
左：落とす板の下に 2〜3 cm 低い台を置く．右：他の人に板を持ってもらう．

上にあげて持つと、ノコギリが板に挟まれて切りにくい

てもらうのもよい方法（この場合，台の高さが同じであったり，手持ちで上へ持ち上げるように持つと，材料でノコギリを挟んでしまい切りにくくなるので注意する）．切断ラインに沿って正確に切るためには，切った後にラインがかすかに残るようにラインの外側を切り，その後にサンドペーパーなどで整えるとよい．

合板を切るときに切断面のケバ立ちを防ぐために，切断前にカッターなどで切断ラインの切れ目を入れておくとよい．

角材や厚みのある材料を切るときには，切断ラインを1面だけ引いて切ろうとすると，切断面が曲がってしまいやすいので，面倒でも4面ともサシガネやスコヤでラインを引いて，どのライン（少なくとも上方3面のライン）にも切断線が揃うように切ると正確な切断がしやすい．正確な直角や45°を失敗なく切りたい場合は，専用の治具〔コラム：治具（じぐ）を利用しよう（p.201）参照〕を使う方法もある．

保管方法

最近の替え刃式ノコは，錆が生じにくい刃物工具鋼で作られているが，水分の多い材料を切った後や濡れてしまったときは，よく水気を拭き取っておく．また，使用後は，歯ブラシなどを使ってアサリについたゴミを落とし，防サビ剤や機械油を薄く塗って布で拭くようにしておくとよい．

（2）金切りノコ

基礎知識・種類

「金ノコ」とも呼ばれる，金工の基本的な道具（図1-24）．ネジで細身のノコ（替）刃を引っ張り，張力で固定している．金属板や金属パイプを切断する道具だが，プラスチックを切ることもでき，ノコ刃を石切用に替えるとレンガなども切ることができる．ただし，弓ノコの形状のため，フレームが材料に当たってしまい，ふところ寸法（ノコ刃か

第II章　よく使う道具・工具

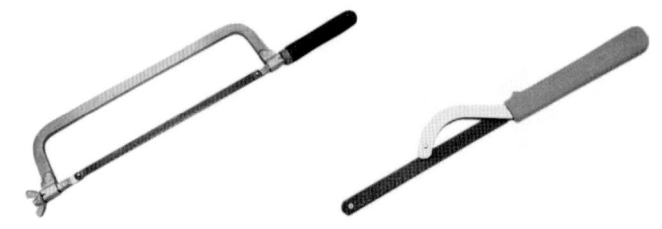

図 1-24　金ノコ（左）とハンディソー（右）

らフレーム内寸までの寸法）よりも深く切ることはできない．押して切るのが基本だが，引いて切ることもできる．刃の長さには，250, 300 mm がある．また，1 インチ（25.4 mm）あたりの歯（山）数（14〜32 山）によって用途が異なり，歯（山）数が多いほうがより硬質な金属切断用．「金ノコ」のノコ刃を使った応用製品に「ハンディソー」（図 1-24）がある．これは，ノコ刃に張力が働かないため力を入れた切断には向かず，細部や狭い部分での切断用．

▎入手方法▎

日曜大工店やホームセンター，刃物店，学校教材取り扱い店など．

形が歪んでいないものを選ぶ．具体的には，ノコ刃が取り付け部に密着していて，フレームと同一平面上に収まっているかどうかでチェックする．ノコ刃の替え刃は，刃が折れたり，切れ味が落ちてきたらすぐ交換できるように入手しやすい歯（山）数が 18 山と 24 山の替え刃を用意しておくとよい．

価格は，刃渡り 250 mm で 500 円程度から．替え刃は，250 mm 12 本入りで 800 円程度．

▎使用方法▎

まず，材料はバイスなどで確実に固定し，作業中は（できるだけ滑り止め付きの）軍手をはめる．以下に，金属板と金属パイプに分けて説明する．

金属板の切り方：体重を利用して押して切る．ノコギリは立て気味（45〜60°）にして，小さいストロークで切るのではなく，ノコ刃の長さを有効に使って切る．効率を上げるためにはノコ刃の選択も重要．材料に適した歯（山）数のノコ刃を使用する．使っていて切れ味が鈍くなったら，刃先を点検し，丸くなっていたらノコ刃を交換する．

金属パイプの切り方：基本的には金属板と同じ要領．しかし，径の 1/4 を過ぎたら刃がひっかかり進みにくくなる．この場合，ひっかかるのは刃先側だけで手前側は切れるので，その部分を回しながら切り進む．また，筆者の勧める切りやすい方法としては，ノコ刃を図 1-25 のように取り付け，弓の両端を持ち（このほうが切る方向に力を入れや

1 切る道具・工具

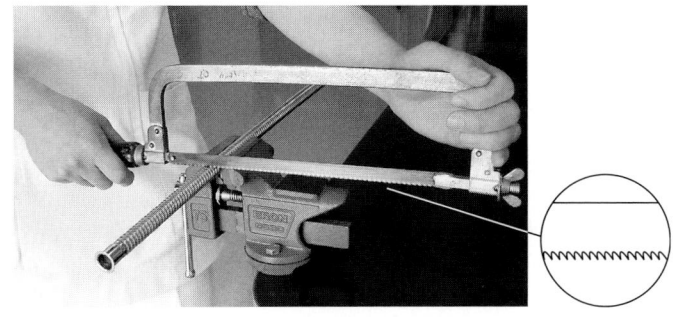

図 1-25 金ノコで金属パイプを切る方法
ノコ刃を図のように取り付け，引くときに切るようにし，慣れてくれば押し下げる力を強くする．

すい），引くときに切るようにし，押して戻すときには刃を浮かせひっかからないようにする．引いて切るときの力のかけ具合としては，慣れないうちは引く力7，押し下げる力3というようにスピード重視でパイプ端にひっかからないように切る．慣れてくれば押し下げる力を強く（加減）して切るとよい．この場合，あまり勢いよく切るとフレームを握った指が材料に当たってしまうことがあるため，金属パイプを切り落とす際には注意する．

2）ジグソー

基礎知識

モーターの回転をカムの作用で上下運動に変換し，上下に往復する刃（ブレード）で材料を切断する電動工具（図1-26）．丸ノコよりモーターが小さいので切断能率は低いが，軽くて音も静かで直線・曲線・斜め切断や板を切り抜く窓抜き加工ができる．ブレードを替えることでさまざまな材料の切断ができる．

種類

1．ジグソーの種類

単速タイプ：ジグソーブレードの往復速度が一定のもの．

変速タイプ：ノコ刃のスピードが自由に変えられるもので，無段変速タイプと2段変速タイプがある．

オービタルアクションタイプ：ノコ刃が単なる上下運動ではなく，オービタルアクション（楕円運動）をする．切断能力も高く，ノコ刃も傷みにくい．

図 1-26　ジグソー

2．ジグソー用ブレードの種類

　一般木工用のほかに，木工荒びき用，合板用（ブレードの上半分が下向き刃となって，合板の切り口上面にできるケバ立ちを防ぐ），曲線切断用（ブレードの幅が狭い），非鉄金属用（アルミ，真鍮など軟らかい金属の切断用），金属用（ブレードの歯が細かい），ナイフブレード（皮革，コルク，ゴムなどの切断用），特殊材用（砥粒付きブレードで，軽量ブロック，FRP，タイルなどの切断用）などがある．

入手方法

　日曜大工店，ホームセンター，学校教材取り扱い店など．

　ブレードには，端がT型になっているボッシュタイプと六角棒レンチで固定するタイプがあるので，使用しているジグソーがどちらのタイプか確認しておく．ジグソー本体を購入するのであれば，工具なしでブレード交換でき，替え刃の種類が多いボッシュ型がお勧め．また，素材や作業内容によって速度を変えられる無段変速タイプが使いやすい．

　価格は，単速タイプが12,000円前後から．変速・オービタルアクションタイプが17,000円前後から．ブレードは，ボッシュタイプの木工・プラスチック兼用5本セットで2,500円前後など．マキタでは木材・合板薄板用5本セット1,200円前後など．リョービでは木工用10本組1,700円など．

使用方法

　切断材料に合ったブレードを選ぶ．ブレードがしっかりと固定されていることを確認してコードを差し込み，材料にジグソーのベース部分をピタリと載せ，ブレードは材料より10mmくらい手前の位置でスイッチを入れる．ブレードが上下運動を始めてから，材料に当て，切りはじめる（先にブレードを材料に押し当ててから，スイッチを入れると，反動で怪我をすることがあり危険）．前へ進めるよりも，ジグソーを下に押し付ける力のほうを強くするつもりで，ゆっくりと切り進める．

図 1-27 ジグソーでの直線切り

　プラスチックや金属板を切るときには，両面テープで紙を貼り付けるなどして，ジグソーのベースで傷を付けないように注意する．また，金属板を切るときには，下に捨て板を敷いて，作業中に潤滑油をさすようにすると，材料もばたつかず，切れ味も長持ちする．

　ジグソーは他の電動工具より比較的安全であるが，それだけに無造作に扱いやすい．間違ってコードを切ったり巻き込まないように，必ず作業者の身体よりも後ろから電源をとるようにする．

　直線切り：切断ラインを引いたら，ブレードとジグソーのベースの距離をあけてまっすぐなガイド（定規や板）をクランプでしっかりと固定し，ガイドにぴったりとジグソーのベースを当てて切る（図1-27）．木材の切断能力としては厚さ60 mm程度だが，スムーズに切るためにはその半分くらいを目安とする．

　斜め切り：ベースの角度を変えることで，材料を斜めに切ることができる．

　曲線切り：小さいカーブの曲線切りは反発が生じるので，ハンドルをしっかり握ること．カーブの限界は半径20 mmくらい．

保管方法

　ブレード交換は必ず電源コードをコンセントから抜いたことを確認してから交換する．ブレードの前に透明カバーが付いている機種では，切り屑がたまると，刃先が見えにくくなるので，まめに掃除する．ベース角度を変えた場合は，必ず直角に戻して保管する．

図 1-28　糸ノコ（卓上タイプ）

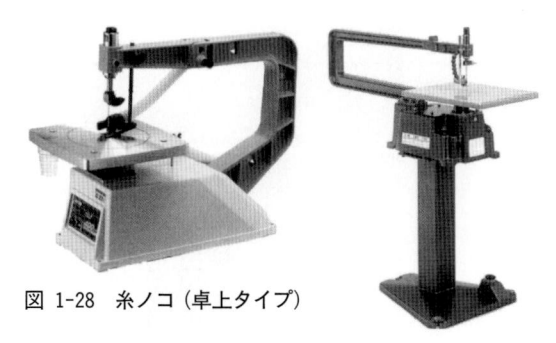

図 1-29　糸ノコ（据置タイプ）

3）糸ノコ盤

基礎知識

　上下に張った非常に幅の狭いブレードをモーターで下に引っ張り，上側のバネで引き戻し往復することで，材料を切断する電動工具．ミシンノコと呼ばれることもある．ジグソーのブレードよりも細いので，直線切りよりも細かい曲線の切断や板材の精密な切り抜きに向いている．テーブル面を傾けることで，傾斜切りも可能．切断能力としては，木材の板厚は 30 mm ぐらいまで，それ以上は切り口が焦げやすくなる．プラスチックは 5 mm 程度まで．金属はアルミ・真鍮など軟らかい金属のみで，2 mm 程度まで鉄板は切れない．

種類

　卓上タイプ（図 1-28）と据置タイプ（図 1-29）がある．ブレードには，木工用（間隔の広い刃），合板用（列の終わりに逆向きの刃があり，ケバ立ちを防ぐ），金属用，プラスチック用などがある．

入手方法

　日曜大工店，ホームセンター，学校教材取り扱い店など．

　ブレードの長さは 150 mm，手で切る糸ノコは 130 mm なので，間違えないよう注意する．サイズは，ふところ寸法（ブレードからアーム内寸までの寸法）で表される．一般には 300〜600 mm 程度．大型では，1,000 mm 程度まで．よく使う材料の大きさで検討する．

　価格は，卓上タイプでは，リョービ卓上糸ノコ盤 TF-5400® （ふところ深さ 400 mm）で 58,000 円など．据置タイプでは，ユタカ・フリーアーム糸ノコ機械 YSC-720 FS®（ふところ深さ 720 mm，全長 980 mm，重量 51 kg）で 169,000 円など．

1 切る道具・工具

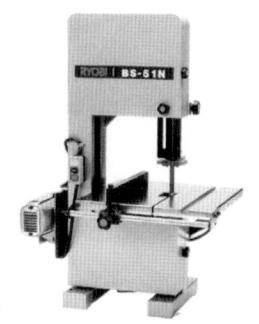

図 1-30　バンドソー

使用方法

〔設置〕卓上型は，作業台にボルト止めするか，滑り止めのゴムを敷いて台に固定する．
〔準備〕ブレードの取り付けは，ブレードの刃を手前にして下側のネジで先に固定し，次に上側のノブを一番下まで下げてブレードの端を差し込み，張力を与えて固定する．ベース（板押さえ）は，板厚が通るだけの高さにして，ローラーの溝をブレードの背中に触れるように調整する．試運転して異音が出ないことを確かめてから作業にうつる．
〔切断〕切断速度に合わせて材料を送り込むと，ブレードが折れずに切断面もきれいに仕上がる．板の中を切り抜く「中抜き」では，ドリルで板に穴をあけてブレードを通してから切断する．曲線を切る場合は，切る部分がいつも接線方向（機械の前後方向）になるように材料に位置を調整して切る．このとき，板を両手で動かすとラインに沿った切断が難しい．必ず利き手で板を送り，もう片方の手は板が動かないように（曲線の軸となるように）押さえる．

保管方法

ときどき，注油個所の表示のあるところに油をさす．使用しないときは（特に，フットスイッチタイプでは）電源プラグを抜いておく．

4）バンドソー

基礎知識

ベルト状のノコ刃が上から下へ回転して，常に材料を台へ押さえつけながら材料を切断する構造のため，キックバックやばたつきもなく安全性も高い電動工具（図1-30）．帯ノコ盤ともいう．切断能力は高く，小型でも厚さ50 mm，中型では厚さ200 mm程度の木材を加工することができる．直角切断以外に，テーブルの角度を任意に固定すること

で傾斜切断もでき，正確で仕上がりもきれい．

切る速度は，ジグソー程度．本来は，幅広のノコ刃を使って，丸太を挽き割り（繊維方向への製材）するための工具で大型のものが多い．小型のバンドソーなら細いノコ刃を使って自由な曲線切りができ，固定したジグソーのような使い方ができる．しかし，その構造のため，「窓抜き」はできず，材料の外側から切ることとなる．また，あまり細かい曲線や鋭角な加工には適さない．

▎種類▎

本体サイズは，卓上ミシンくらいの小型から冷蔵庫ほどの大型まで．

ノコ刃の種類としては，幅は用途別に種類があり曲線用（3～6 mm 程度），直線用（7～12 mm 程度），挽き割り用（12 mm 以上）などがある．材料別では，木材用のほかに刃数が多く細かいアルミ・プラスチック用もある．

▎入手方法▎

日曜大工店，ホームセンター，学校教材取り扱い店など．

ノコ刃は，各製品に共通した規格品はないため，純正ノコ刃を購入する．

価格は，卓上タイプではユタカ・マイティカットバンドソーMC-88 EX®（高さ 650 mm，重量 14 kg）で 63,000 円程度．

▎使用方法▎

〔設置〕卓上の小型バンドソーは，作業しやすい位置に設定するために丈夫な台の上に置いて，テーブル位置を上げる必要がある．適切なテーブル面の高さは，肘より 10 cm 程度下か腰の高さを目安とする．また，作業台の下には，つま先が入るすき間を確保すると重心を作業面に近づけることができ，作業もしやすく，疲れにくい．別売りの専用スタンドがある場合は，それに取り付けるとよい．

バンドソーは，前後に薄い構造で意外と倒れやすい．そのため，台は脚の部分に防振ゴムを敷いてボルト・ナットでしっかりと固定する．バンドソーの本体にパイプが出ていれば，それは集塵機のホースの差し込み口．集塵機は，連動コンセント付きであれば，バンドソーを操作しているときだけ吸引されるのでお勧め．掃除機での代用も可能．

〔操作〕たわみの少ないノコ刃に負担をかけないよう，材料を刃に押し当てて，押す力を加減してゆっくり前へ切り進む．曲線の場合は，ノコ刃の真正面に顔を置き，ノコ刃付近の切断ラインがいつも正面を向くように材料を回して切り進む．

〔メンテナンス〕ノコ刃が折れたり，切れなくなったらノコ刃を交換する．交換後は帯ノコ刃が安定走行するよう，帯ノコ刃の張り具合を調整する．

1　切る道具・工具

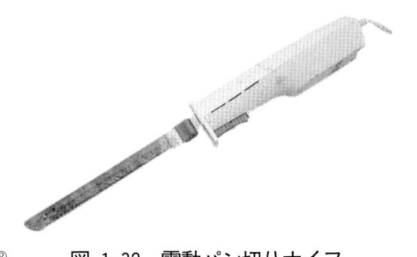

図 1-31　BOSCH スポンジカッター GSG 300®　　図 1-32　電動パン切りナイフ

5）電動スポンジカッター

基礎知識

　BOSCH スポンジカッター GSG 300®（ボッシュ社製）（図 1-31）．スポンジやカーペットなどの切断作業に使用する．比較的軽量コンパクトで複雑な曲線切りもできる．最大の特長は，厚手の材料が切断できること．最長 300 mm のブレードが用意されているため，スポンジであれば最厚 300 mm までの切断が可能．

　この機種以外で代用できるものに，電動パン切りナイフ（図 1-32）がある．本来は，食パンをスライスする調理器具であり工具ではない．しかし，2 枚の刃が交互に擦れるように前後に動いて切断する機構となっているため，切断能力は高く，スポンジや発泡ポリエチレン（PE）の切断も余裕でこなす．また，刃の長さが約 20 cm，重量も 550 g と軽量であるため非常に使いやすい．以前は，家電メーカー数社から 6,000 円程度で発売されていたが，残念なことに 2002 年 10 月現在市販されていない．もし，自宅に使用していない電動パン切りナイフがあれば，ぜひ工具としての使用をお勧めする．

種類・入手方法

　日曜大工店，ホームセンターなど．

　BOSCH スポンジカッター GSG 300®（ボッシュ社製）．本体サイズは，(H) 127×(W) 254 mm．重量は 1.6 kg．標準小売価格は 76,000 円．ブレードは，70～300 mm の種類があり別売り．価格は，70 mm は 5,400 円，130 mm は 5,700 円，200 mm は 6,800 円，300 mm は 7,600 円程度．

　電動パン切りナイフは，同様の製品が Hamilton Beach 社（100 W，120 V，60 Hz．刃渡り 19 cm．重量（箱を除く本体のみ）650 g．コードの長さ 175 cm）より発売されており，インターネット価格で 5,000 円程度にて入手可能(galliver.com または amazon.com)．

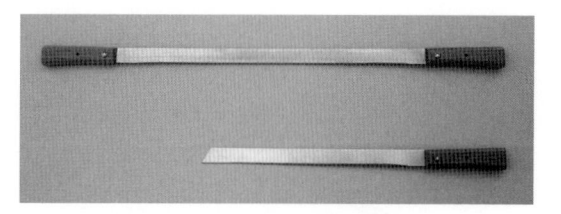

図 1-33 ウレタン専用カッター
上：フレキシブルカッター．下：ストレートカッター．

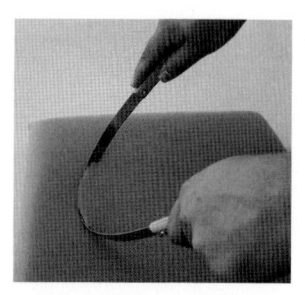

図 1-34 フレキシブルカッターは，刃が薄くしなやかに曲がるためウレタンフォームを丸く掘り込むことができる

> 使用方法

　プラグを差し込む前に，必ずスイッチがOFFの状態であることを確かめる．スイッチを押して切り進む．

> 保管方法

　ブレードが長いので，使用していないときははずして保管する．または，ブレード部にものを置くなど，圧が加わらないように注意して保管する．ときどきモーターの通風口を掃除する．

6）ウレタン専用カッター

> 基礎知識

　ウレタンフォームの成形専用カッター．シーティングの調整時に行われるウレタンフォームのカットや削り取りなどの際に使用する．一般的なカッターナイフでは刃の厚みがあるためウレタン素材が圧縮されて切りにくいが，ウレタン専用カッターは刃が薄く，刃先が特殊形状となっており切れ味もよい．また，刃渡りも長いため，厚物のウレタンフォームのカットもしやすい．

> 種類

　フレキシブルカッター（図 1-33, 34）：刃が薄く，しなやかに曲がるため曲面カットや丸く掘り込むことができる．全長 450 mm（刃渡り 300 mm）．

　ストレートカッター（図 1-33）：フレキシブルカッターより刃が厚く，一般のカッターナイフより刃渡りが長いため直線や曲線カットに適している．全長 280 mm（刃渡り 210 mm）．

1　切る道具・工具

入手方法

- ㈱アシスト（大阪府河内長野市加賀田 2649 Tel 0721-60-2833 Fax 0721-60-2834）フレキシブルカッター 2,300 円．ストレートカッター 2,000 円（送料，消費税別．平成 15 年 8 月現在）．Fax にて注文．
- ㈱アサヒテックコーポレーション（滋賀県甲賀郡水口町北脇 354-1 Tel 0748-65-6522 Fax 0748-65-6523 URL http://www.rakuten.co.jp/itry/）「ムサシ®」という商品名で販売されている（商品番号 musasi-set）．ストレートタイプとフレキシブルタイプのセットで，単品での販売はない．価格 4,300 円（送料，消費税別．平成 15 年 8 月現在）．URL からの注文にて．

使用方法

フレキシブルカッターで丸く掘り込む際には，ウレタンフォームを他の人に固定してもらうとカットしやすい．いずれのタイプも刃渡りが長いため，誤って手などを切らないよう取り扱いに注意する．

保管方法

切れ味が落ちてきたら，市販の包丁研ぎ器で研ぐ．熱収縮チューブでケースを作るなど，刃部を覆うような工夫をして保管する．

2 穴をあける道具・工具

1) キリ（錐）

基礎知識

　木材にいきなり釘を打つと木材が割れたり，釘が曲がってしまったりする．そこで，あらかじめガイドの穴あけに使用するのがキリ．電動ドリルを使うこともあるが，2〜3本の釘打ち程度ではキリを使用するほうが簡単かつ手早く作業できる．

　キリには代表的なものとして，四ツ目ギリ，三ツ目ギリ，ねずみ歯ギリ，つぼギリの4種類があり，それぞれキリの種類によって穴のあき方が違うため，用途に合うものを選ぶ（図2-1）．

種類

　四ツ目ギリ：刃先が細く，柄のほうにいくに従って太くなっているため，釘や木ネジの下穴あけなどの小さな穴あけ用．大中小あり．刃の断面は正方形で，先端がとがったキリ刃になっている．

　三ツ目ギリ：同じ径で穴をあけるため，太い釘の下穴やボルト・ナット止めの穴をあけるときに使う．大中小あり．四ツ目ギリより軸が太く，刃の先端部分は三角錐になっている．

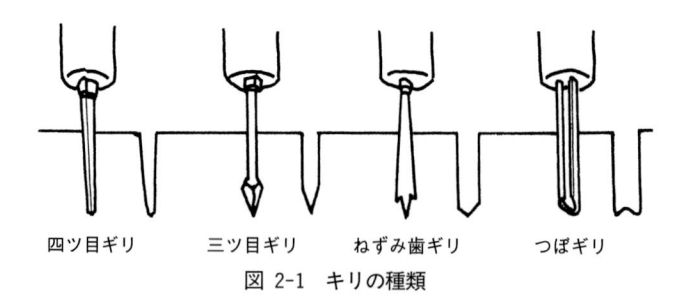

図 2-1　キリの種類

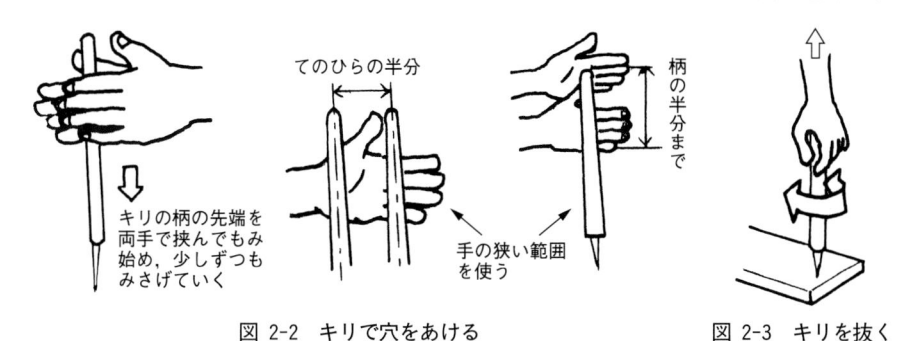

図 2-2　キリで穴をあける　　　　図 2-3　キリを抜く

ねずみ歯ギリ：大きくて深い穴をあけるときに使う．特に穴位置の精度が求められるときに使用．割れやすい硬い材質や竹の穴あけに最適．刃先が扁平で三つ又になっている．刃幅は3～9 mmの規格あり．
つぼギリ：丸ノミ状の刃で円筒状の穴あけができ，より太い穴をあけたいときに使う．初めから回して使う他のキリと違い，材に刃を突き立て，それから手で回して穴をあける．

入手方法

ホームセンターや日曜大工店，学校教材取り扱い店など．

価格は1本300円程度から．キリを選ぶときのポイントは，柄と刃がまっすぐになっているかどうか確認する．すべての種類を揃える必要はないが，四ツ目ギリを1本は用意しておくと便利．

使用方法

きりもみをするときは回転軸が不安定になりがち．これを防ぐには，図2-2のように柄や手の狭い範囲だけを使ってもみ込む．材に対して垂直にしないと，刃が折れたり曲がってしまいやすいので注意．

きつくはまったキリは両手でもみながら抜いていると，突然に柄が顔に向かってくるので危険．必ず，片手でねじって抜く（図2-3）．

保管方法

刃先は刃の形にあったサックをかぶせるか，熱収縮チューブで作ったケースに入れて保管する．

丸い刃先や折れた刃は，目立てヤスリで研ぐことができる．四ツ目ギリや三ツ目ギリであれば刃を店頭で購入できるので，刃を替えることも可能．しかし，キリ自体の価格は安いので，買い替えるのも実際的．

図 2-4　電気ドリルの名称

2）電気ドリル

基礎知識

電動ドリルの基本形が，コードの付いている「電気ドリル」（図2-4）．穴あけがメイン作業で充電式ドライバードリル〔5．締める道具・工具　2）充電式ドライバードリル（p.161）参照〕と比べると穴あけ能力は強力．コード式のため，あちこち移動する作業には不向きだが，トルクは強く小型で軽い．そして長時間作業ができるのが強み．ただしトルククラッチはなく，ネジ締めはできない．連続作業用にロックボタンがついており，先端工具（ビット）を交換することで研磨作業にも応用できる．

種類

一般的なものは金工用の高速タイプ．低速タイプは木工専用で，太い木工ドリルビットをゆっくり力強くあけるタイプ．機種によっては高・低速の2段切り替え，また無段変速の機構付きもある．逆転機能があるタイプは，穴をあけた後ビットを抜きやすい．

入手方法

ホームセンターや日曜大工店，学校教材取り扱い店など．

価格は9,000円程度から．ドリルスタンドは8,000円程度．最近では安売りしている品も多い．

電気ドリルの力の強さは，「最大穴あけ能力」を目安にする．「径10 mm」とあれば，その径までのドリルビットが使えるということ．チャック径には6.5，10，13 mmがあるが，一般的使用には10 mmで十分．

電気ドリルを購入するときのもう1つの決め手は，高速型か低速型かということ．しかし実際の製品にはタイプ表示はなく回転数が表示されており，一般的には中速型（約1,200回転/分）〜高速型（約2,800回転/分）が広い用途に使える．もちろん予算さえ許せば変速タイプが便利．

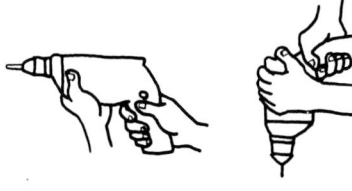

2 穴をあける道具・工具

図 2-5 電気ドリルの持ち方（基本の持ち方／押し込むとき）

図 2-6 ビットの取り付け方 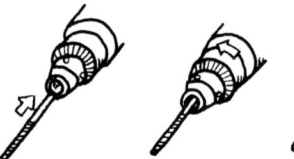
1. 三つ爪を開いて、ビットを入れる
2. チャックを回し、三つ爪を閉じる
3. 最後にチャックハンドルで3カ所を平均に締めていく

使用方法

　リーチャーの製作材料の丸棒に針金や紐を通すための穴をあけるときなど，穴をあけるものによっては片手での固定で十分な場合もあるが，両手で保持するのが基本．利き手でグリップを握り，もう片方の手でボディを包むように添えると安定する．肘は浮かさず，脇をしめていればコントロールしやすい（図2-5）．機種によっては別売の補助ハンドルをつけるのもよい方法．

　ビットを交換するときは，プラグを抜く習慣をつけよう．そして巻き込まれると危険なので軍手や手袋をしないこと．

穴あけのコツ

〔ポンチング〕ビット先が穴位置からずれないようにポンチを打つ．直径1〜2mm程度のくぼみをつける．木材であれば太めの釘や不要のボールペンでもOK．丸い材料や金属板の場合は，片手で操作できる自動ポンチ〔4．打つ道具・工具　2）ポンチ（p.153）参照〕が便利．

〔ビットの取り付け〕ビットの取り付けは，チャックハンドルで3カ所の爪が均等になるよう締める．木材には木工用ドリルビット，金属には金工用ドリルビットを用いる（図2-6）．木材に金工用ドリルビットを使用してもよいが，切りくずの排出が悪く，すぐに詰まってしまう．そのまま使っていると穴の周りが焦げてくるので，抜き差しするなどして切りくずを落とすとよい（図2-7）．ビット先をポンチング穴に押し当ててから回すと，ビット先端がずれにくくなる．

〔固定〕材料が小さいときは，板がビットの回転にとられて回り出すことがある．片手で材料を押さえることは避けて，クランプなどで台に固定する．下に当て木（捨て板）を敷くと台の傷を防ぐだけでなく，木材の場合，裏側へ突き抜けるときに出るバリを防ぐことにもなる（図2-8）．

〔金属板の大径穴は2回に分けて〕金属板で径5mmより大きい場合は，小さめの下

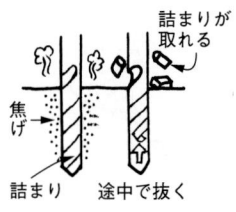

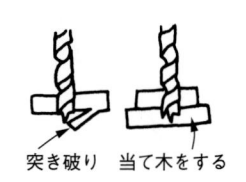

図 2-7　木材の焦げ対策　　図 2-8　突き破りを防ぐ工夫　　図 2-9　垂直にあける工夫

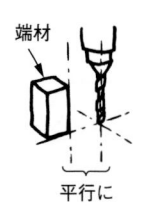

穴をあけて，2段階にあけるほうが無理なく安全にあく．

〔垂直に穴をあける〕電気ドリルを手に持った状態で垂直穴をあけるのは，意外に難しい．横2方向以上から見て垂直を確かめる．穴位置のそばに直角のものを置いて，それと平行を見比べたり，誰かに横から見てもらって指示を頼むのもよい．ドリルスタンドに取り付ければ，正確な垂直穴があけられる（図2-9，図2-10）．

〔ビットを引き抜く〕穴をあけた後は，ビットを回転させたままで引き抜く．

保管方法

チャックキーはボディに収納できるが，電気コードのプラグ近くに縛っておくとよい．これなら，ビット交換の際に必ずプラグを抜くことになり安全．

3）卓上ボール盤

基礎知識

材に対して垂直穴を正確にあけられるのが「卓上ボール盤」．手持ちの電気ドリルでは，どうしても避けられない左右への小さなぶれもこの卓上ボール盤なら起こらない．

テーブルに材料を固定し，ハンドルで主軸を上下させて使用する．ビット先をよける丸穴や，材料固定のための長穴が付いている．どれだけ大きな材料を載せられるかは，ボール盤特有の「振り」寸法で表示される．振り寸法を直径とする材料まで穴あけが可能．回転数の切り替えが必要な場合は，ベルトの手掛け替えで行う（図2-11）．

種類

テーブルの角度を設定できる機種では，斜め穴も可能．回転方向は正転のみが普通で，逆転するのはタッピングボール盤などの特殊な機種に限られる．

入手方法

ホームセンターや日曜大工店，学校教材取り扱い店で．

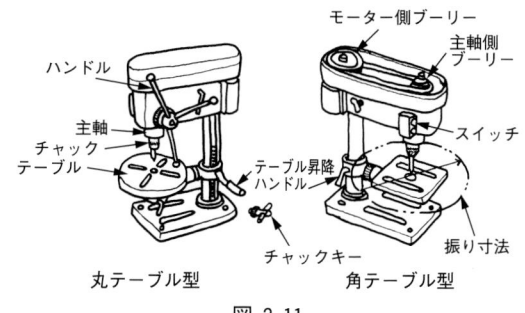

図 2-10　ドリルスタンド　　　図 2-11

価格は，小型で 10,000 円程度から，中型で 28,000 円程度から．ピンバイスは 450 円または 1,300 円程度．ボール盤バイスは 2,000 円程度から．

選ぶ目安としては，一般的にはサイズ，最大穴あけ能力で 6.5, 13, 23 mm．ドリルビットの最大送り量で 60〜120 mm，振り寸法で 250〜400 mm がある．それぞれで中間に当たるタイプでも重量 50 kg クラスになるので，作業内容や工作室の広さによって決める．

テーブルのタイプとしては，角テーブル型は長い材料が載せやすく，平行穴なので角ばったものの固定が楽．丸テーブル型は，ボール盤バイスの固定後もテーブルを回転させて，穴位置の微妙な調整ができるので，金属加工に向く．

使用頻度が高い場合は，テーブル昇降ハンドル付きがお勧め．これがないものでは，位置決めのたびにテーブルを抱えて上げ下げするため煩わしい．チャックキーが別売りの場合は，主軸の太さなどの種類が多いので，本体と同時に購入するのが確実．

▍使用方法

〔回転数の調節〕ドリルの回転速度は，だいたいの機種で何段階かに変速できるようになっている．変速したいときは，本体上部のふたをあけ，モーター側と主軸についた段つきプーリー（滑車）の段をかけかえる．必ず電源プラグを抜いてから始める．

〔ビットの取り付け〕ドリルビットを選んで，チャックに取り付ける．取り付け中は電源プラグを抜くこと．スイッチを入れて回転させ，ビットがブレなければ OK（図 2-12）．

〔材料の固定〕材料を固定する目的は，穴ずれを防ぐと同時に，材料がビットに巻き付いたり，飛ばされるのを防止すること．基本は金属板の穴あけで，締め金を使ってテーブルに固定する方法．長い材料や手で持つことができる場合は，簡単な回り止めボルトの処置をするとよい．小さな材料は，ボール盤バイスで固定してテーブルに載せる．曲面や丸棒材などは V ブロックとボール盤バイスで固定．木材は傷が付くので当て木も必要（図 2-13）．

第Ⅱ章　よく使う道具・工具

図 2-12　ドリルビットの取り付け

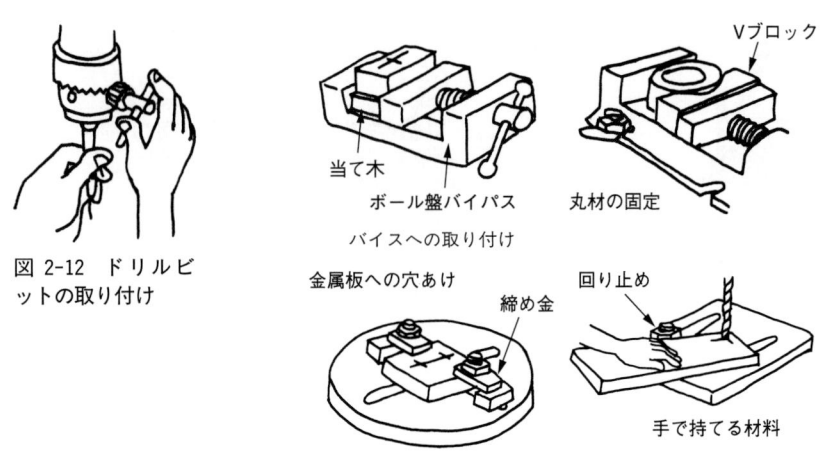

バイスへの取り付け
当て木
ボール盤バイス
Vブロック
丸材の固定

金属板への穴あけ
締め金
回り止め
手で持てる材料

図 2-13　材料の固定

〔位置決め〕テーブルの高さと水平面の位置決めを行う．ビットをテーブルの丸穴に通して穴をあける場合は，まず片手でハンドルを下げてもう片手で刃先が丸穴を通るように刃先と穴位置を合わせる．ボール盤バイスなどで材を固定する場合は，まずテーブルの高さを材とビット先との間が 20〜50 mm になるよう合わせる．次に，水平面の位置決めをテーブルまたはボール盤バイスを横移動させ刃先と穴位置を合わせる．

〔穴あけ〕材には，あらかじめ穴の中心位置にポンチングしてから行う．穴あけ操作としてはハンドルをゆっくり下げるだけ．ドリルが下りてくるので，切りくずの出方を見ながら送る．穴の貫通時は，ドリルの刃先に大きな力がかかるため，刃先が材に急激に食い込むようになり，ドリルの折損や加工物の振動につながり危険である．ドリルの送る力を弱くして，ゆっくりと慎重に行う．ハンドルはバネで戻るが，穴あけ後は手を離さずにゆっくり戻す．材料が横にズレている場合，ビットが材料を巻き上げることがあるため（図 2-14）．

〔作業上の注意〕作業に熱中していると，刃先を見ようとしてだんだん顔が近づいてしまいがち．材料がバタついたときに怪我をしたり，チャックに髪の毛が巻き付くこともあるので，長髪は頭の後ろで束ねるか，帽子の着用が望ましい．

また軍手は使わないこと．金属の穴あけ中に，息で切りくずを吹き払うと眼に切りくずが入りやすく危険であるため，保護メガネをかける．危ないのは，チャックキーの付けっぱなし．誤ってスイッチを押すと，チャックキーが飛んでくる．

〔便利用品〕ボール盤はドリルビットを正確に送れるので，かなり細いものを使っても

図 2-14　穴あけ

図 2-15　ピンバイス

折れずにすむ．ところがチャックは最小1.5～1 mm まで．それ以下のドリルビットを使うための工具が「ピンバイス」（図2-15）．ピンバイスにくわえてから，それをチャックに取り付けて使うと便利．ピンバイスは，手回し式もあるので，購入時には注意する．

保管方法

ボール盤は，重い機械なので置いただけでも動かないようだが，背が高いため不安定．台座を作業台にボルト・ナットでしっかりと固定する．

4）パンチ・ポンチ（ハトメ抜き）

基礎知識

今まで紹介した穴をあける道具・工具は，刃を回転させて穴をあけるものであった．ここで紹介するのは，材料に刃を当てて貫通して穴をあける道具．そのため穴をあける材料は，布，フィルムやシート，厚さ3 mm 程度の軟らかい板（樹脂板）などに限られる．この種類の道具には，パンチやポンチ（ハトメ抜き）がある．

1．ポンチ（ハトメ抜き）

種類

1.6～25 mm 前後の大きな穴用まで．丸い刃のついた部分と支柱部分に分かれ，ハトメリングとセットになっているものもある（図2-16）．

使用方法

布や革などの材料をゴム板の上に置き，ハトメ抜きを垂直に材料に当てて，木（金）槌で打つ．このときにハトメ抜きを保持している指を打ちそうな場合には，ハトメ抜きをプライヤーやバイスプライヤーなどで挟んで固定する．材料を置く場所は，打った力が分散しないように，コンクリートなどの硬い面や，テーブルの上では脚の真上の部分

図 2-16　ポンチ（ハトメ抜き）

指を打ちそうなときは，プライヤーで固定．　脚の真上に置いて叩く．
図 2-17　ポンチ（ハトメ抜き）の使用上の工夫

に置いて叩くとよい（図2-17）．このとき穴をあける材料が熱可塑性樹脂（スプリント材など）の場合，叩いた部分が伸びたり，叩いた衝撃で材料が逃げてしまい，うまく穴があけられないことがある．このような場合には，材料を挟んで切るパンチのほうがあけやすい．

入手方法

手芸店・革細工道具の取り扱い店，日曜大工店，学校教材取り扱い店など．

価格は，刃と支柱が一体のタイプは穴径3 mmで200円程度から25 mmで1,000円程度．刃と支柱が別のタイプは，穴径約10 mmでハトメリング10個とのセットで350円程度．

2．パンチ

種類

パンチはキップを切るように，材料を挟んで穴をあける道具（図2-18）．ソックスエイドの材料であるPPシートの穴あけなどに使用する．

パンチには，刃の取り替えを回転させて行ういわゆる回転パンチタイプと，刃をパンチ本体にネジ留めするタイプがある．穴径は2.3～5 mm程度．どちらのタイプも，布のような軟らかい材質でないかぎりは，刃と支点との距離よりも奥に穴をあけることはできない（図2-19）．

使用方法

回転パンチは，必要な穴径の刃まで回転させ，挟む部分までもってきて切る．うまく切り取る方法は，穴があいたと思ってもすぐに離さず，そのまま穴の部分を中心に刃の全面で切り取るように回転させて，切り取った材料をすくい取るようにして刃を離す．

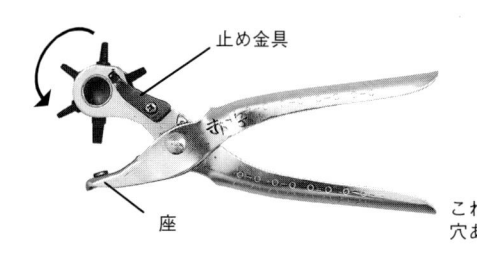

2 穴をあける道具・工具

図 2-18 パンチ（回転パンチタイプ）

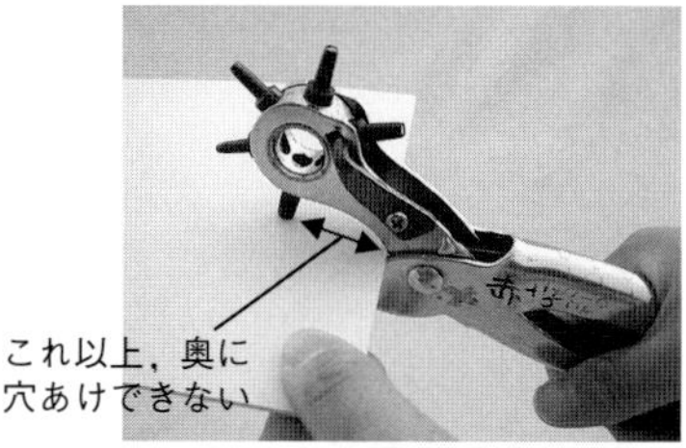

図 2-19

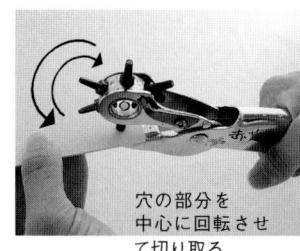

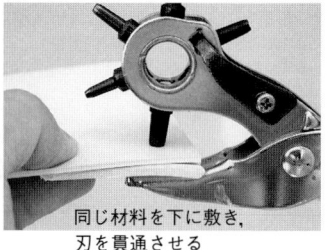

図 2-20 穴をあけにくい場合の工夫

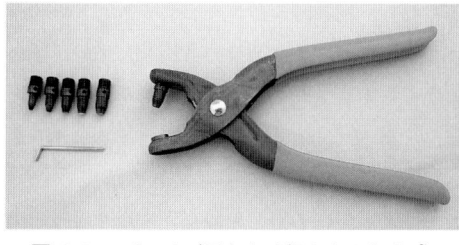

図 2-21 パンチ（刃をネジ留めするタイプ）

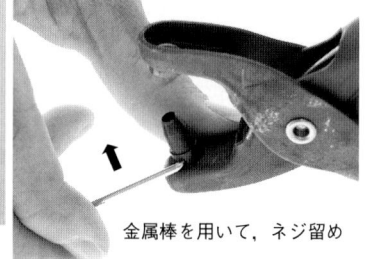

また，同じ材料を下に敷き，刃を完全に貫通させるなどの工夫をする（図2-20）．

　刃をパンチ本体にネジ留めするタイプは，5種類程度の穴径の刃と刃の交換・取り付け用の金属棒が付属している．必要な穴径の刃は，金属棒を用いてしっかりネジ留めする（図2-21）．刃の取り替えは面倒であるが，刃の取り付け部分に可動部分がないため，回転パンチよりも穴をあけやすく，長期間安定して使用できる．穴をあけにくい場合の工夫は，回転パンチと同様．

■入手方法

　回転パンチタイプは，ホームセンターや日曜大工店，アイデア商品市など．

　刃をパンチ本体にネジ留めするタイプは，革細工道具として手芸店や医療材料取り扱

第Ⅱ章　よく使う道具・工具

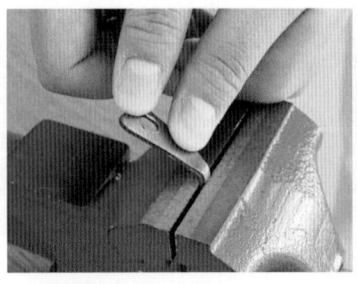

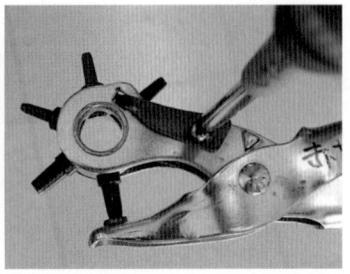

止め金具をはずしバイスに固定して曲げの角度を強くする．

刃が座面に垂直に当たるように調整したら，そのまましっかりネジ留めする．

図 2-22　回転パンチタイプの調整方法

い店を通して．

　価格は，回転パンチタイプは 1,000 円程度から．刃をパンチ本体にネジ留めするタイプは 1,500 円程度（レザーパンチプライヤー®，ミナト医科学社製）．

▍保管方法

　回転パンチタイプは，刃と握り柄の間の軸を中心に回転する構造のため，特に長期間の使用で，刃を固定している止め金具が緩んだり，回転軸ががたついてくることで刃が座面に全面接触せず，うまく穴があけられなくなってくる．調整の方法としては，止め金具をはずし，バイスに固定して曲げの角度を強くして軽くドライバーでネジ留めしてから，握り柄を握って刃が座面に垂直に当たるように調整したら，そのまましっかりネジ留めする（図 2-22）．調整しても回転軸がブレたり，刃が欠けたりしたときは替えどき．

　刃をパンチ本体にネジ留めするタイプは，付属している刃と刃の交換・取り付け用の金属棒をなくさないよう注意する．

3 削る道具・工具

　ここで紹介するのは，材料を必要な形に削って整えたり（研削），自助具表面を滑らかに整える（研磨）用途に使われる道具・工具．特に表面仕上げは，皮膚に接触することが多く，接触感や使用感にも大きく影響するため，使用する状況や使用者の能力に応じた表面処理に留意する．

1）サンドペーパー

基礎知識
　サンドペーパーは，表面の研磨が主体の道具．研ぎの方向性がないので曲面も自由に削ることができる．単に「ペーパー」と呼ばれることもあるが，紙ヤスリだけでなく，紙ベース以外にも種類がある．
　サンドペーパーの荒さ（粒度）は，裏側に番手で表してあり，数字が大きいほど粒度は細かくなる．

種類
　紙ヤスリ（サンドペーパー）：228×280 mm．粒度は，#30〜600程度．木工用の空研ぎペーパーで，洋紙に黄色い砂状の砥粒（研磨粒子）を接着させたもの．色は茶色．安価だが，砥粒ははがれやすく耐久性は低い．
　耐水ヤスリ（耐水ペーパー）：230×280 mm．粒度は，#80〜2,000程度．耐水処理したクラフト紙などの表面に黒い砥粒（カーボランダム砥粒，炭化硅素）を接着したもの．おもに塗装面用で塗装面を水で濡らしながら研磨を行う．耐久性あり．木材には空研ぎで用いる．非常に細かい粒度まで揃ったペーパー．
　布ヤスリ（サンドクロス）：230×280 mm．粒度は，#24〜400程度．布に黒い砥粒（アランダム砥石，溶融アルミナ）を接着したヤスリ．砥粒が落ちにくいだけでなく破れにくく丈夫なため，金属面やサビ取りに適している．木材にも使える．空研ぎ専用であり，

第Ⅱ章　よく使う道具・工具

図 3-1　サンドペーパーを使用する際の補助具―市販品―(1)
サンドペーパーの両端を挟み込むタイプ．

図 3-2　サンドペーパーを使用する際の補助具―自作―(2)
板の端材にサンドペーパーを巻き付けて押しピンで止める．

水をかけると砥粒が流れてしまうので注意する．

〔サンドペーパーを使用する際の補助具〕

　サンドペーパーの両端を挟み込むタイプ：一般にサンダーと呼ばれ，市販のサンドペーパーを1/3ほどに切って両端を挟み込んで平面にし，研磨作業をしやすくしたもの（図3-1）．市販のサンダーを使用しなくても板の端材にサンドペーパーを巻き付けて押しピンで止めるなどして使用してもよい（図3-2）．

　糊付きサンドペーパーを使用するタイプ：ロールヤスリ（ハンドサンダー）と呼ばれ，ロール状になった糊付きサンドペーパーを削れなくなったら新しい部分を引き出して使用する（図3-3）．

▎入手方法

　日曜大工店やホームセンター，学校教材取り扱い店で．

　空研ぎ，水研ぎともに可能適用で範囲が広いのは耐水ペーパー．しかし，空研ぎ専用に限れば，破れにくい布ヤスリのほうが便利．揃えておくとよい番手としては，木工用に80，150，240番．塗装用に400～800番．金属用では，さらに40番も．

　価格は，紙ヤスリは10枚組で#400～120が300円程度，#60～80が400円前後．耐水ペーパーは10枚組で#150～800が800円程度．布ヤスリは#150～320が120円程度，#60が150円程度．補助具では，サンドペーパーの両端を挟み込むタイプが2,000円程度．

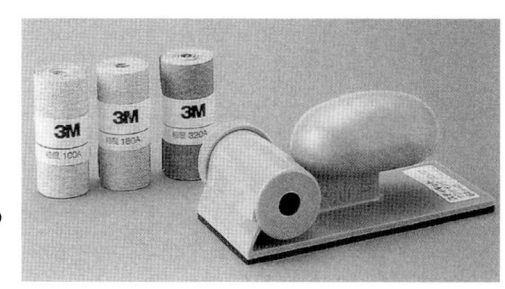

図 3-3 サンドペーパーを使用する際の補助具―市販品―(3)
糊付きサンドペーパーを使用するタイプ.

糊付きサンドペーパーを使用するタイプが3,000円前後.替えロールペーパーが600円程度.

使用方法

　サンドペーパーは不定形に破らず,まっすぐ折ってから折り目に定規を当てて手で引き切って使う(ナイフやハサミで切ると刃を傷めるため).3枚に折り重ねると,手が滑りにくく,小さなものの研磨には最適だが,この状態では手の動きに強弱が生まれ,研磨面を平らに仕上げにくい.この場合には,サンドペーパーを当て木に巻いて使うとよい(図3-2).

　木材の研磨:当て木は,平面には平らな当て木(端材などを利用),曲面にはゴム板を使う.ペーパーは80番などの荒い番手から研ぎはじめ,その研ぎ目を150番で整え,さらに細かい240番で消し,ニス塗りなどの塗装用に400番で仕上げるのが基本.ただし,表面がある程度仕上げられている材料であれば,最初から400番を使用して仕上げてもよい.研ぎ目が目立たないように,ペーパーは木目に沿って動かす.また,強く押しすぎて木材繊維に食い込まないように,軽く押さえ,往復の回数で仕上げるのがコツ.

　金属面の研磨:破れにくい布ヤスリが最適.40～80番を使えば切断面などのバリ取りもできる.この場合は安全のため,必ず当て木をして行う.また軍手も着用したほうが安全.

2) ヤスリ

基礎知識

　ヤスリは,素材を荒く削り取って形を形成することから,表面を研磨し滑らかにすることまで行う手作業用の道具である.ヤスリは,ヤスリ部の形状,ヤスリ目の種類や荒さ,用途などによってさまざまな種類がある.ここでは各種の自助具を製作する際に使

第Ⅱ章 よく使う道具・工具

表 3-1 主なヤスリの形状・断面形状と名称

ヤスリの形状（断面形状）		断面形状からみた名称
	▮	平ヤスリ
	◖	半丸（甲丸）ヤスリ
	■	角ヤスリ
	●	丸ヤスリ
	◀	三角ヤスリ

表 3-2 主なヤスリ目の種類

ヤスリ目の種類と形状		主な用途
	単目	削り肌が美しく，刃物研ぎや銅やアルミニウムなどの軟らかい金属材料の仕上げ用
	複目	上目と下目の線が交差しているタイプで，鋼などの一般的金属の仕上げ用
	鬼(オニ)目	木材や軟金属，石膏などの荒削り用で削り肌は粗い
	波目	切削力は大きく，仕上がり面もきれい．目詰まりしにくい．石膏や軟質金属材の加工用

用する頻度の高いヤスリを中心に紹介する．

種類

1．ヤスリ部の形状（表3-1）
2．ヤスリ目の種類（表3-2）
3．ヤスリ目の荒さ
　荒いほうから，荒目，中目，細目，油目となっている．
4．用途別種類

　鉄工ヤスリ：長さ100〜400 mm．おもに金属の仕上げ用であるが，鋼板やプラスチックのバリ取り用や木材などの削り出しにも使う．ヤスリの目は複目．それぞれの目はノコ刃状の断面をしており，押したときだけ削れるようになっている．目の荒さは，荒目・中目・細目・油目の4段階がある．形状には，各種断面がある（表3-1）．柄は別売りで，取り付けて使うのが一般的．

　木工ヤスリ：長さ150〜350 mm．形状は，平形，半丸形，丸形などがある．ヤスリ目は片面が鬼目．木材などの軟質材の荒削り用で，表面をかき取るように削ることができ

図 3-4　ノコギリヤスリ
（かんなやすり）

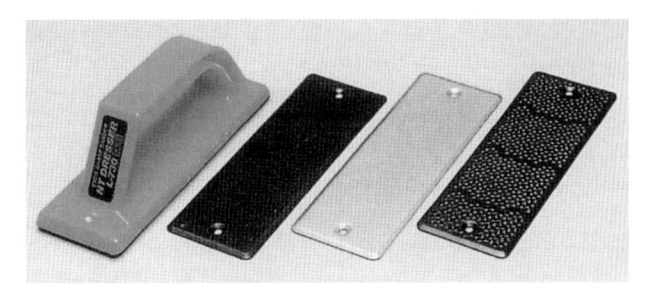

図 3-5　ドレッサー

る．この裏側は複目（または単目）の荒目となっている．

ダイヤモンドヤスリ：表面に人工ダイヤモンドのパウダーを電着させたヤスリで，通常のヤスリでは困難な難削材（硬質な焼入れ鋼やガラス，セラミックなど）の研削用．研ぎの方向性はない．粒度は番手で分けられ，荒目（#180），中目（#320），細目（#500）．

細工ヤスリ：細い棒状で，彫金や部品修理，大きさや穴位置が少しだけ合わないときなど，細部の研削研磨に使う．

ノコギリヤスリ（かんなやすり）：金切り鋸の替刃を組み合わせたような形をしており，表裏に抜ける大きなすき間のある構造のため目詰まりしにくい．一般には木材用だが，目詰まりしにくいため石膏ボードにも使われる．削った面は鬼目よりも滑らか．イギリスのスタンレー社からは，同様の製品がサーフォーム® という商品名で市販されている（図3-4）．

ドレッサー：プラスチックの本体に薄い鋼板でできた替え刃式のヤスリを取り付けるタイプが多い．ヤスリ部分には，平形や丸・三角など各種断面があり，細かい粒状の突起や網目状となっている．木材の表面研磨やカンナの代わりとして使われる．削る手応えはサンドペーパーに似ているが，金属製のため摩耗や目詰まりが少ない（図3-5）．

■ 入手方法

日曜大工店やホームセンター，刃物店，学校教材取り扱い店など．

ヤスリを購入する場合は，ヤスリは形を削り出す道具と考えて，仕上げ用の中目・細目はサンドペーパーに任せ，ヤスリは荒目を主体に揃えるのが実用的．

最初に揃えたい基本的ヤスリは，木材の荒削り用に木工ヤスリの平型，金属用には鉄工ヤスリ．持ちやすいサイズは200〜250 mm．断面の種類でよく使う順では，平，甲丸，そして丸型（径6 mm程度）．これらは木工でもよく使う．このあとは必要に応じて揃えるとよい．

第Ⅱ章 よく使う道具・工具

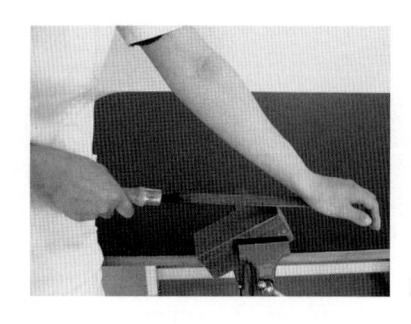

図 3-6 ヤスリ操作の基本姿勢

　価格は，鉄工ヤスリ 1,000 円前後，木工ヤスリ 1,000 円程度から．ダイヤモンドヤスリ 5 本組で 1,500 円程度．細工ヤスリ 400 円前後．サーフォーム®（スタンレー社製）101 型（平刃付き，全長 440 mm）で 5,500 円程度．替え刃 1,600 円程度．この他にも数種類のタイプあり．ドレッサーは，平面型の M サイズで 1,500 円前後(替え刃は 1,000 円前後)．曲面型が 1,000 円前後（替え刃は 800 円前後）．

使用方法

　ヤスリ操作の基本は，まず材料を万力などで固定し，ヤスリ柄を利き手で持ち，もう片方の手でヤスリ先端部付近を上から押さえるようにして材料に当てる（図 3-6）．そして，材料に押し付けながら前進させて削り（ヤスリ目は押したときに削れるようになっている），引くときには力を緩める．このときヤスリ柄を持った側の足を一歩引いた姿勢にすると力を入れやすく，操作もしやすい〔コラム：まっすぐ切るためには？（p.204）参照〕．

　木材を削る場合には，木目に沿った繊維の方向に逆目に削れば繊維をめくり上げてしまいやすい．いつも木目をなでつけるように削るとよい．最後は，サンドペーパーまたはドレッサーで仕上げる．

保管方法

　置き場所を決めてその場所に置いてもよいが，握り柄に穴をあけ壁面の所定の位置に下げるようにすると取り出しやすく管理もしやすい〔コラム：取り出し管理しやすい収納（p.207）参照〕．

3）電動サンダー

基礎知識

　パッド面に紙ヤスリ（サンドペーパー）状の研磨材を付けて材料の表面を研磨する道

3　削る道具・工具

図 3-7　オービタルサンダー

図 3-8　ランダムサンダー
（ダストバッグ付）

具．手工具にもサンダーはあるが，ここで紹介するのは電動工具のサンダー（区別するために，ここでは電動サンダーと表す）．電動サンダーは，研磨パッドを動かす機構によって種類分けされる．また研磨の度合いは，サンドペーパーの粒度で変えられる．

種類・使用方法

　オービタルサンダー（図 3-7）：四角いパッドを細かく円運動（2 mm ほどの楕円運動）させるタイプ．四角い形状のため，箱の内部でも隅まで研磨できる．平面が出しやすい，仕上げ用のサンダー．作動の幅が小さく，手にくる反動も少ないため安全で，入門用にも最適．研磨する材料は，おもに木材．難点は，切りくずの排出が悪いこと．

　使い方は，サンダーを素材の上に載せてからスイッチを入れ，軽く手を添えるようにしてコントロールする．上から力を加え過ぎると目詰まりして，かえって効率が悪くなるので注意する．ペーパーの取り付けは，たるみが出ないように留意しながらパッド前後のクリップに挟む．ペーパーは専用のものでなくても，市販のサンドペーパーを切ったものが使えるので経済的．収納するときは，平らな面に置く．パッド面にコードを巻き付けると，パッドの平面が歪むので注意する．パッドの表面が傷んだり弾力がなくなったら，純正パッドを小売店で取り寄せて，両面テープで新品に貼り替える．

　ランダムサンダー（図 3-8）：丸いパッドが回転と偏心運動（細かい円運動）を合成した動きをするタイプ．この動きとパッド面にある集塵穴が，研ぎくずを吸い出し目詰まりを防いでくれるため，研磨能力が高くスピードも速い．しかし，丸いパッドのため四隅などの狭いところは研磨できない．荒研ぎから仕上げ研ぎまでペーパーを替えることで対応可能．

　使い方は，2 つのハンドルを両手で握って持ち，材料に平ら（水平）に当てるのが基本．本体が傾いて接触するとパッドの回転によって左右に振られてしまう．また，必ずスイッチを入れてから材料に当てること．材料に接触したままスイッチを入れると，サンダー

第Ⅱ章　よく使う道具・工具

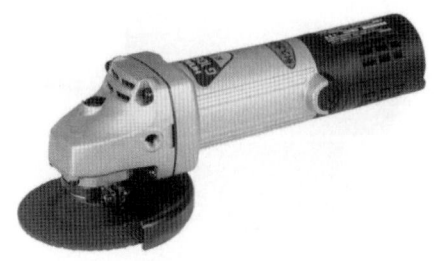

図 3-9　ディスクグラインダー（サンダー）

図 3-10　ベルトサンダー（手持ちタイプ）

図 3-11　ベルトサンダー（据置きタイプ）

が走り出してしまうので注意する．ペーパー（ディスク）はそのほとんどがマジックテープ式，交換する際は集塵用の穴の位置をしっかり合わせて取り付ける．

ディスクサンダー（図 3-9）：回転する丸いパッドで研磨するタイプ．削る力が大きいので，塗料のはがしやサビ落としなどに使われる．回転面を傾けて片側を使うため，研磨操作で平面を出しにくいのが難点〔ディスクグラインダー（p. 146）を参照〕．

注意
- クランプなどを使用し，材料を作業台にしっかりと固定すること．
- 用途に合わせたサンドペーパーをセットすること．
- 研磨作業中は，細かい粉状になった大量の切りくずが浮遊するので，吸い込まないよう必ず防塵マスクをすること．

ベルトサンダー：ベルト状の研磨布を回転させるタイプ．手持ちのタイプ（図 3-10）と据置き（卓上）タイプ（図 3-11）がある．手持ちタイプは，内蔵した金属板が平面を支えているため，研磨は正確．木目の方向に向けて操作すれば，上質な仕上げとなる．切りくずの排出性がよく，目詰まりなくよく研げるのが特長．反面，奥まった角は不得意．据置き（卓上）タイプは，ベルトグラインダーと呼ばれることもある．ベルト幅は 10 cm が多い．

入手方法

日曜大工店やホームセンター，学校教材取り扱い店など．

3 削る道具・工具

図 3-12 両頭グラインダー

作業の用途に合わせた機種選びが必要．機種によって集塵用のダストバッグが付属するタイプもあるため，作業環境によって機種を選択する．

価格は，オービタルサンダーが10,000円前後から．ランダムサンダーが20,000円前後から．ベルトサンダーは，手持ちタイプが30,000円前後から，据置き（卓上）タイプが50,000円前後から．

4）電動グラインダー

■ 基礎知識

砥石を高速で回転させ，研磨・研削する工具．この研削砥石は，固くとがった砥粒を結合剤で固めてあるため，その表面には凹凸があり，触るとざらついた感触がする．この凹凸を気孔といい，切りくずはいったんここに入ってから排出される．そのため，材料を「研削砥石」に強く押し付けて使うと気孔が目詰まりしてしまい，逆に能率が悪くなってしまう．よって，材料を軽く当てて使うのが基本となる．

■ 種類・使用方法

据置き（卓上）タイプと手持ちタイプに分けられる．ここでは据置き（卓上）タイプとして両頭グラインダー，手持ちタイプとしてディスクグラインダーを紹介する．

両頭グラインダー（図 3-12）：本体（モーター）の左右に粒度の違う砥石があることから，「両頭グラインダー」または単に「卓上グラインダー」と呼ばれる．

砥石の粒度は，＃36と＃60が取り付けてあるものが多く，刃物の荒研ぎや金属の研磨・研削・バリ取りなどの主に荒研ぎ用．片側の砥石が，フェルトや布製のものを取り付けてあれば，プラスチックなどの仕上げ研磨も可能．回転数は 3,000 回/分前後．

〔設置〕台にボルトで固定すると安定するが，設置場所がない場合には，使用するごとに取り出して使う．いずれも本体の下に防振と安定性向上の目的で防振ゴムを敷くとよい．

〔材料の保持〕砥石は手前に回転しているため,材料の保持が不安定では手前にはね返ってくる.使用するときには,材料を支持台に載せるか,または支持台を支点として材料を当てることで保持や力加減もしやすい.

〔研磨〕材料は,砥石に軽く当てて研磨する.材料が小さくて持ちにくい場合や,手が砥石に近づきすぎる場合はプライヤーやバイスプライヤーで保持して砥石に当てるとよい.このとき,金属や砥粒の破片が飛んでくることがあるため,砥石の正面に顔がいかないようにやや斜めから操作する.なお,砥石の側面は強度が弱いため使用してはならない.

〔保護具〕防塵メガネや防塵マスクをできるだけ装着する.軍手は,回転する砥石に巻き込まれるため使わない.

〔調整〕砥石がすり減ってきたら,支持台と砥石の間を1〜2 mm程度のすき間に調整する.また,プレートは,砥粒が砥石とカバーのすき間から飛び出ないようにしているため,プレートと砥石の間も1〜2 mm程度のすき間に調整する(砥石を交換した場合も同様).

ディスクグラインダー(図3-9):研削砥石(ディスク)を高速で回転(10,000回/分前後.変速タイプもあり)させて研磨,研削する.ディスクを交換することで,さまざまな用途に使用できる.

〔準備〕作業に合ったディスクを取り付ける(研削砥石:金属のバリ取り,切断,溶接部分のはがしなど.カップワイヤーブラシ:サビ落としや塗装はがしなどの研磨.サンディングディスク:木工での研磨.ダイヤモンドホイール:レンガやタイルの切断など).

〔保持〕必ず両手でしっかり持つこと.

〔研磨〕材料に斜め(15°程度の角度をつけ)に当てて研削する.そのままでは円弧状にその部分だけを研磨してしまうので,均一な速さで移動しながら研削する.この場合,手先だけで移動するのではなく,同じ姿勢を保って身体全体で移動する.このとき,金属や砥粒の破片が飛んでくることがあるため,砥石の回転面上に顔がこないように注意する.砥石は右回りなので特に右側は危険.

〔保護具〕防塵メガネや防塵マスクをできるだけ装着する.また,熱い研磨粉が飛んでくる場合は,革軍手(綿製の軍手は,回転する砥石に巻き込まれるため使わない)をし,長袖の上衣を着る.

■入手方法▶

日曜大工店やホームセンター,学校教材取り扱い店など.

両頭グラインダーの価格は,砥石サイズが外径75 mmの小型で10,000円以下,外径

図 3-13　卓上式カービングマシーン

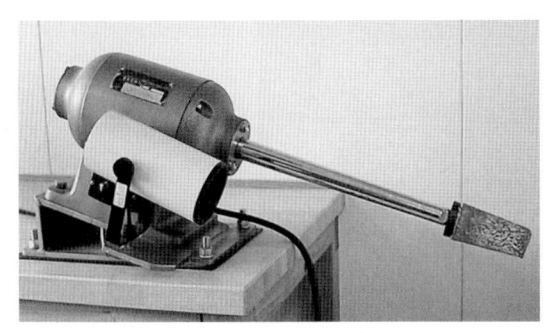

図 3-14　カービングマシーン専用の布ヤスリ

150 mm の中型で 15,000 円前後から．ディスクグラインダーの価格は 15,000 円前後から．

5）卓上式カービングマシーン

▎基礎知識▎

　モーターの回転軸が延長された先部に研磨部を取り付けられるようになっている（図 3-13）．研磨部の形状は数種類あり，自助具工作における一般的使用では，円錐状のゴム製の先部に専用の布ヤスリ（図 3-14）を取り付けて使用することが多く，汎用性も高い．もともと義肢装具会社で使用されている工具で，切断用のソケットや装具のカフ部などの内側部の研削・研磨用として使用されている．

　自助具製作では，補高用便座などの内筒部分の研磨に最適(図 3-15)．もちろん他の部分の研磨も可能で，正確な平面研磨以外はほとんどの研磨作業をカバーすることができる．価格が高めであることと設置面積が必要であるが，できるならぜひ揃えておきたい工具．

▎入手方法▎

〔**本体**〕長さ 680×高さ 290×幅 210 mm．アドバンフィット㈱（八代市長田町 3300　Tel 0965-33-3992）．価格は 190,000 円＋税（本体のみ）．

〔**先部**〕別の業者で取り扱っている〔小原工業 Tel 03-3700-4631〕〔啓愛義肢 Tel 03-3935-1161〕．研磨部のゴム製は，大・中・小・極小あり．各 19,500 円．専用の布ヤスリは，荒仕上げ・細仕上げ用が 600 円．極仕上げが 800 円前後．

第Ⅱ章 よく使う道具・工具

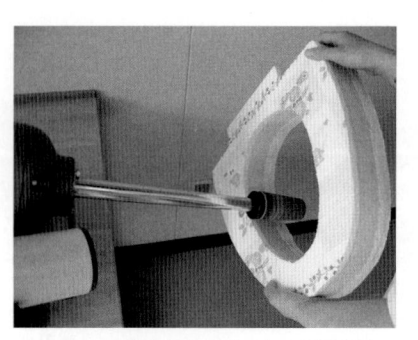

図 3-15 補高用便座などの内筒部分の研磨が可能

> 使用方法

〔設置〕台にボルトで固定する．本体の下に防振ゴムを敷くとよい．
〔研磨〕フットスイッチを踏んで先部を回転させ，材料を研磨部に当てて研磨する．研磨部は手前に回転しているため，研磨部の上半分に材料を当てると手前にはね返ってくる．使用の際は，研磨部の下半分に材料を軽く当てて操作すると研磨しやすい．このとき，材料や砥粒の粉塵や破片が飛んでくるため，研磨部の正面に顔がこないようにやや斜めから見て操作する．
〔保護具〕防塵メガネや防塵マスクをできるだけ装着する．集塵機は付属していないが，簡易（掃除機で代用など）でもよいので取り付けたほうがよい．軍手は，回転する研磨部に巻き込まれやすいため使わない．

4 打つ道具・工具

1）ツチ（槌），ハンマー

基礎知識

　ここで紹介するのは，振り下ろした打撃の衝撃力で釘やノミを叩いたり，金属の加工などを行う打撃工具．金槌やゲンノウ（玄能）は日本名で，英名ではハンマーという．ゲンノウは，むかし，近づくものに災いする殺生石という大石を，玄翁和尚（げんのうおしょう）という禅僧が大きな金槌を使って砕いたという逸話から，金槌のことを玄翁＝ゲンノウと呼ぶようになったといわれている．

種類

　さまざまな業種で使用されるため，多種多様な種類がある．本体頭部は，鋼（純鉄に0.03%から1.7%の炭素が合金されたもの）製が多い．その他，木槌や，硬質ゴム製，プラスチック製のものもある．柄の材質は，木製（樫やつげなどの粘りの強い木が使われる）が多いが，スチールやプラスチック製のものや，作業中滑りにくいようにグリップを樹脂で加工したものもある．大きさは，その種類によって，大から小までさまざま．金槌は本体頭部の形によって，両口（打撃面が2つ）と片口（打撃面が片側のみ．打撃面でない側は，種々の用途にあった形状）の2つに大別できる．

　以下に，代表的な金槌，ハンマーを紹介する．

　両口ゲンノウ（図4-1）：木工では代表的な金槌．2つある打撃面の片側は平らで，もう一方は緩やかな凸面となっている．平らなほうを「平面（ヒラメン）」，凸面のほうを「木殺し（きごろし）」と呼ぶ．釘やノミ打ちには，「平面」を使うとそれずに打ちやすい．また凸面の「木殺し」面は釘の打ち終わりに使い，釘頭を板表面よりも沈める（1度ゲンノウで叩いて圧縮することをコロス（殺す）といい，時間が経つともとに戻ろうとする木の弾力性によって材面に跡を残すことなくきれいに仕上げられる）．ただし，化粧釘など頭が半球になったものは，材に釘の頭を埋める必要がないから，終始「平面」で打つ．

図 4-1 両口ゲンノウ

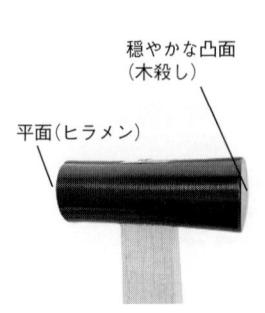

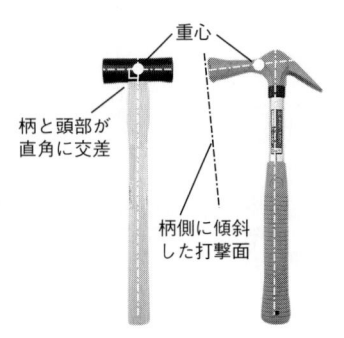

図 4-2 ゲンノウ（左）とネイルハンマー（右）の形状比較

図 4-3 箱屋金槌

　両口ともに打撃ができるように，ゲンノウは柄と頭部が直交している（図 4-2）．頭の重さは，150〜750 g あり，大きさによって大ゲンノウ，中ゲンノウ，小ゲンノウ，1/4（しぶいち）ゲンノウ，豆ゲンノウに分かれる．また，頭の断面の形は一般的な丸形以外に，四角形や八角形のゲンノウもある．

　箱屋金槌（図 4-3）：もともと梱包箱の釘打ち用で，すばやく打ち損じの釘を抜くことができるように，片面が釘抜きになっている．釘打ち面は四角形と丸がある．

　先切金槌（図 4-4）：釘打ちやビョウ打ちに使う打撃面と，もう一方が釘道用の穴あけや釘絞め用としてとがっている．

　唐紙（からかみ）金槌（図 4-5）：家具や建具用で，小ぶりの金槌．片面が打撃面でもう片面は薄く一文字型，先端は丸みがかっており，短い釘でもつまんだ指のすき間から打てるようになっている．

　ネイルハンマー（図 4-2，4-6）：箱屋金槌よりさらに大きな釘抜き付き．打撃面がわずかに柄側に傾斜していることと，打撃面側が重いことで釘打ちがしやすい（図 4-2）．ノミを打つときは狙いにくいため，釘打ち専用．

　木槌・ゴムハンマー・プラスチックハンマー：材料を傷つけずに叩く道具．木槌は，頭も柄も硬い材質のカシで作られている．ノミ叩きやカンナ刃の出し入れにも使われる．頭のサイズは 35〜90 mm．

　プラスチックハンマーには，打撃ショックを吸収する打撃面（両方または一端）がついている．重量規格は 1/4〜2 ポンド．木槌・プラスチックハンマーは，打った手応えが手にも耳にもわかりやすいため，微妙な調節ができるが，軟材を強打すると傷をつけてしまうので注意する．ゴムハンマーは，打撃ショックを吸収する打撃面がゴム製のハンマーである．手応えは鈍感だが，強力な打撃を加えても材料に傷がつきにくい．

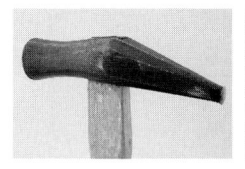

図 4-4　先切金槌 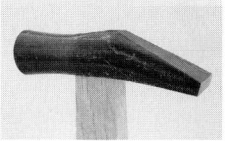　　図 4-5　唐紙金槌 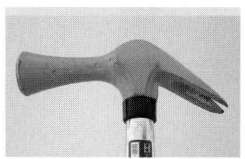　　図 4-6　ネイルハンマー

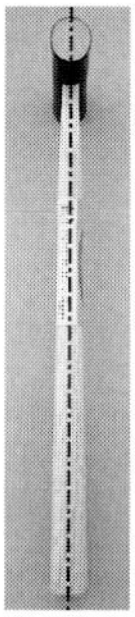

図 4-7　購入時のチェック
頭部の向きと柄の楕円の長軸方向が一致していること．

入手方法

日用大工店，ホームセンター，金物店，学校教材取り扱い店など．

選ぶポイントは，形状と重量が使用目的や使用者に合っていることが重要．

使用目的に合った形状は，〔種類〕を参考に．

重量は，頭部の重さで表示される．ゲンノウは匁（もんめ=3.75 g）を g に置き換えた数字．唐紙金槌は，広いほうの打撃面の幅で表される．ゲンノウのサイズは大まかに大中小とあるが，一般に標準となる中ゲンノウは 375 g．これは，ノミ打ちを基準としているため重めの設定となっている．釘打ちだけなら 225 g や 300 g のものでほとんどの釘打ちに間に合う．金工用では 450 g が標準．これをポンドハンマーと呼ぶ．もっと短い釘も打つ人は，ほかに唐紙金槌（18 mm．115 g に相当）も準備するとよい．

購入時のチェックとしては，柄と頭部が直角（図 4-2）で，さらに楕円の向きがずれていないこと（図 4-7），作業中に頭が抜けると危険なため，頭と柄がぐらついていないことをしっかり確認する．

価格は，両口ゲンノウは 300 g で 800 円前後から．箱屋金槌は 18 mm（約 210 g）で 500 円前後から．先切金槌は 21 mm（約 250 g）で 900 円前後から．唐紙金槌は 15 mm で 800 円前後から．ネイルハンマーは 225 g で 700 円前後から．木槌は直径 45 mm で 500 円前後から．ゴムハンマー・プラスチックハンマーは直径 22 mm で 1,000 円前後から．

使用方法

釘打ちは簡単と考えがちだが，実際に打ってみると，意外に曲がったり，横に飛び出したり，材料が割れてしまったりということが多い．

釘を打つときは，キリやドリルで下穴をあけてから打ちはじめると曲がらず，思ったとおりに打ち込め，木が割れることも防げる．打ちはじめは，軽く打って釘を立たせてから金槌の「平面」で打つ．最後に打ち締める場合は，凸面の「木殺し」面で打ち込み，

第Ⅱ章　よく使う道具・工具

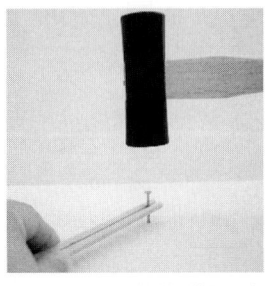

図 4-8　釘の保持（割りばしを用いた例）

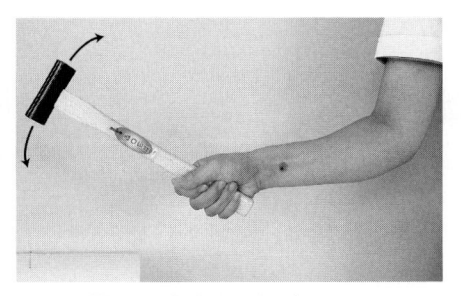

図 4-9　釘をまっすぐ打つコツ

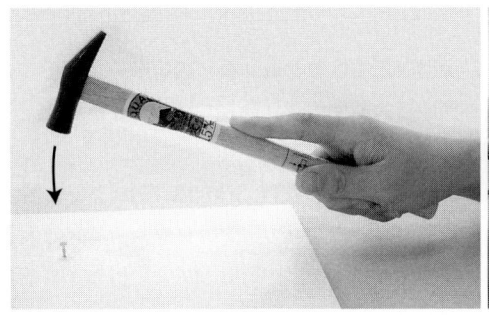

図 4-10　小さい釘を打つ場合

　釘頭を板表面よりも沈める．丸頭の釘は最後も「平面」で打つ．釘を保持する指を打ってしまいそうな場合は，ヤットコやプライヤー，割りばしなどで釘を保持するとよい（図4-8）．
　釘をまっすぐ打つコツは，衝撃力を高めるため柄の後端をしっかり握り，肘を軸にして手首のスナップを使った回転運動で振り下ろすことである（図4-9）．これなら回転半径が大きくとれ，ほぼ直線に近い振り下ろしとなる．金槌の頭が釘にあたる瞬間に，小指に力を入れるように柄を握りしめるとふらつかずに，釘に金槌を当てることができる．
　小さい釘を打つ場合は，示指を前に出して握るか，握りを短めにして握る．手首の位置を保持して，手首のスナップで打つ要領．指の太さよりも短い釘は，唐紙金槌の一文字面を使うと打ちやすい．クサビ形の頭が，指のすき間を分け入るように打つ（図4-10）．

■保管方法■

　金槌の頭部分は，油を付けた布で拭いた後，乾いた布で拭いておくと錆びずに長持ちする．打撃面の錆は材料面を汚すので，サンドペーパーで落とす．すでに錆びた部分にはロウを塗ってもよい．金槌の頭部が緩んでいると事故や怪我の原因となる．直すには，柄尻を固い面（コンクリートの床など）に叩いて槌をしっかり食い込ませる．それでも

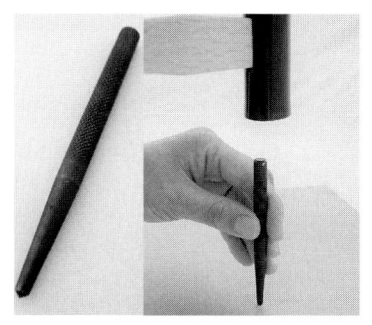

図 4-11 センターポンチ（ハンマーで叩くタイプ）

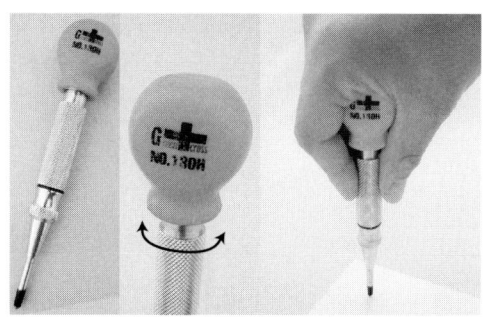

調節ノブ（頭の部分）を回して，打撃力を調整する　片手で押すだけでポンチングができる

図 4-12 自動ポンチ

ぐらつくようであれば，一度木柄を抜いて紙をすき間に詰めて取り付ける．くさびを打つ方法もあるが，うまく打たないと木柄の強度を落とすことがあり勧められない．固定できない場合は，ホームセンターや金物屋で木柄を購入し，穴に合わせて木柄の先端を加工して仕込み直すしかないが，技術的・時間的に困難なため，金槌そのものを買い替えるほうが実際的．その他にグラスファイバー製の柄やスチール製の柄が抜けた場合や木製の柄が木部の収縮で反り返った場合も，同様に買い替えるほうが実際的．

2) ポンチ

基礎知識

材料に穴をあけるとき，穴をあける位置にドリルが定まるように穴あけ個所の中心に円錐状の穴を刻印する工具である．一般には金工用であるが，木工用にも便利な工具．

種類

センターポンチ（図 4-11）：ハンマーで叩くタイプ．

自動ポンチ（図 4-12）：バネを内蔵しており，片手で押すだけでポンチングができるタイプ．打撃力は，調節ノブ（頭の部分）を回して設定する．ただし，あまり弱くはできないので，割れやすいもの（プリント基板など）には使用しないほうがよい．また，バネの打撃力には限界があるため，深いポンチングが必要な場合にはセンターポンチのほうが有効．

入手方法

日曜大工店やホームセンター，金物店，学校教材取り扱い店など．

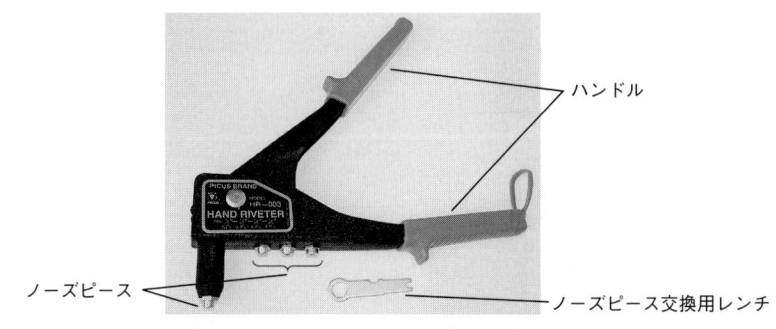

図 4-13　ハンドリベッター（ヨコ型）

揃えておきたいのは，一般的に利用頻度が高く便利な自動ポンチ．
価格は，センターポンチは 200 円前後から，自動ポンチは 1,000 円程度から．

使用方法

金属板へポンチングするには，まず穴位置に正確な印をしておき，そこへセンターポンチを立てて，ハンマーで打つ．また，金床を下に置けばさらに深いポンチングができる．自動ポンチの場合は，垂直に押し下げればパチンという音とともにポンチングされる．丸棒などの片手で固定しなければならない材料には，片手で操作できる自動ポンチを使用すると便利〔第Ⅳ章　1．リーチャー（p.227）参照〕．

3）ハンドリベッター

基礎知識

ハンドリベッターは，ブラインドリベット〔第Ⅰ章　5．固定（接合）材料（p.50）参照〕を用いてリベット締めを行う手動式の締結工具．リベットやボルトとナットによる締結では裏表両側からの作業が必要であるが，ブラインドリベットはハンドリベッターを用いて片側からの作業で簡単に薄板（0.5〜15.9 mm 程度）を締結することができる．留意点として，裏側には突起が出ること，気密・密閉には不向きであることが挙げられる．

種類

ハンドリベッターは，ブラインドリベットの取り付けの方向によりヨコ型（図 4-13）とタテ型（図 4-14）に分類される．タテ型は天井面や狭い場所での作業用で，タイプとしてはヨコ型が一般的．また，ブラインドリベットはリベット径（mm）で 2.4，3.2，4.0，4.8 の 4 つの規格サイズがあり，メーカー間の互換性がある．

4 打つ道具・工具

図 4-14 ハンドリベッター（タテ型）　　図 4-15 ハンドリベッターの装着①　　図 4-16 ハンドリベッターの装着②

入手方法

日曜大工店，ホームセンターなど．

価格は，ヨコ型が 1,500 円程度から．

使用方法

1. 適合するブラインドリベットを選択する（締結する板の厚みの合計をカシメ厚として，ブラインドリベットのパッケージ表示を見て選ぶ）．
2. ブラインドリベットのパッケージ表示で指定された径の下穴（リベット径よりも 0.1〜0.2 mm 大きい下穴）をドリルであける．このとき 2 枚を重ねたままあけると穴位置は一致する．
3. 使用するブラインドリベットのリベット径と同サイズのノーズピースを選び，リベッターの先端に装着する（図 4-15）．
4. ハンドルを開き，先端のノーズピースにブラインドリベットのシャフトを差し込む（図 4-16）．
5. 母材下穴にリベット本体（フランジ）を差し込んだ状態で押し付けながら，ハンドリベッターのハンドルを強く握って閉じる．パチンという切断音がしたら出来上がり（図 4-17）．穴の向こう側で先が開いて板を固定している（リベットサイズや母材の厚みなどにより，1 回のハンドル操作でシャフトが切断されない場合は，切断されるまでハンドル操作を行う）．
6. シャフトが切断されたら，ハンドルを開いて切断されたブラインドリベットのシャフトを排出する（シャフトが排出されないときは，ノーズピースが適正サイズよりも小さいものを使っていることが多い．この場合は，1 サイズ大きなノーズピースに交換するとよい）．もしうまく締結できなかったら，ドリルでリベットに穴をあけて

第Ⅱ章　よく使う道具・工具

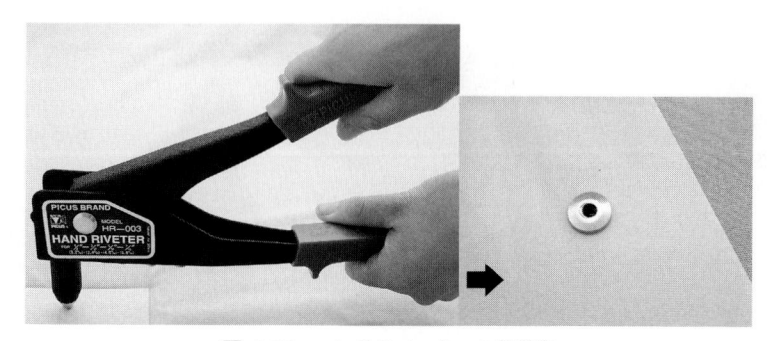

図 4-17　ハンドリベッターの装着③

取り除く．

▎保管方法▸

　切断されたブラインドリベットのシャフトが残ったままで，新しいシャフトをノーズピースに入れると故障の原因となるため，必ず古いシャフトを排出してから保管する．

5 締める道具・工具

1)ドライバー

基礎知識

ドライバーは，ネジなどを締めたり，緩めたりするときに使う手動式の工具．ネジ溝の大きさや形に合っていないドライバーを使うと，溝が壊れてしまい，いわゆるネジ溝をナメてしまう状態になる．適切なドライバーの選択と使い方をしよう．

種類

ネジの種類や用途，作業状況に合わせてさまざまな種類がある．

1．**構造上での分類**（図5-1）

ドライバーは本体（軸）と柄部（グリップ）との結合方法によって，以下の2種類に分かれる．

貫通型：グリップの中を軸が貫通して，グリップエンドまで金属が出ているタイプ．金槌でグリップエンドを叩き，錆びたネジやきつくしまったネジにショックを与えて緩めることができる．

非貫通型（普通型）：軸がグリップの中ほどまで入って留まって（固定されて）いるタイプ．「普通型」とは「貫通型」に対しての呼び名．

2．**刃先での分類**（図5-2）

刃先がプラス（＋）になっているものと，マイナス（－）になっている溝のものが一般的であるが，その他のタイプもある．

－（**マイナス**）：マイナスドライバーといい，サイズ（図5-3）は軸の付け根から先端までの長さで表す．ドライバーの先端のサイズは，先端の幅の長さ（ミリ）で呼ばれ，ドライバー軸の太さには無関係．軸が長ければ比例して先端部も大きくなる．軸の長さに対する先端部の刃幅と先端部の刃厚は，JIS規格で決められている（表5-1）．

＋（**プラス**）：プラスドライバーといい，アメリカのフィリップス社が作ったもの．プ

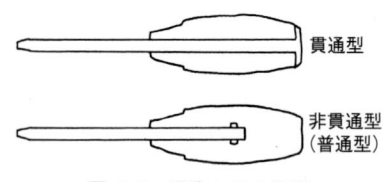

図 5-1 構造上での分類

貫通型
非貫通型（普通型）

図 5-2 刃先での分類

プラス　マイナス　ソケット　トルクス　六角

図 5-3 ドライバーのサイズ表示
（マイナスドライバー（上）：刃幅 mm×軸長 mm）
（プラスドライバー（下）：刃先番号×軸長 mm）

表 5-1 マイナスドライバーの軸長と先端の関係（単位：mm）

軸長	50	75	100	125	150	200	250	300
先端刃幅	4.5	5.5	6	7	8	9	10	10
先端刃厚	0.6	0.7	0.8	0.9	1.0	1.1	1.2	1.2

（6×100 の表示があれば，刃幅が 6 mm で軸の長さが 100 mm ということを表している）

ラスドライバーの利点は，マイナスドライバーのように，ネジとドライバーとの両方の回転軸を一致させる必要がなく，ネジの溝にドライバー先端をはめると自然に一致してしまうこと．また，マイナスドライバーより大きい力に耐えられる構造となっている．
プラスドライバーのサイズ（図 5-3）は，マイナスドライバーと同様に軸の付け根から先端までの長さで表す．また，回すネジの大きさによって小さいほうから 0，1，2，3，4 番の呼び番号で呼ばれ，グリップや軸に No. で記入されていることが多い．最近では，ドライバーの軸の長さといっしょに 2×100（刃のサイズが No. 2 で軸の長さが 100 mm）などと表示してあることもある．最近では，ほとんどのネジはプラスになっており，プラスドライバーを使うことのほうが多い．

その他：ボルト・ナット用，六角穴付きボルト用，トルクスネジ用など，使う目的によっていろいろな種類の形状のものがある．その他，刃先に磁気を帯びて先端につけたネジが落ちにくいようにしたもの，刃先に焼き入れをして硬度をあげたもの，刃先にACR（アンチカムアウトリブ）というギザギザ加工をつけることで，カムアウト（力が外側に逃げて空回りすること）を防いでネジ溝をなめにくくしているもの（「ジョーズフィット」仕上げという加工名称で市販されているものもある），軸全体が硬質な合金工具鋼のものなどがある．

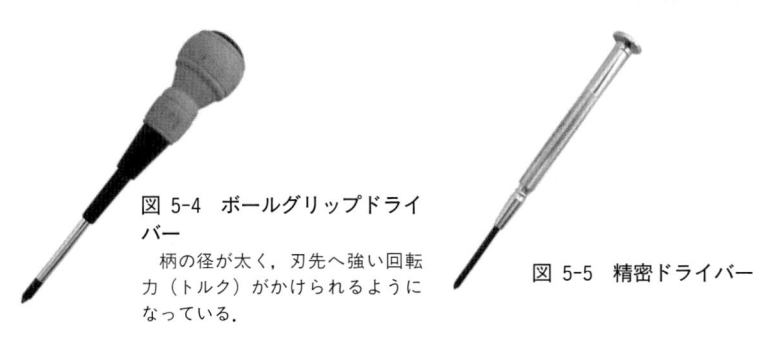

図 5-4　ボールグリップドライバー
　柄の径が太く，刃先へ強い回転力（トルク）がかけられるようになっている．

図 5-5　精密ドライバー

3．握り柄の種類

材質は，木製や樹脂製，ラバー製ソフトグリップなど．形状では，丸型，六角形，八角形，T字型，ピストル型，ボールグリップタイプ（図 5-4）など刃先に回す力が伝わりやすい工夫がされている．

4．形状・用途での種類

インパクトドライバー：ハンマーで叩くとその力が回転力として働く．おもに錆びたネジを緩めるときに使用．

精密ドライバー（図 5-5）：メガネなどに使われる細かいネジ用．上側に空転式のシャフトがついている．

スタビードライバー（図 5-6）：スタビーとは切り株のようなずんぐりとしたという意味で，狭い透き間でも使えるようにグリップや軸を短くしたタイプ．

ラチェットドライバー：ラチェット機構（ラチェットとは爪車という意味で，爪が歯車のストッパーとなって，一方向だけ回す力が伝わり，反対方向は空転する）により，ドライバーを握りかえることなく素早くネジ締めができる．また，締める（緩める）方向が左右に切り替えることができる．

差し替え式ドライバー（図 5-7）：軸部を差し替えることで，プラス，マイナスやさまざまな大きさのネジを回すことができるタイプ．

エアロビクスドライバー：ネジ頭のくずれたネジも回すことのできるタイプ．グリップエンドをハンマーで叩いて，ネジ溝に刃先を食い込ませて回す．

入手方法

日曜大工店やホームセンター，金物店，学校教材取り扱い店など．

プラスドライバー：一番使用頻度が高いのが No.2．最も多いネジ M3（径3mmのメートルネジ）〜M5に適合する．以下は頻度順に No.1 と No.3．構造でのタイプでは，一般的使用においては普通型で問題ない．形状は，力が入りやすいボールグリップタイ

図 5-6 スタビードライバー

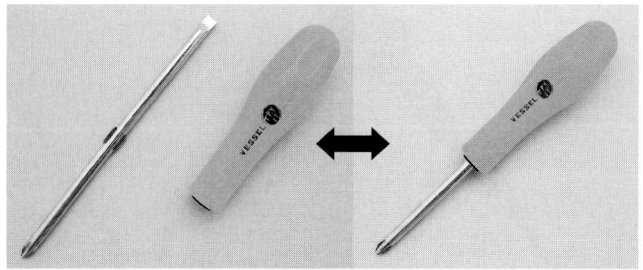

図 5-7 差し替え式ドライバー

プがお勧め.

　マイナスドライバー：マイナスネジは新しい製品には使われず，ネジも少なくなってきている．ただ 10 年以上前には，丁番や金具のネジとして多用されていた．以前に使用したネジをはずすのであれば，貫通タイプがお勧め．もし 1 本ならば 5.5 mm のものを，2 本ならば 3 mm を加え，3 本ならば 7 mm を加えるように揃えていくとよい．

　その他：マグネット付きは，特に奥まったネジには有効．軸の材質は焼き入れタイプか，クロムバナジウムなどの合金工具鋼が摩耗に対して丈夫．先端が黒いのでわかりやすい．グリップは，実際に持って，手にしっくりくるものを決める.

　価格は，一般的なプラス（マイナス）ドライバーで 300 円前後から．インパクトドライバーは 5,000 円前後から．精密ドライバーは 6 本組で 1,000 円前後から．差し替え式ドライバーは 400 円前後から．

使用方法

〔ネジに合ったドライバーを使う〕

　ネジ頭の溝にドライバーの刃先がぴったりとはまらないと，ネジ頭がくずれたり，ドライバーの刃先が傷み，回すことができなくなる．必ず溝に合うかどうかを確認してから使用する．具体的には，実際にネジにドライバーを差し込んで，すき間がないことを確認する．特にプラスネジの場合，ネジのサイズよりも小さいドライバーを使うと，中心だけに力がかかるためドライバーのネジ山をつぶしてしまいやすい．よって大きいサイズのものから使うとよい．ドライバーが穴よりも大きければ，ドライバーは入らない．ドライバーが入らなかったら，順次小さいものに取り替える．

〔ドライバーの使い方〕

　相手が硬い木や長いネジを使う場合は，ねじ込むネジの径より小さめの下穴をあける．次いで，指でネジを締まるところまで締める(右に回す)．次にドライバーの先端を差し込んで回す．ネジが緩いうちは柄を指先で回し，回転が重くなったところでドライバー

5 締める道具・工具

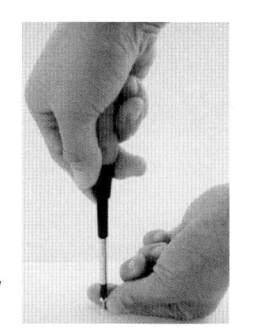

図 5-8 ドライバーの使い方
手掌部をグリップエンドに押しつけてドライバーを持ち，あいた手でネジを支えて垂直に保ち，押す力7割，回す力3割で回す．

を垂直に立て，手掌部をグリップエンドに押しつけて押す力7割，回す力を3割くらいのつもりで回す．押す力が弱いとネジ溝をナメてしまうことが多いので注意する（マイナスドライバーの場合はネジの中心とドライバーの軸の中心とを一致させることも重要）．このとき，あいた手でドライバーの刃先近くを支えると垂直にねじ込みやすい（図5-8）．最後の締め込みでは，ネジ溝をナメないように気をつける．もし，ネジ溝をナメたら溝の逆回転側が残っているうちに抜いて，新しいネジに置き換える．

　錆びて固いネジを緩める場合は，浸透性の潤滑剤（CRC 5-56など）を吹きつけてしばらく放置（油膜が浸透するまで2～3分）してから，貫通ドライバーやインパクトドライバーを試してみるとよい．

| 注意 |

　グリップ部は（一部の絶縁タイプ以外は）絶縁されていないため，電気が流れているものには絶対に使用しない．ドライバーをたがね（石を割ったり，金属を削るときに使用する工具．p.181の図7-20）やレバー，ハンマーの代わりに使用しない．

| 保管方法 |

　ドライバーは研いでも正確には形作れないため，先端を見て，傷みがひどいものや先端に適合するネジを差してみて大きくガタつくものは廃棄する．

2）充電式ドライバードリル

| 基礎知識 |

　ビットと呼ばれる先端工具を替えることで，ネジ締めと穴あけができる電動工具．コード式もあるが，充電式のコードレスタイプのほうが使い勝手もよい．穴あけにはドリルビットを使用〔2．穴をあける道具・工具（p.128）参照〕し，その他のアタッチメントやアクセサリーを用いて広範囲の用途に使用することもできる．ここでは，締める道具・

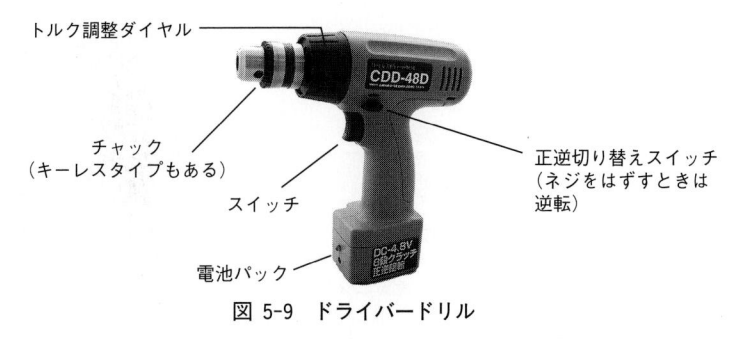

第Ⅱ章　よく使う道具・工具

図 5-9　ドライバードリル

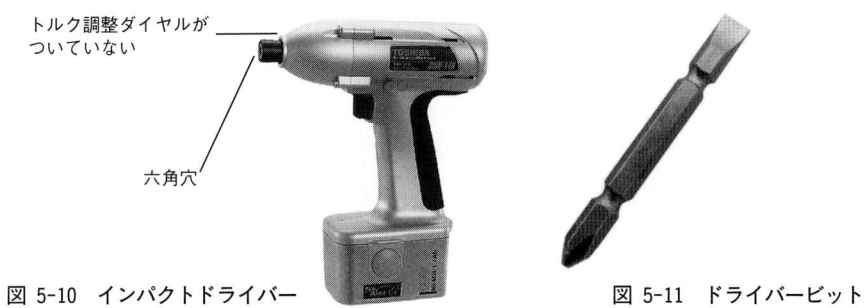

（トルク調整ダイヤル／チャック（キーレスタイプもある）／スイッチ／電池パック／正逆切り替えスイッチ（ネジをはずすときは逆転））

図 5-10　インパクトドライバー

（トルク調整ダイヤルがついていない／六角穴）

図 5-11　ドライバービット

工具としてのドライバー機能を中心に紹介する．ドライバードリル（図 5-9）のいちばんの特長は，目盛の数字が並んだトルク調整ダイヤル（トルククラッチ機構）．これをあらかじめ調節しておけば，設定以上の力がかかると，ビットが空転しネジの締めすぎを防止することができる．

▎種類▎

似た外観のものにインパクトドライバー（図 5-10）がある．これは打撃機構によって強力な締めつけができる反面，トルククラッチや速度調節機構がないために小さいネジの取り付けや締め加減の調節がきかない．間違って購入しないように気をつけよう．外観での違いは，チャックの先端穴が六角穴であることとトルク調整ダイヤルや変速スイッチがついていないことである．

▎入手方法▎

日曜大工店やホームセンター，学校教材取り扱い店で．

価格は 20,000 円前後から．ドライバードリルに装着する「ドライバービット（図 5-11）」を購入するときは，まず本体の「チャック径（能力）」を確かめる．径 10 mm のチャックが多いが，6.5, 13 mm のものもある．これはチャックに固定できるドライバービットの最大径を表している．ドライバービットには丸軸と六角軸があるが，両方とも使える

(インパクトドライバーは六角軸のみ)．プラスおよびマイナスビットでは，プラスビットのほうが使用頻度は高い．プラスビットはプラスネジのサイズに合わせてNo.1，2，3があり，No.2はその中でもよく使われる．

使用方法

1．ネジ締めする個所に下穴をあける．

割れやすい板には下穴をあける．径の目安は，ネジの太い部分の谷径（またはネジの太さの7～8割）．柔らかい板や，細いネジは板割れの恐れが少ないので下穴は不要．この場合は，ネジ締め位置が定まるように，最初に板にポンチングしておくとよい．

2．必要があれば材料をクランプなどで固定する．

3．適切なドライバービットを先端に固定する．

まずドライバービットを先端に差してチャックを手で締めてから，付属のチャックハンドルで3つの爪がしっかりビットをくわえるように締めつける．チャックがキーレスの場合は，ビットを差し込み，筒を回して締める．

4．一度スイッチを入れてドリルを回転させ，ビットがチャックの中心に固定されているか，適切なトルククラッチや回転方向（ネジを締めるには，レバーを正転）となっているかの確認，設定を行う．

締めすぎないように，最初はトルク調節ダイヤルを一番弱い目盛り「1」に合わせる(穴あけをするときには，目盛をドリルビットのマークに合わせる．このときクラッチは作動せずにモーターのトルクをフルにビットに伝えることができる)．

5．1.であけた下穴にネジを入れて，ビットをネジ頭に合わせる．

6．材に対するネジの角度を垂直にし，ゆっくりと回転をスタートして締める．「無段階変速」機能がついていると速度調節はスイッチで操作できる．車のアクセルと同じように指で引いたぶん，速度が上がるので，最初はゆっくり，ネジの頭を確実にビットにかませるようにして回転させる．

ネジが安定してきたら，本体の後ろに手を当てて押しつける．この力が弱いと，ビットがネジからずれてネジ頭の溝を傷めるもとになるのでしっかり押す(図5-12)．トルククラッチは，設定したトルク以上の回転負荷がかかると，モーターが空転する仕組みとなっている．モーターがカチカチと空転しはじめたら，ダイヤルを「2」，「3」，「4」と進ませ，ネジの頭を板表面に合わせる．また，切り替えて逆転にすれば，引き抜きも可能．

鋼板へのネジ締めの場合，締め加減が問題となる．木材なら，めり込み具合が目安となるが，鋼板にはそういった現象がなく，ねじり切りやすい．本締めは，ドライバーを使って手で締めるのがいちばん確実．

第Ⅱ章　よく使う道具・工具

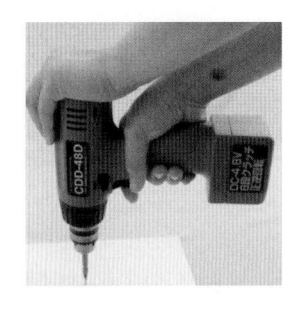

図 5-12　ドライバードリルを使用してのネジ締め
ネジが安定してきたら，本体の後ろに手を当てて押しつけてネジ締めする．

保管方法

　バッテリーを長持ちさせるためには，バッテリーを使い切ってから充電するのがコツ．バッテリーの多くはニカド電池かニッケル水素電池であるため，継ぎ足し充電を繰り返すと，駆動するときの電圧が一時的に低下する（メモリー効果）ことによって，通常より使用時間が短くなる場合がある．

3）レンチ・スパナ

基礎知識

　レンチとスパナは，ともに六角ボルトやナットを締めたり緩めたりする工具．レンチは米国式の呼び方で，スパナは英国式の呼び方．日本では，口が開いたタイプ（オープンエンドレンチ）をスパナと呼び，その他のタイプはレンチと呼ぶことが多い．ボルトやナットをペンチやプライヤーなどで挟みつけて回すと，六角頭の角がつぶれてしまい，あとで使えなくなってしまうこともあるため，径の合ったレンチやスパナを使うようにする．

種類と使用方法

　用途や作業状況に合わせたさまざまな種類がある．ここでは，一般に使用頻度が高いものを紹介する．
　スパナ：ボルトやナットの二面幅（平行になっている2面）を2カ所でくわえて回す工具．単にスパナと呼ぶ場合は，両口スパナ（図5-13）を指すことが多い．両口スパナは，サイズの異なる口径部が両端についており，2種類のサイズのボルトやナットを回すことができる．標準的な口の角度は，狭い場所で作業できるように柄の中心線に対して約15°傾いている．その他，片方だけに口をもった片口スパナや比較的小さなボルトやナットを狭い空間で作業するのに適したイグニッションスパナ（一方の口の角度は15°

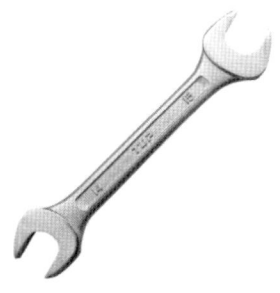

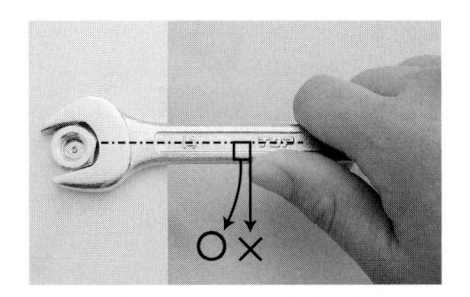

図 5-13　両口スパナ　　　図 5-14　スパナの使用方法

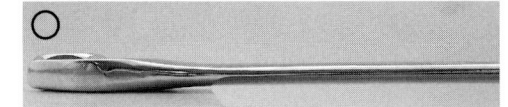

図 5-15　ナットへ斜めにかけない

だが，もう一方は 60°と大きく曲がっている）などの種類がある．

スパナは端が開いた形状であるため，ボルトやナットの横から差し込むことができ，狭い場所でも使いやすい．ただ口が開いているために強度的には不利で，雑に使うとボルトやナットからはずれやすいので注意する．スパナの呼びサイズは口径の二面幅寸法（mm）で表し，例えば二面幅 10 mm と 12 mm のボルトやナットを回せる両口スパナは 10×12 と表す．

使用方法

1．ボルトやナットの二面幅に合った口径のスパナを選ぶ（透き間があると，ボルトやナットの六角部の角がつぶれて滑ったり，はずれやすくなる）．

2．ボルトやナットは，はじめに手で締められるだけ締めてから，開口部に深くくわえる（図 5-14）〔先のほうだけでくわえるとはずれやすい．また，スパナをボルトやナットに対して斜めにかけるとボルトやナットの角を痛めやすいので平行にかける（図 5-15）〕．

3．スパナがボルトやナットから離れないように，円の内側へ引きつけて回す（図 5-14）．接線方向に引っぱると，スパナがはずれやすくボルトやナットをナメやすくなる．途中でハンドルが障害物に当たる場合や狭い場所では，一般的なスパナは口径が柄に対して 15°の角度があるため，これを裏表交互に使うことで，送り角 30°と，半分の角度で振り角度が稼げる（図 5-16）．

なお，ネジが固く締まって緩まないときには，ネジの部分に潤滑油を十分に浸透さ

第Ⅱ章　よく使う道具・工具

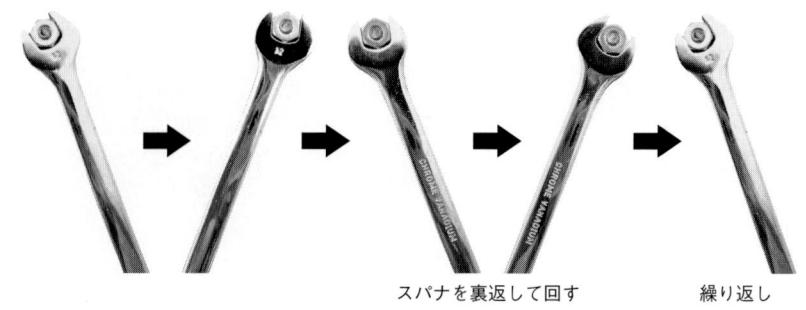

　　　　　　　　　　　　　　　スパナを裏返して回す　　　　　　繰り返し
　　　　　図 5-16　狭い場所では，裏表交互に使う．

せてから行うと緩みやすい．

注意
・パイプなどを継ぎ足して使用しない．
・ハンマー代わりやハンマーなどで叩いて衝撃を加えない．
・スパナを継ぎ足して使わない．

　めがねレンチ：めがねレンチは，くわえる部分（頭部）が環状になったタイプでオフセットレンチあるいはリングレンチとも呼ばれる．スパナがボルトやナットを2点でとらえるのに対し，めがねレンチは頭部が12角（二重六角）形状となっているため，振れ角30°ごとにかみ合い，6点でとらえてボルトやナットを回すことができる．また，リング形状のために頭部がボルトやナットからはずれにくいために，スパナより強力に締めつけることができ，ボルトやナットをナメる心配もない．

　めがねレンチの呼び（サイズ）はスパナと同様，口径の二面幅寸法（mm）で表す．例えば，二面幅10 mmと12 mmのボルトやナットを回せる両口めがねレンチは10×12で表す．二面幅寸法はミリメートル式のほかにインチ式のものも市販されているが，日本ではインチ表示をしていないため，呼び記号として表している．例えば，1/2インチの二面幅のものは単に1/2と表す．グリップと頭部には，ボルトやナット周囲の障害物を避けるために，立ち上がり角度という角度がつけられており，15°が一般的（そのほか0°や75°のものなどもある）．

　めがねレンチの形状では，柄の両端に異なる寸法の口があり，ちょうどめがねのような形をしているものを両口めがねレンチ（図5-17），柄の片側のみに口がついているものを片口めがねレンチという．その他にもさまざまなタイプがある．シノ付きめがねレンチは取り付けめがねレンチとも呼ばれ，60°片口めがねレンチの柄尻をシノ（円錐状）にしたもので，シノはボルトの穴合わせや番線を結ぶときやバールにも使用できる．ラ

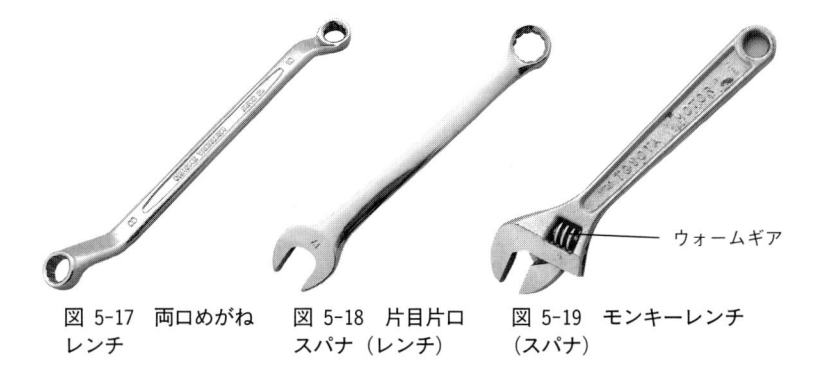

図 5-17　両口めがねレンチ　　図 5-18　片目片口スパナ（レンチ）　　図 5-19　モンキーレンチ（スパナ）

ウォームギア

チェットめがねレンチは，頭部にラチェット機構を組み込んだもので，レンチをはずすことなく往復操作で連続して手早くボルトやナットを回すことができる．

使用方法

1．相手のボルトやナットの二面幅に合った口径のめがねレンチを選ぶ（透き間があると，ボルトやナットの六角部がつぶれ，滑ったりはずれやすいため危険）．

2．ボルトやナットに上側からかぶせるように深く差して回す．

片目片口スパナ（レンチ）（図 5-18）：コンビネーションスパナ（レンチ）とも呼ばれる．片側にめがねレンチ，もう一方に同サイズのスパナがついたもので，スパナ側で早回し，めがねレンチ側で本締めができる工具．グリップ部に回せるボルトやナットのサイズが表示されており，ボルトやナットの二面幅に合わせて選ぶ．二面幅寸法の呼びで5.5〜55 mm までの 32 種類があり，形状は両口とも傾きが 15°が標準的．使用方法は，スパナとめがねレンチの項を参照．

モンキーレンチ（スパナ）（図 5-19）：ウォームギアで下あごを動かし，口径部を無段階に調整することで，ボルトやナットの大きさに合わせることのできるレンチ．口の傾き角度は，15°と 26°のものがある．モンキーレンチの呼び寸法は全長で表し，グリップ部に表示されている．モンキーレンチの名前の由来は，頭部が猿の頭のような形をしているからという説が有力．英語での俗称もモンキーレンチだが，正しくはアジャスタブルレンチ（Adjustable wrench）といい，口の開きを調整できるレンチという意味．下アゴはボルトやナットの保持が不確実なため本来は補助的な工具．しかし，1 本あると便利な工具．

使用方法

モンキーレンチの使い方は，口径部を調節する以外は基本的にスパナの使い方と同じ．

1．ウォームギアを回して口径を広げ，ボルトやナットを深くくわえてから，上あ

第Ⅱ章　よく使う道具・工具

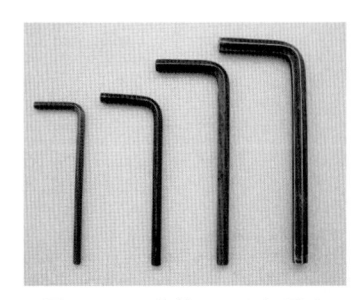

図 5-20　六角棒レンチ（L 型タイプ）　　図 5-21　六角棒レンチ（ナイフタイプ）　　図 5-22　六角棒レンチ（ボールポイントタイプ）

この面をボルトやナットにピッタリつけた状態でウォームギアが回らなくなるまで下あごを寄せる（先端部はわずかに狭いため、あごの先端で合わすと緩む．そのため必ずボルトやナットは深くくわえてから口径部を調整する）．

　2．モンキーレンチの頭部を上下方向に動かしてみて、ガタがないことを確認してから、下あご方向に回す（上あご方向へ回すと下あごに無理な力がかかり、破損の原因となる．また、ボルトやナットを少し押しつけるようにして回すとはずれにくい）．

六角棒レンチ：六角穴があいているネジを回す六角棒の形をしたレンチ．一般的なのはL型タイプ（図 5-20）．その他、T型タイプは、ハンドルを両手で持って回すタイプ．ドライバータイプは、ドライバーの先端に六角棒が付いた形状．ナイフタイプ（図 5-21）は、サイズの違うレンチが何種類も折りたたみナイフ状にセットされたもので必要なサイズを引き出して使う．その他、ソケットタイプもある．

先端形状の種類では、普通タイプのほかにボールポイントタイプ（図 5-22）がある．普通タイプは、ボルトの軸方向からまっすぐに入れないと差し込めないが、ボールポイントタイプは、先端に加工が施してあり、ややラフな角度（約 30°）を付けても差し込んで回すことができ早回しに便利．ただし、ボールポイントの部分は細くなっており（断面積比約 1/2）、限界トルクは必然的に小さい．そのため、力の入れすぎに注意する．その他、機械締めでもビットがはずれにくい六角の星形溝をもったトルクスネジのタイプもある．

使用方法

　1．六角寸法に合ったレンチを選ぶ（透き間があるとボルトやレンチの角部が摩耗し、レンチが滑るので危険）．

　2．L型の棒レンチでネジを締めるときは、まず長手側を差して短いほうを持って

図 5-23 六角棒レンチの使用例

早回ししてから，最後の締めつけは，短手側を差し長いほうを持って締める（図5-23）．このとき，六角穴の奥まで完全に差し込んで，押しつけながら回す（完全に入らない状態で力を入れすぎると，レンチがはずれることがあるため注意する）．

注意 パイプなどを継ぎ足して使用しない（オーバートルクで破損の恐れがあり危険）．

入手方法

日曜大工店やホームセンター，学校教材取り扱い店など．

スパナ・レンチで，どのタイプとサイズを揃えるかは，どのようなものを製作するか？取り扱うか？ によって変わってくる．モンキーレンチは，補助的な道具だが，1本あると便利．次に揃えるなら，狭い所でも自由なスパナと確実に回せるめがねレンチが兼用できる片目片口スパナ（レンチ）がお勧め．サイズ揃えはセットが確実で，それで足りないサイズがあれば買い足す．19 mm は車いすの車軸に使われる．六角棒レンチでは，使う頻度が高いのは 3 mm と 6 mm あたり．セットで買うとよい．しかし，小さな六角棒レンチをバラで持っていると紛失しがち．紛失しないことを優先すればカギ束式のセットがお勧めだが，束から取りはずせないので操作が煩わしい．その他，簡易なスパナや六角棒レンチは，機械器具や組み立て式の家具などに付属してくることがあるので，捨てないでとっておくと意外と間に合う．

価格は，両口スパナの 6 本セットで 3,000 円前後から．両口めがねレンチの 6 本セットで 10,000 円前後から．片目片口スパナ（レンチ）10 本セットで 10,000 円前後から．モンキーレンチは，2,000 円前後から．六角棒レンチは，10 本セットで 1,000 円前後から．

6 つかむ道具・工具

　ここで紹介するのは，手の代わりに材料を保持するための手工具．なお，ペンチについては，〔1．切る道具・工具（p. 107）〕を参照いただきたい．

1）プライヤー

基礎知識

　プライヤーは，ハサミ式にものをつかんで保持したり，回したりするときに用いる工具の総称．ペンチもサイド・カッティング・プライヤーとも呼ばれ，プライヤーの仲間〔1．切る道具・工具（p. 107）参照〕．ペンチとの違いは，より大きな開口幅と材料を確実に保持するためのギザギザ付きのあご（＝ジョー）．あごは，開口幅を稼ぐために移動できるタイプが多い．

種類

　コンビネーションプライヤー（図6-1）：代表的なプライヤー．可動式の軸部を動かしあご幅（つかむ部分）を1段階広げることで，太いものや厚いものもつかめる．また，あごの奥にある金切りバサミ状の刃で，細目の針金を切ることもできる．

　注意 ボルト，ナットを回すときには，軸部を動かし，握り幅を狭くして両手で強く握る．握る力を緩めると，てきめんにナットをナメてしまうので注意する．また，傷が付いては困るナットには皮革などを当てておくとよい．

　ウォーターポンププライヤー（図6-2）：ポンプの大型ナットの着脱に使うことからこの名前がついている．あご部が本体に対し鎌のように曲がっており，狭い場所での作業に適した形となっている．あごの開きは軸の移動で5〜6段階程度変えられる．

　バイスプライヤー（図6-3）：バイス（＝万力）プライヤー（＝ものをつかむ道具）．つまり，（自由な開度位置で）ものをくわえたまま固定できる工具．別名はロッキングプライヤーまたはグリッププライヤー．通常のプライヤーは握っている手を放すとものを

図 6-1　コンビネーションプライヤー

図 6-2　ウォーターポンププライヤー

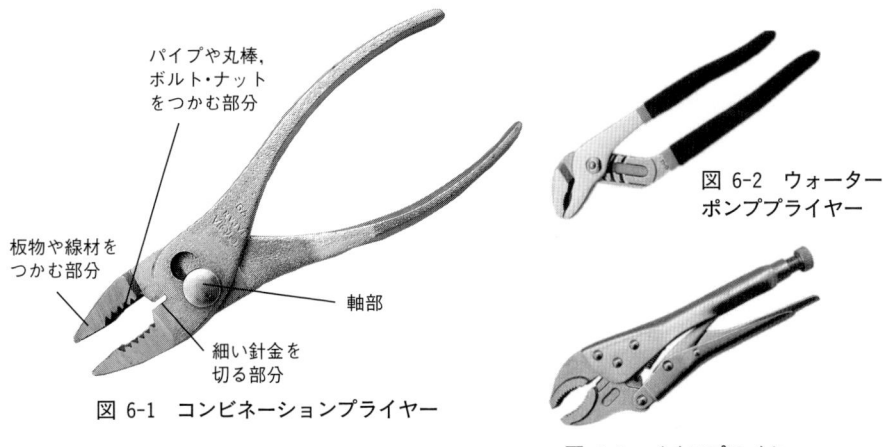

図 6-3　バイスプライヤー

保持できないが，バイスプライヤーならつかんだ状態を保つことができる．そのため，ものをつかむ，引っ張る，曲げる，ねじる，回すなど，あらゆる作業に使うことができる．例えば，パイプに取り付ければ回転ハンドル，小物のグラインダーがけの保持，ナメたボルト・ナットの取りはずし，熱くて手でつかめない材料の保持など，アイデア次第でさまざまな用途に使える．ジョー（上あご・下あご）の形は，丸いタイプが基本で，その他用途別にストレート型，カーブ型などがある．

■入手方法

日曜大工店やホームセンター，学校教材取り扱い店など．

バイスプライヤーの操作しやすいサイズとしては全長 200 mm 程度．ロック解除レバーの操作方向は，製品によって外側と内側があるため注意する．特に 2 本以上持つときは，どちらかに揃えないと操作を間違えやすい．

価格は，コンビネーションプライヤーは全長 150 mm サイズで 1,000 円前後から．ウォーターポンププライヤーは全長 255 mm，最大開口幅 41 mm で 1,500 円前後から．バイスプライヤーは全長 230 mm，最大開口幅 45 mm で 1,500 円前後から．

■使用方法

コンビネーションプライヤー

・柄の端のほうを握るようにすると力が入りやすい．逆に，柄の軸側を握ると，力が入らないばかりでなく，指を挟むこともあるので注意する．

・材料をくわえて広がりすぎたプライヤーは，軸を移動して力を入れやすい握り幅に調節する（図 6-4）．

第Ⅱ章　よく使う道具・工具

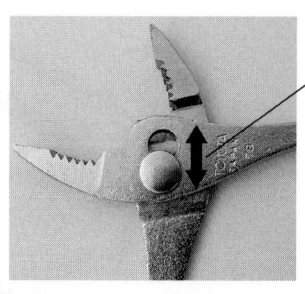

ハンドルを90°に開いて軸を移動する

図 6-4　軸の移動による握り幅の調節

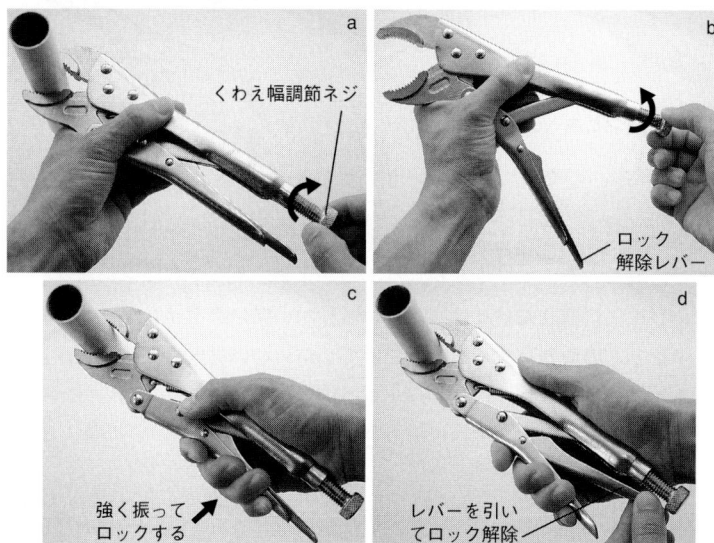

a：くわえ幅調節ネジを回して，材料をくわえる程度の開口幅に調整する．
b：ロック解除レバーを引いて口を開き，くわえ幅調節ネジを1回転ほど締める．
c：材料をくわえてハンドルを強く握りロックする．
d：作業後は，ロック解除レバーを引いて材料を解放する．

図 6-5　バイスプライヤーの操作

バイスプライヤー（図6-5）

1．ハンドルを閉じた状態で，くわえ幅調節ネジを回して材料を軽くくわえる程度の開口幅に調整する．

2．ロック解除レバーを引いて口を開き，くわえ幅調節ネジを半回転から1回転ほど締める（ロック解除レバーの操作方向は製品によって異なる）．

3．材料をくわえてハンドルを強く握り，カチッという音がしたらロック完了．

4．作業後は，ロック解除レバーを引いて材料を解放する．

※より強く締めつける場合は，2．3．を繰り返して調整する．

図 6-6　ヤットコ

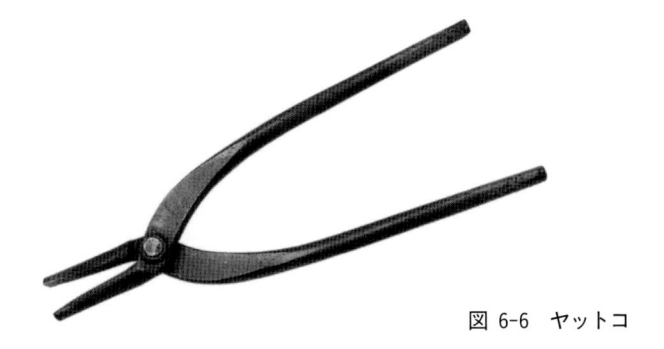

※握り幅を調節ネジで狭めに調節してロックが効かない範囲で使えば，コンビネーションプライヤーとほぼ同じ機能になる．

> 保管方法

　油などで汚れた場合は，次に使う材料を汚さないようにギザギザ部分を掃除しておく．コンビネーションプライヤーやウォーターポンププライヤーの軸には注油の必要はない．バイスプライヤーの機構部分（特に後端にあるくわえ幅調節ネジ）には注油が必要．

2）ヤットコ

> 基礎知識

　「やっとこ」「やっとこばさみ」などとも表される．もともとは鍛冶屋で赤く熱した鉄を炉からつかんで取り出すときに使う工具．そのため，刃はなく保持が主な用途．その他，金属を曲げるなどの作業にも使用される．

> 種類

　材料をつかむ部分の一般的な形状は，ギザギザはついておらず平らになっており，その断面形状は平らな形の「平口」，または半丸状の「丸口」（図6-6）．工芸用では，先細りなどの特殊な先端形状のものもある．

> 入手方法

　日曜大工店やホームセンター，学校教材取り扱い店など．
　価格は，全長150 mmサイズで600円前後から．

7 固定する道具・工具

　工作で材料を固定する作業場面は多い．材料を適切に固定すると，まっすぐ切りやすく，そのまま切断面をサンドペーパーで研磨しやすいなど，作業効率や作業の精度も上がりやすい．また，少し危険な作業も固定して行えば，安全に行うことができる．その他，材料を接着剤で貼り合わせるときにも使うことができる．ここでは，その代表としてバイス（万力）やクランプを紹介する．

　その他，直接材料を挟んで固定はしないが，リベットやカシメ作業時にハンマーや金槌で打つ材料の裏側に当てて固定する金床や当て金についても紹介する．

1）バイス（万力）

基礎知識

　バイスは万力とも呼ばれ，一般に作業台に据え付けて材料を固定する器具．目的とする用途や作業によって多くの種類があり，以下に代表的な種類を紹介する．サイズは，口金（挟む部分）の長さ（幅）で表す．

種類

　バイスは，金工用と木工用に大別される．

［金工バイス］

　リードバイス（図7-1）：金工バイスの代表．四角い胴体を作業台にボルトで固定する大型バイス．材料の鋼板を力いっぱい打つ加工にも耐えられる頑丈さと強い保持力を備えている．開け閉めはハンドルを回し，金属製の口金で材料を保持する．挟む材料を傷つけたくない場合には，材料と口金の間に当て木などを挟むとよい．

　クランプ型の金工バイス（図7-2）：リードバイスよりも小型の金工バイスで，作業台への取りはずしが可能なタイプ．

7 固定する道具・工具

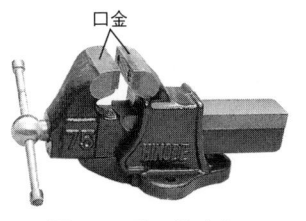

図 7-1 リードバイス

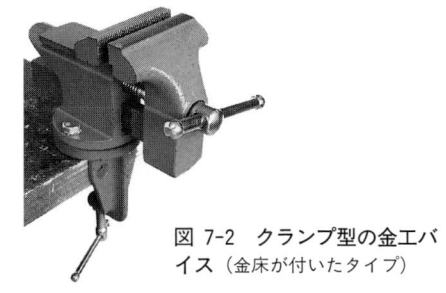

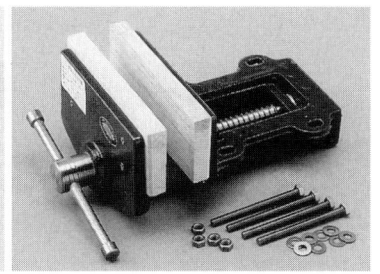

図 7-2 クランプ型の金工バイス（金床が付いたタイプ）

図 7-3 木工バイス（左：台上型，右：台下型）
ボルト，ナット，平ワッシャーで据え付ける．

[木工バイス]

　木工バイスの特徴は，木材をひと削りしては向きを変えるなどの作業時に早締めができる構造と，固定した木材やカンナなどの刃を傷めないように口金（締め板）が木製で幅広となっていること．頑丈さはリードバイスほどはないため，鋼板曲げなどの大きな負荷には不向き．また，材料を端にくわえるとバイスが変形するため必ず中央で固定する．

　木工バイスの据え付け方式には，台上型（図 7-3 左）と台下型（図 7-3 右）があり，台下型は本体と口金が作業台の上に出ないので，作業台を広く使うことができる．

▶入手方法

日曜大工店やホームセンター，学校教材取り扱い店など．

　入手するときの大きな選択肢には，金工用と木工用の 2 つが考えられる．木工バイスだと金属の加工には強度不足．両方の作業をこなすなら，兼用できる金工用のバイスがおすすめ．リードバイスにするかクランプ式の金工バイスにするかは，作業スペースの問題．金工用のリードバイスは口金幅 100 mm，木工バイスは 160 mm ほどが一般的で，ともに開口幅は 100〜125 mm 程度．口金長さも開口幅も，大きいほど使いやすいので，予算やスペースが許す限り大きいものを揃える．

第Ⅱ章　よく使う道具・工具

図 7-4　バイスの据え付け場所
（利き手が右手の場合）

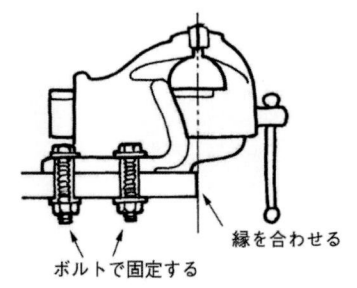

図 7-5　リードバイスの据え付け

ボルトで固定する　　縁を合わせる

価格は，リードバイスは口幅 100 mm で 18,000 円前後から．クランプ型の金工バイスは口幅 75 mm で 3,000 円程度から．木工用バイスは，台上型で口幅 150 mm 口の開き 120 mm で 14,000 円前後．台下型で口幅 180 mm 口の開き 120 mm で 13,000 円前後．クランプ式の台上型で口幅 150 mm 口の開き 125 mm 重量 3.0 kg で 5,000 円前後．早締め式の木工バイスは，台上型・台下型ともに口幅 200 mm 口の開き 195 mm で 44,000 円前後．

使用方法

1．バイスの据え付け

バイスは，据え付ける場所によって使い勝手が変わってくる．作業台全体が使いやすくなるように注意して据え付ける．利き手が右手の場合のバイスの据え付け場所は，作業台の右端．ここならノコ挽きによる切り落とし作業でも邪魔にならず，ヤスリがけなどの作業も右横からのアプローチで行える（図 7-4）．

リードバイスの据え付け：長い棒を下に垂らして固定しても作業台に当たらないように，バイス本体側の口金の前端を作業台の縁に合わせる（図 7-5）．取り付けは通しボルトにし，必ず平ワッシャーを入れて締めつける．バイスを押してみて，揺れが大きいときには厚板を天板の下面に取り付けるなどの補強が必要．

木工バイスの据え付け：台上型は，リードバイスと同じ方法で据え付ける．台下型の口金（締め板）の上端は，作業台天板と同一面となるように取り付け面に板を挟んで調節する．作業台に固定するときには，天板にボルト頭が出ないように，ボルト頭径よりも大きめの穴をあけて埋め込む．

2．バイスの締めつけ

バイスの締めつけは，手の力だけで締めつける．ハンマーでハンドルを叩いたり，ハンドルにパイプをつけて締めつけると，バイスを締めすぎてバイスの変形・破損・故障

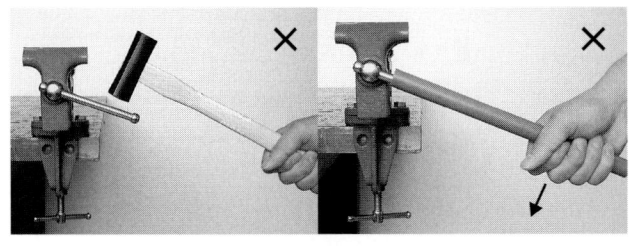

図 7-6　バイスの誤った締めつけ方　　図 7-7　C(型)クランプ

の原因となるため注意する（図7-6）．
　金工用のバイスに木材を固定する場合は，木材に口金の傷がつかないように当て木などに挟んで固定するか，両面テープで口金に当て木を貼るとよい．

保管方法

　バイスの動きが悪くなったら注油する．作業中にガタつくようであれば，ボルトやクランプを締め直す．リードバイスの口金に深い傷や歪みがあれば，はずして交換する（口金は，店に注文すれば入手可能．ただし，メーカーによっては取り寄せできない場合がある）．
　木工バイスの締め板（口金）が破損した場合は自作する．材料には，滑りにくいケヤキやラワン，ヒノキ，パインなどを使用する．割れやすいスギやケバ立ちやすいベニヤ合板は不向き．閉じた口に透き間があるときは，締め板を削って合わせる．また，傷がつきやすい材料や滑りやすい材料の保持用に，皮革，発泡ポリエチレンや硬質発泡ウレタン，ゴム板，各種滑り止めシートなどを近くに常備しておくとよい．

2）クランプ

基礎知識

　作業台に据え付けて材料を固定するバイスに対して，クランプは作業台に据え付けずに締めつけて固定・保持する手工具．サイズは最大開口時の開口幅で呼ぶ．

種類

　クランプは，締めつけ機構の違いや用途などによりいくつかの種類がある．以下に代表的な種類を紹介する．
　C(型)クランプ（図7-7）：比較的，安価なタイプ．固定は確実だが，最初から最後までネジを回して使うため，作業に手間がかかるのが難点．金工用の鋳造タイプは，頑丈

第Ⅱ章　よく使う道具・工具

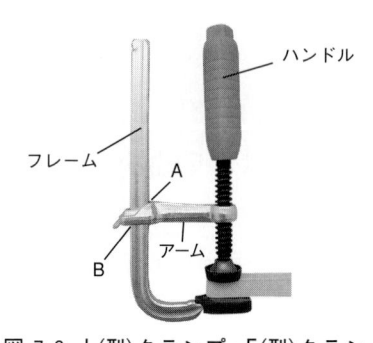

図 7-8　L(型)クランプ・F(型)クランプ・スライディングクランプ
ハンドルを回して締め込むと，アームとフレームのA・B部に接点が生じ，アームはその位置に固定される．

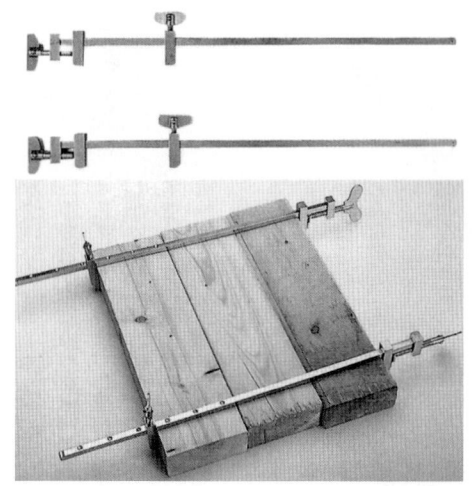

図 7-9　ハタガネ

でシャコ万力（クランプ）とも呼ばれる．Cクランプの取り付けは，ハンドルを上にすると鋸引きなどの邪魔となるため，ハンドルは下にして取り付ける．

L(型)クランプ，F(型)クランプ，スライディングクランプ（図7-8）：おもに木工用のクランプで，作業が簡単で素早くできるのが特長．ハンドル付きのアームをスライドさせて，材料に当てたらハンドルを回して締め込んで固定する．フレームの形からL(型)クランプ，フレームとアームの形からF(型)クランプ，アームをスライドさせて固定することからスライディングクランプなどと呼ばれる．板を作業台に固定して切断，研磨などの作業を行うときや，材料同士の固定に使われる．

固定をはずすときはグリップを回して緩めるか，アームのフレーム側の端に突起のある製品では，突起をハンマーで叩いても解除できる．材料を挟む開口部の幅は，厚みに応じて120〜500 mmくらいまでと幅広い．材料を傷から守るパッド付きや，またハンドルの端がバーハンドル付き，スパナ用の四角頭付きになっているものなどもある．

ハタガネ（図7-9）：寺の本堂に飾ってある細長い旗を支える支柱に似ていることから，旗金（ハタガネ）と呼ばれる．板を接着剤で貼り合わせるときのクランプ．接着剤が硬化する間，板を締めつけ圧着固定用に使う．叩く作業には使わない．

コーナークランプ（図7-10）：額縁や枠の角を固定するクランプ．4つの角を直角の状態で接着したり，固定した状態で難しい角への釘打ちをしやすくしたりする．一般的なコーナークランプは各隅を固定するために4つ必要だが，ベルトを伸縮させることによりさまざまな形に固定することのできるマルチコーナー（フレーム）クランプ（図7-11）

7 固定する道具・工具

図 7-10 コーナークランプ

図 7-12 バネ(スプリング)クランプ

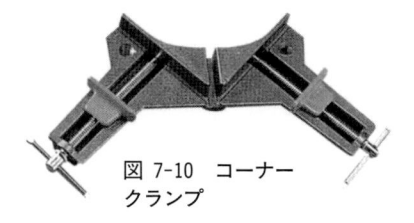

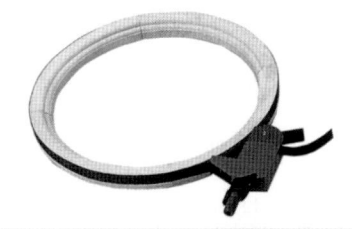

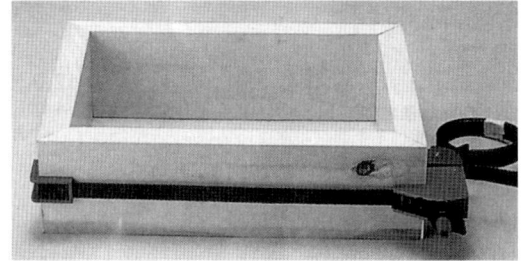

図 7-11 マルチコーナー（フレーム）クランプ

もある．

バネ（スプリング）クランプ（図7-12）：洗濯バサミのようなクリップ型のクランプ．他のクランプでは固定しにくい丸いものを挟んだり，狭い場所での固定や，薄板の保持，材料同士を接着剤で固定するときなどに使われる．開口幅が狭いため，厚みのある材料は固定できない．

▶ 入手方法 ◀

日曜大工店やホームセンター，学校教材取り扱い店など．

安価なCクランプばかりを揃えると，クランプ作業は面倒になりがち．Cクランプのほかに手早く作業ができるLクランプを2本ほど揃えるとよい．

価格は，Cクランプは最大開口幅50 mmサイズで400円前後から．Lクランプは最大開口幅200 mmサイズで2,700円前後から．ハタガネは最大開口幅300 mmサイズ2本一組で1,000円前後から．コーナークランプは最大開口幅75 mmサイズで1,000円前後から．フレームクランプはベルト幅14 mm長さ4 mで3,000円前後から．バネ（スプリング）クランプは最大開口幅30 mmサイズ4個組で700円前後から．

▶ 使用方法 ◀

作業台に板を固定する場合では，台の角に板を置いて2または3カ所を締める．クランプの固定位置は墨線や道具の通り道を避け，板に傷がつく心配がある場合は当て木をかませる．〔コラム：まっすぐ切るためには？　(2)適切な材料の固定 (p.205)〕も参照．

第Ⅱ章　よく使う道具・工具

図 7-13　鋳造金床（つの床）

図 7-14　レール（金）床

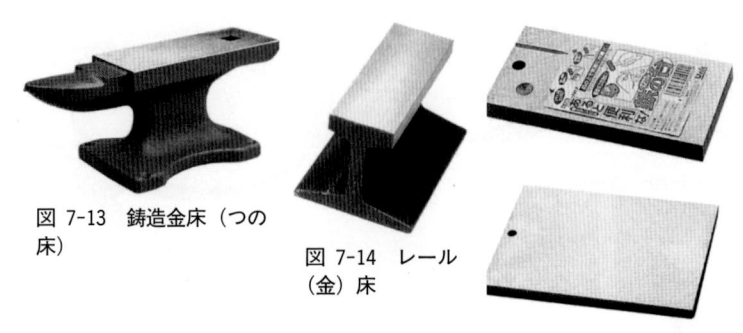

図 7-15　卓上アンビル
板状の金床で，底面にクッションラバーが貼ってある．

3）金床・当て金

基礎知識・種類

　金床とは，ハンマーや金槌で打つときに反動を受け止める重い鉄製の台で，アンビルとも呼ばれる．釘やリベットの頭をつぶしたり，金属板や太い針金を曲げたり，カシメの接合時などに使用する．金床が大きい（重い）ほど慣性質量も大きく（反動を受け止めやすく）なり，ハンマーや金槌の打撃力が効き，加工作業やその際の力加減もしやすくなる．

［金床の種類］

　鋳造金床（つの床）（図7-13）：平面と曲面をもったタイプで，各サイズ相似形．

　レール（金）床（図7-14）：レールを切った形のもので，レールの長さで大きさを表す．

　卓上アンビル（図7-15）：板状の金床で，底面にクッションラバーが貼ってあり，滑らずテーブル面を傷つけない．

　当て金は，金床の金属面に当てることができないような曲面部分などを加工する際に使用される金床で，加工したい部分だけに当てることができるように頭がさまざまな形状となっている．共通の形状としては，台座はなく，ならし台と呼ばれる木ウスに差して固定できるように先細りとなっている（図7-16）．

［当て金の種類］

　坊主（当て金）床（図7-17）：坊主頭の形状で鋼板をボウル状の球面に打ち出すときなどに使用される．

　への字（当て金）金床（図7-18）：奥まで届く形状にしたもので，木ウスに設けた大きな角穴に差し，クサビや詰め物で当て金の角度を調節する．

7 固定する道具・工具

図 7-16 ならし台
当て金を差して固定する木ウス．

図 7-17 坊主（当て金）床

図 7-18 への字（当て金）金床

図 7-19 T字（当て金）床

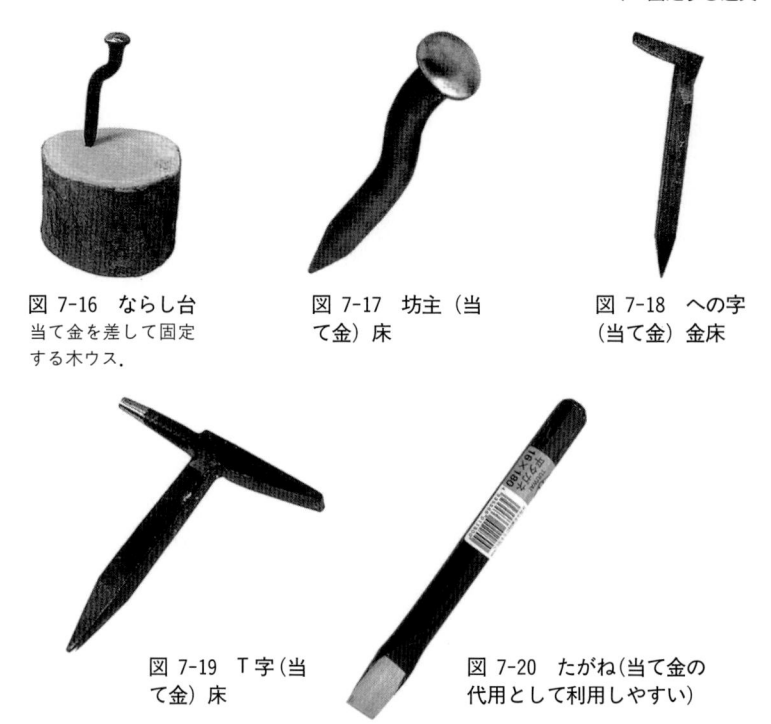

図 7-20 たがね（当て金の代用として利用しやすい）

T字（当て金）床（図7-19）：T字の横棒部分を円筒状の鋼板に差し入れ，リベットやポンチを打つときなどに使用する．

その他：たがね（図7-20）をバイス（万力）に固定してリベットやカシメによる接合の際に利用する方法もある〔第Ⅰ章 固定（接合）材料．図5-20（p. 53）参照〕．

入手方法

日曜大工店やホームセンターでは，金床はあっても当て金は扱っていないことが多い．確実に入手するなら学校教材取り扱い店で．

価格は，鋳造金床（つの床）は約2 kgで2,400円程度．約3 kgで3,500円程度．レール（金）床は100 mmサイズで3,000円程度．150 mmで5,000円程度．卓上アンビル（鉄の台）は130×65×12 mm（800 g）で1,200円程度．180×130×12 mm（1,800 g）で2,300円程度．坊主（当て金）床は中サイズで6,000円前後．への字（当て金）金床は長さ240 mmで14,300円程度．T字（当て金）床は150 mmサイズで9,000円程度．たがねは，頭部分の径16 mmサイズで700円前後と安価で日曜大工店でも入手可能であり，当て金の代用品として利用しやすい．

8 測る道具・工具

　正確な測定はあらゆる加工の基本．ここでは寸法を測ったり，加工のための線を引く道具を紹介する．なお，加工（鋸引きなど）のために引く線のことを「墨付け」や「ケガキ」と表すこともある．墨付けは，鉛筆や油性ペンで加工のための線を引くことでその線を墨線という．ケガキとは，鋼板などに専用の針や刃物でひっかいて線を引くことでその線をケガキ線という．これらの用語は，本文中にときどき出てくるので慣れておこう．

1）サシガネ

■基礎知識■

　指金・尺金・差し金（サシガネ）は，曲尺（カネジャク，マガリガネ），墨金（スミガネ）などとも呼ばれる日本の伝統的な直角定規とモノサシを一緒にしたL形の定規．以下，サシガネの基本形である大工用サシガネを中心に解説する．

　1．構造と名称

　L字型の長いほうを長手（ながて），短いほうを妻手（つまて）といい，両者が交わる角を矩手（かねて）と呼ぶ（図8-1）．妻手は長手の1/2の長さになっている．サシガネの幅は15 mmに規格化されており，これは，ふすまの敷居の溝やホゾ（木材などを接合する際に，一方の材にあけた穴にはめこむため，他方の材の端につくった突起），ホゾ穴を15 mmやその倍数にすることが多く，木工の基本単位となっているため．

　サシガネの断面は，中央部分が少し窪んだ構造になっており，このへこみをサワ（沢）という．重量の軽減になっているほかに，左手で長手を持つときに母指で押さえやすく，墨付けの際に，材料と密着させたサシガネとの間に，墨汁が吸い込まれて手が汚れないよう工夫されている．直角部分の角（矩手）は直角の精度を保つために厚くしてある．

　長手を持って，妻手を右に向けた状態を「表」また表にある目盛りを「表目」といい，

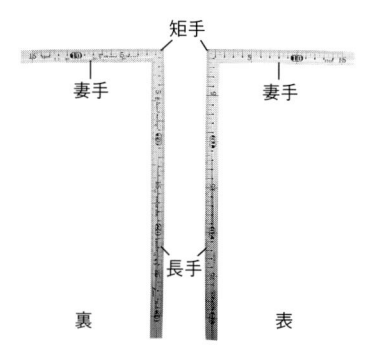

図 8-1 サシガネの名称
表にある目盛りを「表目」といい，裏にある目盛りを「裏目」という．「裏目」には，「角目」と「丸目」が刻まれている．

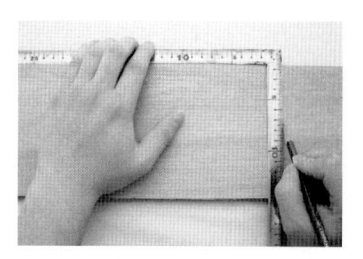

図 8-2 材料に直角の線を引く
長手の内側を材料の端に密着させて，妻手の外側を使って直角の線を引く．

その反対を「裏」また裏にある目盛りを「裏目」という（図8-1）．「表目」には長手・妻手ともに通常の尺度目盛（一般にはミリ表示）が刻まれており，「裏目」には「角目」（表目のルート2倍の目盛）と「丸目」（表目の円周率（π）分の1の目盛）が刻まれている．

2．用途

「サシガネ」は建築・林業・製材などあらゆる職種で使われており，一般的な使い方としては寸法を測ったり，墨付けのほかに直角線や平行線を引く，板材に等分線を引く，板に 90，45，30，60°などの線を引く，弾力性を利用して湾曲させて曲線定規の代用をすることなどができる．

▌種類

基礎知識で解説した「大工用サシガネ」のほかに，指当てのへこみ（沢）をなくして等厚とした「鉄工（金工または建築）用サシガネ」があり，沢がないため材料へ密着しやすく，力を入れたケガキ作業でもずれにくい．

▌入手方法

日曜大工店やホームセンター，学校教材取り扱い店など．

価格は，500×250 mm サイズが 1,500 円前後から，300×150 mm サイズが 600 円前後から．一般に，長手が 500 mm サイズのものが使いやすい．

▌使用方法

1．材料に直角の線を引く（図8-2）．

長手の内側を材料の端に密着させて，妻手の外側を使って直角の線を引く．妻手の内側で線を引いたり，長手を材料に乗せて線を引かない．このままサシガネをずらして同

第II章　よく使う道具・工具

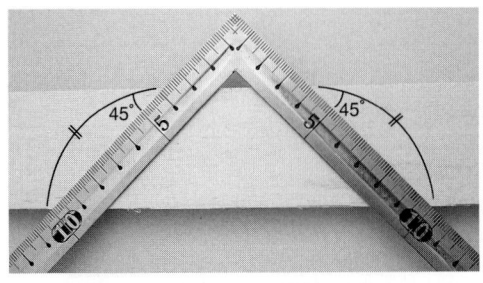

図 8-3　材料に 45°の墨付けをする
材料の外に矩手を頂点とした三角形ができるようにサシガネを置き，その三角形の長手部分と妻手部分の長さが同じになるようにする．

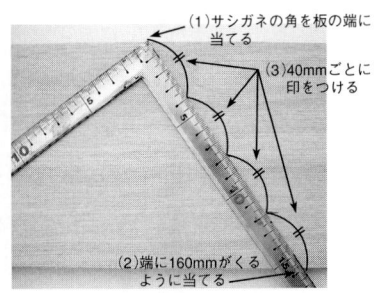

図 8-4　長方形の材料を等分する
幅 130 mm の長方形の板材を 4 等分するときは，サシガネの角を板の端に当て，等分したい数字の板幅 130 mm よりも多い倍数（この場合は 4 等分×4 倍で 160 mm）をもう一方の端にくるように斜めに当てて 40 mm ごとに印を付ける．

じように線を引けば，最初に引いた線に対して平行な線も引ける．

2．材料に 45°の墨付けをする（図8-3）．

材料が長方形などに整っている場合，材料の外に矩手を頂点とした三角形ができるようにサシガネを置き，その三角形の長手部分と妻手部分の長さが同じになるようにすればよい．これは，直角をもつ二等辺三角形の残りの角の角度が 45°になることを利用している．

同じように，長手の長さと妻手の長さが 2 対 1 になるような三角形にすれば，長手側に 30°，妻手側に 60°の角度の線を引くこともできる．

3．長方形の材料を等分する（図8-4）．

例えば，幅 130 mm の長方形の板材を 4 等分したいとすると，サシガネの角を板の端に当て，等分したい数字（この場合は 4）の板幅 130 mm よりも多い倍数（この場合は 4 等分×4 倍で 160 mm）をもう一方の端にくるように斜めに当てて 40 mm ごとに印をつければ 4 等分が出来上がる．

130 mm÷4＝32.5 mm と計算で割り出すこともできるが，サシガネを使うことで簡単に等分することができる．3 等分も 6 等分もすべてこの要領で．特に計算で割り切れない場合には便利．

4．丸太の円周を測る．

裏目に刻まれている丸目は，円周尺とも呼ばれ，丸目の目盛りは，表目を円周率（π）分の 1 の目盛となっている．円周は円周率×直径であるため，丸太の直径を丸目で測ると，丸目の示した値がその丸太の円周の長さを示すこととなる．

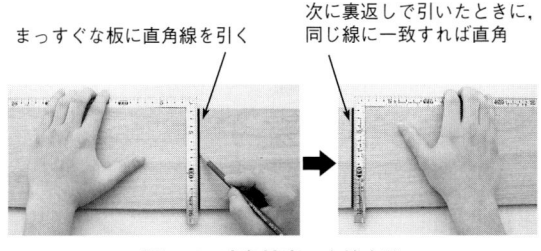

図 8-5　直角精度の点検方法

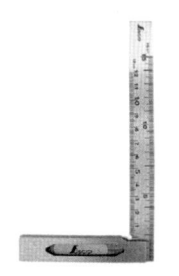

図 8-6　完全スコヤ

5．丸太からとれる正角材の辺を測る．

裏目に刻まれている角目の目盛りは，表目のルート2倍の目盛が打ってある．丸太に内接する正方形の一辺と対角線（つまり直径）の比が，1：ルート2であるため，丸太の直径を表目のルート2倍の角目で測ると，角目の示した値がその丸太からとれる正角材の辺の長さを示すこととなる．

> 保管方法

直角精度の点検方法は，真っすぐな板に直角線を引いて，次に裏返しで引き，同じ線に一致すれば直角（図8-5）．作業中に落としたり，衝撃が加わらないようにするだけでなく，収納時に箱の中で他の重い道具の下敷きになったりしないように注意する〔コラム：取り出し管理しやすい収納（p. 207）参照〕．

2）スコヤ・留（止）定規

> 基礎知識

スコヤ，留（止）定規ともに特定の角度測定用の道具．完全スコヤは，正確な直角を測定する道具．スコヤは，英語の正方形や四角・直角の意味のスクエア（square）が語源．留（止）定規の「留（止）め」とは45°のことで正確な45°を測定する道具．

> 種類・使用方法

完全スコヤ（図8-6）：直角はサシガネでも調べることができるが，直角定規とも呼ばれるL形の完全スコヤを使うと，より正確に直角を測ることができる．単にスコヤと呼ぶこともある．

完全スコヤは，丈夫な台にサオ（定規板）を接合しており，サシガネとの違いは，短いほうの妻手が長いほうの長手よりも，かなり厚くなっていること．このぶ厚い妻手のおかげで，直角がまず狂うことはない．また，完全スコヤは，台が付いているため，立

第Ⅱ章　よく使う道具・工具

図 8-7　自由スコヤ　　　図 8-8　留（止）定規

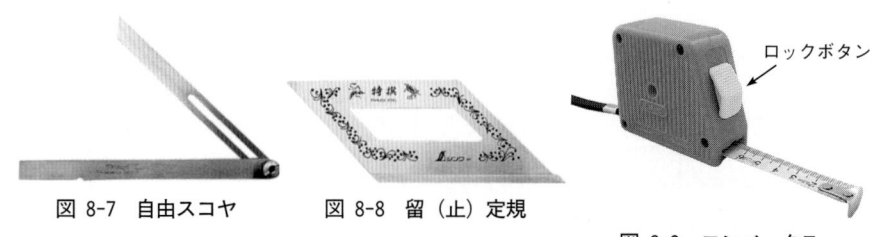

図 8-9　コンベックス

体の直角も測りやすく，組み立て後や板の切り口の直角を確かめたり，道具の調整，角材や小さな材料の墨付けにも使うことができる．角材の切断では，1ヵ所だけでなく，ぐるりと1周つないで引けば正確な切断ができる．

自由スコヤ（図8-7）：サオの位置や角度を調節してネジを締めれば，その状態に固定された定規になり，同じ角度を繰り返し墨付けするときや，角度を写しとるときに便利．

留（止）定規（図8-8）：平行四辺形の形をしており，額縁や枠などの角の45°を手早く墨付けし，点検することができる．

留（止）型スコヤ：直角と45°を1つに組み合わせたタイプ．

▌入手方法

日曜大工店やホームセンター，学校教材取り扱い店など．

完全スコヤは，サシガネとは別に用意したい道具．標準サイズは150 mm．価格は，完全スコヤは150 mmサイズで1,000円程度から．自由スコヤは600円程度から．留（止）め定規は700円程度から．留（止）型スコヤは1,000円程度から．

3）コンベックス

▌基礎知識

コンベックス（図8-9）は，測定時にスチールテープを必要な分だけ引き出し，収納は自動式のポケットタイプの巻き尺．巻き尺，メジャーと呼ばれることもある．「コンベックス」は英語で「凸面の」という意味があり，その形状のためにテープを折れ曲がらずにまっすぐ出すことができる〔コラム：板は曲げると強くなる（p. 101）参照〕．なお，水平・垂直に伸ばして使う際に保持できる長さは，テープの幅で決まる．

コンベックスのツメは，カタカタと動くが，壊れているわけではない．それは「ゼロ点補正移動ツメ」のため．例えば，板の長さを測る場合は端にツメをひっかけ，箱の中などではツメを押しつけて測定．この動作の際にツメは自動的に移動し，ツメの厚さが

図 8-10 ゼロ点補正移動ツメ

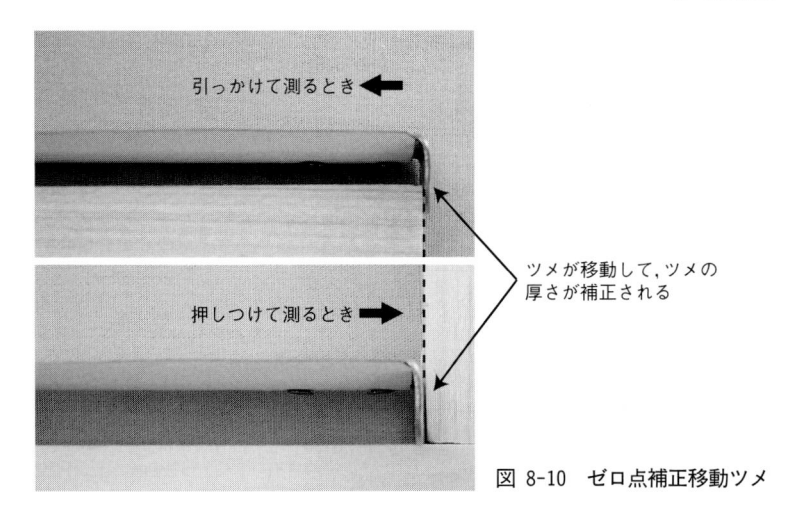

補正される.このおかげでツメを押しつけて測るときも,引っかけて測るときも誤差に煩わされず,正確な測定ができる(図 8-10).

▎種類▎

指で押さえなくてもテープを留めておける,ロック機構がついたタイプや押している間だけ止まるストップ式のタイプがある.付属機能として,ミニ水平器つきのタイプもある.

▎入手方法▎

日曜大工店やホームセンター,学校教材取り扱い店など.

コンベックスは,押している間だけ止まるストップ式よりも,指を離せるロック式のものが取り扱いやすい.長さは,2 m,3.5 m,5.5 m,7.5 m などがあるが,1個買うならば,適度な長さで使いやすい 3.5 m または 5.5 m がお勧め.テープの幅は,幅が広いほど,空中にテープを伸ばして長さを測るときの水平保持の距離が得られるし,離れた場所からでも目盛りが読みやすくなる.できれば幅は 19 mm 以上のものを購入したい(テープ幅 19 mm で水平および垂直に伸ばして測れる長さは,それぞれ 2 m,2.9 m).

また,「ゼロ点補正移動ツメ」機能が付いているものを選ぶ.たいていのコンベックスには付いている機能だが,なかには付いていないものもある.見分け方は,ツメを動かして前後に動けば,この機能が付いている.価格は,ロック付きテープ幅 19 mm テープ長さ 3.5 m で 1,500 円前後から.

▎使用方法▎

測りたいものにツメをひっかけ,そのまま本体をひっぱり,引き出されたテープの目

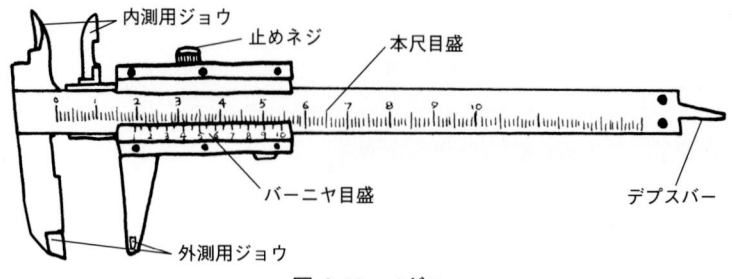

図 8-11　ノギス

盛りを読む．引っかけるものがない場合は，手でテープを引き出し，指でテープを押さえながら測る．押しつけて測る場合は，あらかじめ十分な長さのテープを引き出しておいてから測る．床に立ったまま天井を測ったり，内径を測る場合などは，テープを内側に曲げて使う．このとき，外側へ曲げるとテープを破損するもとになるので注意する．

使い終わったらツメをはずしたり，手を離すか本体のロックを解除すれば，テープは自動的に本体に戻る．

4）ノギス

基礎知識

ノギスは，1/20 mm の精度で測定できる測定工具．普通の定規が苦手とするようなパイプの外径や内径，ビスの深さ，ボルトの径，小さな部品のサイズを知りたいとき，ドリルのビットの太さがわからなくなったときなど，測るものの外径，内径および穴の深さや段差を 0.05 mm 単位で測ることができる．ノギスの目盛りの読み取りは，本尺目盛りとバーニヤ目盛りという 2 つの目盛りを組み合わせ，長さを求めるようになっている（図8-11）．また，止めネジは検査用．目的の寸法に設定してから材料に当てれば，それ以上か以下かがすぐわかる．

種類

一般的なアナログタイプのノギスのほかに，ダイヤル付きノギス，デジタル式ノギスなどがある．

入手方法

日曜大工店やホームセンター，学校教材取り扱い店など．

標準的な 150 mm サイズがお勧め．頻繁に測定する場合にはデジタルタイプが便利だが，アナログタイプでも不自由はない．価格は，アナログタイプのノギスが 100 mm サ

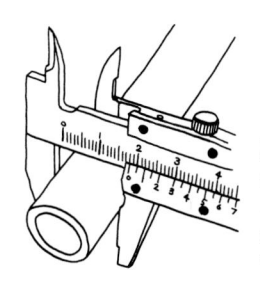

図 8-12 丸いものの幅やものの厚さの計測
外測用ジョウで挟む．

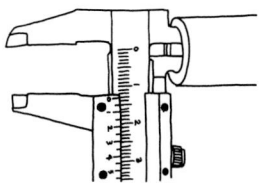

図 8-13 パイプの内径や穴の幅などの計測
内測用ジョウを差し入れ，それを広げて当てるようにする．

図 8-14 穴などの深さの計測
デプスバーを底まで伸ばして測る．

図 8-15 段差の計測

イズで 1,000 円程度から．150 mm サイズで 3,000 円程度から．

使用方法

　丸いものの幅やものの厚さを測るときなどは，外測用ジョウで挟むようにして測定する（図 8-12）．このとき，ノギスの構造上，口先が開く傾向があるため，外側測定は口先で測定しないようにできるだけ奥にくわえる．パイプの内径や穴の幅などを測るときは，内測用ジョウを差し入れ，それを広げて当てるようにする（図 8-13）．穴などの深さなどを測るときは，ノギスの本体の端部分を穴のふちに乗せて，デプスバーを底まで伸ばして測る（図 8-14）．その他，段差の測定もできる（図 8-15）．

　目盛の読み方は，まず，バーニヤ目盛りの 0 の位置にある本尺目盛りを読む（目盛りの中間を指すので，少ないほうの数字を読む．これが mm に相当する）．次に，2 つの目盛りの線が一直線になっているところのバーニヤ目盛を読む．この数値が小数点以下に相当する．この 2 つの数値の合計が，計測値となる．例えば，図 8-16 では，まずバーニヤ目盛の 0 の位置にある本尺目盛を読んで「7 mm」．2 つの目盛りの線が一直線になっているところのバーニヤ目盛を読むと「0.85 mm」．これらを足して「7.85 mm」となる．

保管方法

　精密工具であるため，必ず付属のケースに入れるようにし，ぶつけたり床に落とすなどの衝撃が加わらないように注意する．バーニヤの透き間にときどき注油し，バーニヤ

第Ⅱ章　よく使う道具・工具

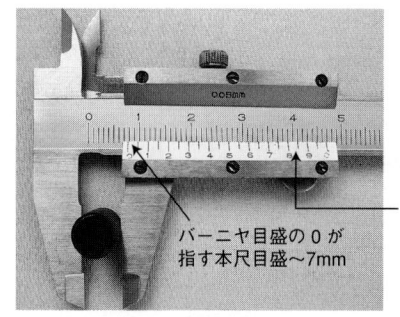

2つの目盛が一直線となっている部分の
バーニヤ目盛〜0.85mm
本尺目盛7mm＋バーニヤ目盛0.85mm＝
7.85mm

バーニヤ目盛の0が
指す本尺目盛〜7mm

図 8-16　目盛の読み方

を動かしながら，余分の油を拭き取る．

5）水平器

▎基礎知識

　ポータブルトイレ補高用フレーム〔第Ⅰ章　4．金属．図4-5 (p.39)〕や車いす用テーブル〔第Ⅰ章　4．金属．図4-6 (p.39)〕など床において使用するものを作るときは，水平を確認しながらの作業が必要となる．その際に使用するのが，水平器．

　水平器は，水準器やレベルとも呼ばれ，本体に取り付けられたアルコールや水の入ったガラス管（気泡管）の中の気泡の位置で水平を測定する道具．水平器に鉛直気泡管があれば垂直，45°気泡管があれば45°も確認できる（図8-17）．鉛直気泡管は，垂直といっても正確には鉛直つまり重力の方向に合っているかどうかを確認するためのもの．取り付けた面（板など）自体が水平でなければ垂直とはならないので注意する．

▎種類

　鉛直気泡管や45°気泡管がつくもの以外に，水平器のベース面にV溝をつけてパイプ（手すりやTVアンテナなど）に当てやすい形状としたもの．蓄光シートがついて暗い所でも測ることができるもの．マグネット付きなどがある．

　サイズは全長300 mm 以下のものから1 m 程度までで，長いほうが高精度．これは気泡管の精度よりも，計測する接触面の長さの問題．水平器が短いときは，長い板材などで補ってもよい．

▎入手方法

　日曜大工店，ホームセンター，学校教材取り扱い店など．
　価格は，300 mm サイズで1,700 円程度から．水平器が狂っていないかを確認してから購入する．確認の仕方は，一度水平を測ってから，その場で左右をひっくり返す．この

図 8-17　水平器

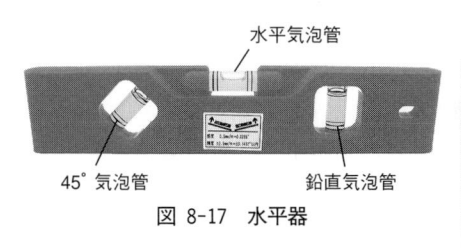

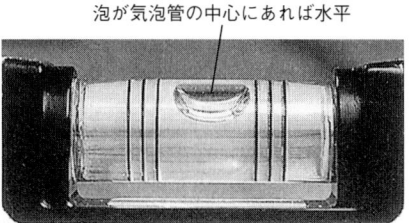

図 8-18　水平の見方

とき気泡の位置が違っていたら，その水平器は狂っているということになる．

使用方法

　水平を測りたいところに，水平器のベースを密着させるだけ．このときに気泡管の泡が気泡管の中心にあれば，水平となっている(図8-18)．気泡管には，見やすいように基準線が4または6本ついている．これを目安に気泡が気泡管の中心にあることを確認する．

　基準線については，4本のものは勾配の目安にしかならないが，6本の場合は，内側から2本目の線に気泡の端が触れたときは1/100勾配(1 mで1 cmの傾斜)，3本目に触れたときは，1/50勾配(50 cmで1 cmの傾斜)であることを示している．測定するときは，1度だけでなく何カ所かに分けて測ると，より正確な計測となる．

　計測時の注意点としては，水平器のベースを測るものにしっかり密着させること．底に土などが付いていると，水平器が浮き上がり，正確な測定とならない．

　また，計測時の視線は気泡の直上または真横から見ること．

保管方法

　水平器は繊細な道具なので，強い衝撃を受けないように普段から丁寧な扱いを心がける．

6) 下げ振り

基礎知識・種類

　ある程度高さがあるものを作るときは，垂直かどうかが重要になる．そんな場合に使用するのが下げ振り(図8-19)．下げ振りとは，糸に逆円錐形の錘(下げ振り)を付けて垂らして垂直を測るための道具(ここでいう垂直も鉛直のこと．鉛直と垂直の違いは，「水平器」の項を参照)．その他，正確な高さを測るときや垂直線を引く場合にも利用できる．マグネットやフックが付いた下げ振り保持器を合わせて使用すると便利．糸に5円

第Ⅱ章　よく使う道具・工具

柄（ここを押すと前方から針が出て木部に固定できる）

下げ振り保持器

下げ振り本体

鉄部取付用マグネット

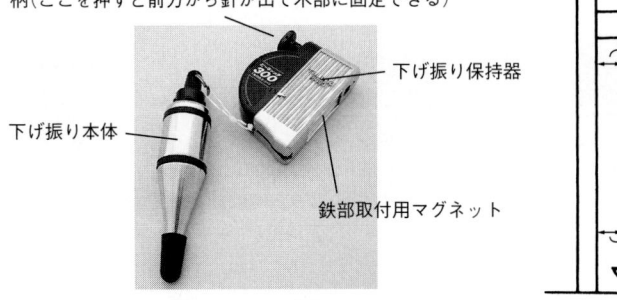

図 8-19　下げ振り
簡易には，糸に5円玉を付けて代用もできる．

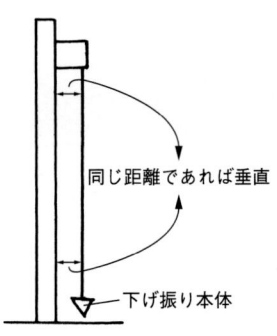

同じ距離であれば垂直

下げ振り本体

図 8-20　垂直の測定
糸の上と下で，垂直を調べたいものから糸までの距離を測る．それが上と下で同じなら垂直．

玉を付けて簡単な下げ振りとして使用することもできるが，下げ振りが重いほど，安定した作業が可能になる．

▌入手方法▐

日曜大工店やホームセンターなど．

価格は，下げ振りは100gサイズで750円程度から．下げ振り保持器は2,000円前後から．

▌使用方法▐

垂直を調べたいものに釘を打ち，糸を付けた下げ振りをそこから垂らす（下げ振り保持器があれば，釘を打たなくても本体に収納された針で固定できる）．下げ振りの揺れが収まったら，糸の上のほうと下のほうで，垂直を調べたいものから糸までの距離を測る．それが上と下で同じなら垂直だということになる（図8-20）．

正確な高さを測る場合は，下げ振りをいちばん上から吊り下げ，いちばん高いところからメジャーを当てて下げ振りの糸に沿って測れば正確な高さが測れる．

垂直線を引く場合は，下げ振りを吊り下げたら糸に沿って定規を使い垂直線を引く．

9 その他の道具・工具

1) 熱加工器具

基礎知識

　熱を加えて，材料を加工する器具．熱源は，熱風，湯，炎，加熱された金属などさまざまであるが，ここでは作業療法士が自助具を製作するときに使用しやすい器具を紹介する．

種類・使用方法

　アクリル曲げヒーター：アクリル板の直線の曲げ加工専用器具．内部にヒーターの組み込まれた金属パイプと固定板から構成される．温度調整ができるタイプ(図9-1)とできない簡易タイプ(図9-2)がある．その他，赤外線ヒーターのタイプ(図9-3)もあり，熱源が直接素材に触れないので焼けこげがなく，厚物も美しく曲げることができる．曲げたい線の外側を加熱し軽い力で曲がるようになったら，ゆっくりと曲げる．

　恒温水槽：一般にスプリント材料加工用として用いられることが多い．サーモスタットによりスプリント材などの軟化に適した温度まで加温，保温ができる．水槽が深いほど立体的に形成したスプリントや大きな材料の加工には都合がよい．水を溜めて加温すると適温になるまでに時間がかかるため，時間がない場合には，お湯を入れて加温する(図9-4, 5)．小さいものの加工には小さめの鍋を使うほうが能率的．

　その他，ホットパック用の加温装置（ハイドロコレーター）で代用することもできるが，材料を落としてしまうと拾うのが困難なため注意する．料理用のグリル鍋などでも代用できる．

　熱風加工器：作業療法では一般にヒートガン(図9-6)と呼ばれることが多く，スプリント材の部分的な熱加工や熱収縮チューブ，塩化ビニルなどプラスチックの加熱加工，溶接などにも使われる．手持ちで使用するほかに，本体そのものや付属品のスタンドに

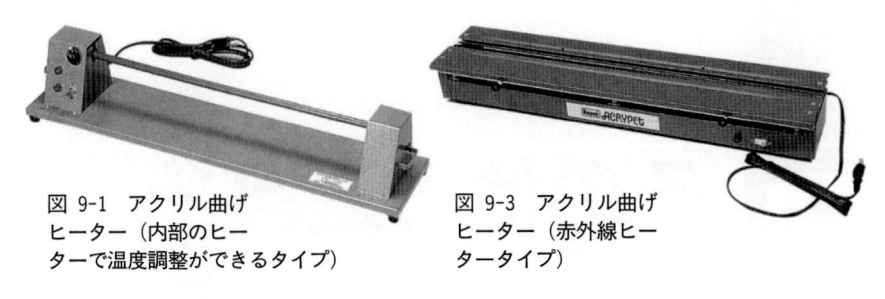

第II章　よく使う道具・工具

図 9-1　アクリル曲げヒーター（内部のヒーターで温度調整ができるタイプ）

図 9-3　アクリル曲げヒーター（赤外線ヒータータイプ）

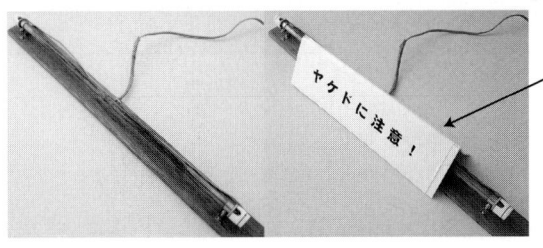

ヤケド防止にアクリル板で保護板を製作した例

図 9-2　アクリル曲げヒーター（簡易タイプ）

より両手で作業できるタイプもある．先部のアタッチメントを装填できるタイプもあり，集中熱風ノズル（ピンポイントノズル）を付けると小さな部分を加熱することができる．その他，熱収縮チューブ用スプーンノズルなどがある．作業時は先部付近は高温となるので触れないよう注意する．

ハンダゴテ（図9-7）：〔第I章　6．接着・充てん材料〜ハンダ（p.72）〕参照．

▶入手方法◀

アクリル曲げヒーター，ハンダゴテは，日曜大工店やホームセンター，学校教材取り扱い店にて．

ハンダゴテは，20，40Wともに1,000円程度から．アクリル曲げヒーターは，内部にヒーターが組み込まれて温度調整ができるタイプが24,000円程度から．温度調整ができない簡易タイプが6,000円程度から．赤外線ヒーターのタイプが27,000円程度から．

恒温式水槽は医療器具取り扱い店で．ヒートパン（図9-4）〔内寸法；タテ360×ヨコ260×高さ62mm，酒井医療㈱〕が標準価格29,500円．ヒーターユニットIII（図9-5）〔内寸法；タテ550×ヨコ350×高さ100mm，アルケア㈱〕が標準価格115,000円．

熱風加工器は，日曜大工店や医療器具取り扱い店で．ヒートガン（図9-6）〔ピンポイントノズル，スタンド付属．温風温度450℃，酒井医療㈱〕が標準価格19,700円．日曜大工店にある温風温度400℃程度のものが10,000円前後から．

9 その他の道具・工具

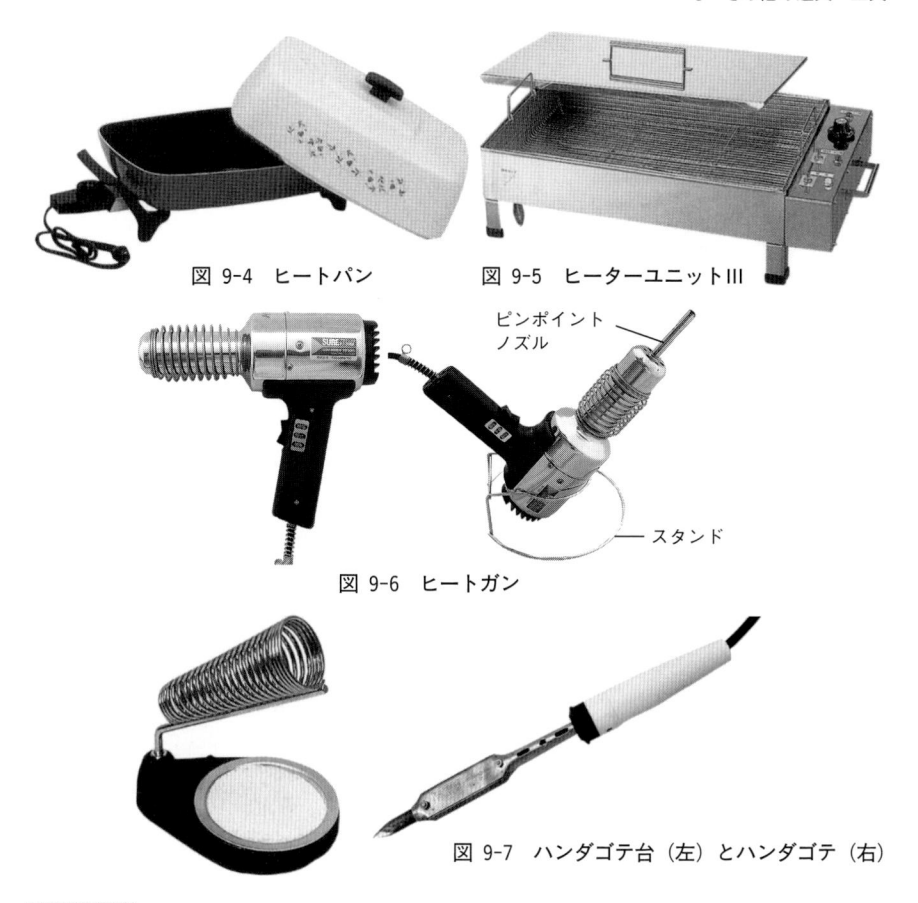

図 9-4 ヒートパン　　図 9-5 ヒーターユニットIII

ピンポイントノズル

スタンド

図 9-6 ヒートガン

図 9-7 ハンダゴテ台（左）とハンダゴテ（右）

保管方法

熱風加工器：ときどき，フィルターを洗浄する．フィルターが劣化してきたら新しいフィルターに交換する．

2）ミシン

基礎知識

　ミシンは布・革などを縫い合わせたり，刺繍をしたりするための縫製機（sewing machine）．日本への紹介は，1854年黒船2度目の来航時に，幕府への献上品の中にミシンがあったのが初めて．名前の由来は，sewing machine の machine のみが聞き取られミシンとなったという．

第Ⅱ章　よく使う道具・工具

図 9-8　職業用ミシン（直線専用）

種類

1．使用場所（用途）別分類

　ミシンは一般に家庭用ミシン，工業用（産業用）ミシン，職業用ミシンの3種類に分けられる．

　家庭用ミシン：一般に家庭で使われているミシン．1台のミシンで直線やジグザグ，ボタンホールなどの縫い方ができるものから，いろいろな飾り模様のできるもの，大きな刺繍まで縫えるものもある．

　工業用（産業用）ミシン：縫製工場や義肢装具会社で使われているミシン．工業用ミシンはいろいろな縫い方ができる家庭用ミシンとは違い，まっすぐ縫うだけのミシン，ボタンを付けるだけのミシン，縁かがりをするだけのミシンというように，定まった工程の専用ミシン．また，長時間使うことのできる耐久性をもっている．

　職業用ミシン：仕立て屋，洋服店などで使われているミシン．工業用ミシンが縫製工場で使うために作られているのに対して，職業用ミシンは家庭での使用も考えられ作られている．直線専用ミシン（図9-8）と縁かがり用ミシン（ロックミシン：図9-9）があり，家庭用ミシンに比べて力が強く，耐久性が高い．Gパンの裾上げなどの厚物も家庭用ミシンよりも簡単に美しい縫い目ができる．速度調節は，フットコントローラーで行う．

2．機能別分類

　コンピュータミシン：さまざまな縫い模様に適した針の上下運動，振り幅と縫い目の長さを内蔵のマイクロコンピュータで制御するミシン．そのため，自動糸調子，自動ボタン穴かがり，自動止め縫い，模様のワンタッチ操作などさまざまな機能をもつことができ，文字，複雑な模様，刺繍縫いなどもできる．また，低速でも力があり，厚い生地も得意とする．

　電動ミシン：針の上下運動を内蔵モーターにより行うミシン．モーターの速度を電圧

図 9-9 ロックミシン
(1本針3本糸タイプ)

によって変化させる．ミシン速度は電子制御されていない．スタート・ストップ，縫い速度調節をフットコントローラーで操作するミシンが多い．高速にしないと力が出ないので，厚い生地はやや苦手．

電子ミシン：針の上下運動を電子回路で制御するミシン．スタート・ストップを，ミシン本体のボタンで，縫い速度調整は本体の調整レバーなどで行う（電動ミシンのようにフットコントローラーを使える場合もある）．縫いはじめはゆっくりスタートし，縫い終わったとき針はいつも同じ位置で停止する．電動ミシンと比較すると，低速でも力があるので厚い生地も得意．

ロックミシン（図9-9）：縁かがりの専用ミシンで，余分な布端をカッターで切り揃えながら，布端にかがり縫いをして裁ち目のほつれ止めを行う．一般家庭用ミシンのジグザグ縫いで代用することもできるが，ロックミシンを使うほうが縫い目が美しく，布端をカットしながらの縁かがりのため手間も省ける．

また，布を縫い合わせると同時に布端を切り揃えながら縁をかがる（合わせ縁かがり縫い）こともでき，それぞれ別に行う手間が省けて便利．その他，巻縫い（布端を巻き込んでステッチで包み込む）や飾り縫い（上ルーパーにレース糸や毛糸などを使い，ロックの縫い目をデザインとして用いる）もできる．

針と糸数による種類では，1本針3本糸タイプが一般的で比較的薄手のものの縁かがりや合わせ縁かがり用．1本針2本糸タイプは，強度が足りないため縁かがり専用．合わせ縁かがりを行う場合には，家庭（職業）用ミシンでの縫い合わせが必要．2本針4本糸タイプは，合わせ縫いの部分が二重になるため，厚手のものの縁かがりや合わせ縁かがり用．速度調節は，フットコントローラーで行う．

▶ **入手方法**

購入後のアフターフォローまで考慮すれば，ミシン専門店での購入がお勧め．

どの種類のミシンがよいかは用途次第だが，厚物を縫うことがあれば，耐久性も高い職業用ミシンがお勧め．

価格は標準価格で，家庭用ミシンが 30,000 円台から．職業用ミシンが 120,000 円台から．ロックミシンが 90,000 円前後から．

消耗品についての購入時の留意点については，以下のとおり．

ミシン針：針の太さは番手（#）で表され 9・11・14・16 番と番号が大きくなるほど太くなる．購入するときには，取り扱い説明書に記載された番手（わからない場合は交換する針と同じ番手）の針を購入する．

ミシン糸：ポリエステル糸・木綿糸（カタン糸と呼ばれる）・絹糸・ナイロン糸などがあり，ポリエステル糸が一般的．手縫い糸とミシン糸は糸のより方向が違う（手縫い糸：右 S より，ミシン糸：左 Z より）．そのため，手ぬい糸をミシン糸代わりに使うと，ミシンの故障の原因になることがあるため注意する．

ボビン：メーカーや機種，水平釜用と垂直釜用などで形状が異なるため使用しているボビンを持参して購入するのが確実．

▎使用方法

機種によって方法や手順が異なる場合があるため，取り扱い説明書をよく読んで使用する．一般的なミシンの手順と留意点は以下のとおり．

1．下糸の準備

a．糸をボビンに巻く．

b．ボビンを指定された方向（垂直釜は右巻き，水平釜は左巻き）にして，ボビンケースに入れて，ミシンの釜にセットする（垂直釜の場合は，ボビンをボビンケースに入れ，糸の端を糸調子バネの下に通したら，糸の端を持ってボビンケースを垂らしゆっくり落ちる程度に糸調子バネの押さえをネジで調整し，ボビンケースのつまみをいっぱいに開いて釜の奥までしっかり差し込む．水平釜の場合は，ボビンケースが取り付けてある釜の凹みへボビンをセットする．糸調子の調整はしない）．

2．上糸の準備

a．上糸を指定された個所に指定された順に通す．

（自動糸通し機能が付いていないミシンの場合は，糸をハサミで斜めに切ると，針穴に通しやすい．）

b．上糸を持ちながら針を上下させて下糸を引き上げ，上糸と下糸を 15 cm ほど引き出して押さえの下を通して後ろ側に出す（図 9-10）．

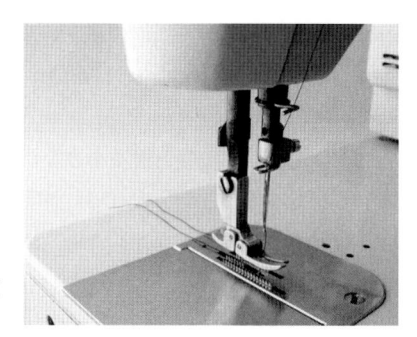

図 9-10　縫う準備
上糸と下糸を 15 cm ほど引き出して押さえの下を通して後ろ側に出す．

3．試し縫い

適当な布に試し縫いをして上糸・下糸の糸調子をみる（糸調子が強いまたは弱い場合は調整する）．

4．本縫い

縫い始めと縫い終わりは 1 cm 程度返し縫いをする．縫う方向を変えるときは，針を刺したまま押さえを上げて向きを変えてから，押さえを下ろし縫いはじめる．

厚手の生地を縫うときやマジックテープを縫いつけるときは，太めの針を用いゆっくりと縫う．マジックテープのオスを縫うときは，並んでいるフックの間を縫うようにすると糸がほつれにくい．粘着テープ付きのマジックテープを縫うと粘着部分に糸がついてほつれやすいため，粘着テープ付きのマジックテープはミシンでは縫わないようにする．

5．ミシンのトラブルとおもな原因

a．針が折れる

厚い布に細い針の使用．ミシン針の取り付け方が悪いか，針が曲がったり，針先がつぶれている場合．布を引っ張りながら縫った場合．

b．縫いじわができる

薄い布に太い針の使用．糸調子が強すぎる．上糸や下糸の掛け方の間違い．

c．布の裏でループ状になる

上糸の上糸調子が弱い．押さえを上げたまま縫っている．垂直釜の場合は，釜への注油不足．

d．上糸が切れる

細い針に太い糸の使用．糸の通し方が間違っている．または，糸がからまっている．糸調子が強すぎる．

e．目飛びする

針先がすり減って丸くなっている．針が曲がっているか，取り付け方が間違っている．

■保管方法

使用頻度にもよるが，送り歯と釜を小さなブラシ(付属していることが多い)で，1カ月に一度くらい掃除する．また，取り扱い説明書に書かれた個所（釜などの可動部分）に1カ月に1度くらいミシン油を注油する．注油した後は，空回転と試し縫いをする．

参考文献

1) ジェームズ・サマーズ，マーク・ラムズ（山下恵美子，他訳）：Let's Begin！日曜大工　木工・DIY・カントリー家具．MPC，1999
2) 岡本利之，他：要点ドン！中学用技術・家庭．学習研究社，2002
3) 荒井　章：DIYをもっと楽しくする木工の基礎知識．夫婦で楽しむやさしい手作り家具（DO SERIES），pp 115-137 立風書房，2001
4) 荒井　章：日曜大工が楽しくなる電動工具徹底利用術．山海堂，2000
5) 荒井　章：日曜大工を極める道具の徹底使用術．山海堂，2000
6) 荒井　章：工作と修理に使う材料の使いこなし術．山海堂，2000
7) 小方　早苗：住まいの修理とメンテナンス．梧桐書院，1999
8) 西沢　正人：暮らしに役立つウッド・ワーク．新星出版社，1999
9) 機器対策委員会編：作業療法士が選ぶ自助具・機器-1991 素材・部品・道具．日本作業療法士協会，1991
10) 能登山修：DIY 道具辞典　電動工具・手工具・測定道具完全ガイド．立風書房，2001
11) 商品委員会編：DIY 商品の解説．日本ドゥ・イット・ユアセルフ協会，1995
12) DIY アドバイザーハンドブック編集委員会編：DIY アドバイザーハンドブック・第3版，日本ドゥ・イット・ユアセルフ協会，2002

コラム　治具（じぐ）を利用しよう　コラム

　「治具（じぐ）」とは，一般にはあまり馴染みのない言葉ですが，語源は英語の jig（錐（キリ）などを穴あけ位置に正確に案内する工作道具）といわれており，本来は，工作材料を目的の角度や形状に加工できるように，工具の刃の動きを制御して，刃を工作材料に正しく当てるための補助工具のことをいいます．実際には，やや広義の意味でとらえることが多く，特定の工作過程を補助するもの全般を指すことが多いようです．同じ形のものを毎回（何回も）作るときや同じ深さの穴を何カ所もあけるときなどは，その作業専用の治具を作ったほうが正確で効率的です．市販されている治具(図1)は限られているので，必要な頻度に応じて自作しましょう(図2)．

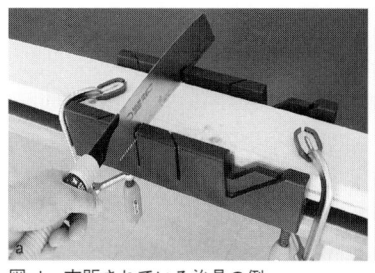

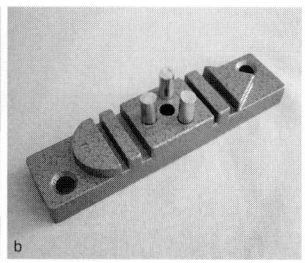

図1　市販されている治具の例
a：板切り用治具
b：鋼線加工用治具

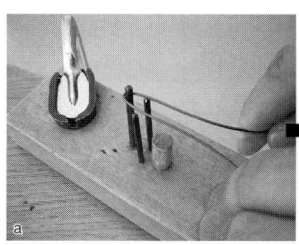

図2　ボタンエイド製作
a, b, c：ボタンエイド先具
　　　　加工用治具（自作）
d：ボタンエイド完成品

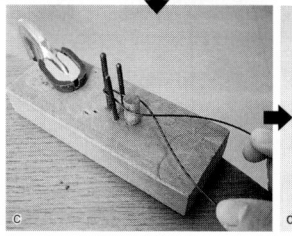

第Ⅱ章　よく使う道具・工具

コラム　　テコの原理からみた道具・工具　　コラム

　テコとは，棒をある支点（軸）で支え，その周りを回転できるようにしたもので，一般には小さい力を大きな力に変える仕組みのことです．この原理は，多くの道具・工具の仕組みに活用されています．

　例えば，ペンチでみてみますと，力点（握り部）にかかる力の垂直成分を F_1，作用点（刃部）にかかる力の垂直成分を F_2，支点から力点までの長さを l_1，支点から作用点までの長さを l_2 で表す（図1）と，それぞれのトルク（支点から力のかかる点までの長さ l ×加わる力の垂直成分 F）は支点でつり合っていますので，$l_2 \times F_2 = l_1 \times F_1$ となり，F_2 について整理すると，$F_2 = (l_1/l_2) \times F_1$ となります．もし，l_1 と l_2 が同じ長さであれば，握った力と同じ力しか刃部にはかかりませんが，ペンチは l_2 よりも l_1 のほうが十分に長いので刃部には大きな力がかかり，針金などの硬いものが切れるというわけです．裁ちバサミなどの刃部の長いハサミでは，刃先で切るころには，逆に l_1 よりも l_2 のほうが長くなってしまい，握る力よりも小さな力しかかからないことになりますので，刃の長いタイプのハサミは，軟らかいもの（布など）専用ということになります．

　太い針金など硬いものを切るときには（刃部にかかる力（F_2）を大きくするためには）どうしたらよいでしょう？　片手で操作するペンチやハサミは，手指の開きに限りがあり，l_1 の長さはあまり変えられません．この場合は，l_2 の長さをできるだけ短くします．つまり，できるだけ刃元（支点）に近づけて切ることです．最近では，従来のタイプと比べるとより支点に近づけて切ることのできる「倍力タイプ」と呼ばれるペンチも市販されています．それでも切れないときは，さらに l_1 の長さを長くした工具「ボルトクリッパ」を使います．

　さて，じつはテコの種類には，大きな力を得られるものばかりではありません．ピンセットや和バサミでは，$l_1 < l_2$ となり，逆に力をロスするテコになります．その他では，箸も力をロスするテコです（図2）．その代わり，指で箸の間を少し広げるだけで箸先を大きく開いて大きなものも挟むことができますし，箸先に繊細な力のかけ具合をすることで豆腐など軟らかいものも挟むことができるといった利点もあります．しかし，麻痺などの原因で力が入りにくくなると，箸先に届く力もさらに弱くなるため，箸での操作は困難となってしまうのです．

　なお，目薬エイド（p.250）も形としてはピンセットと似ていますが，$l_1 > l_2$ となり，ペンチなどと同じで力を得するテコになります（図3）．つまり，力で得するテコかどうかは，l_1 と l_2 の大小関係で決まるのです．

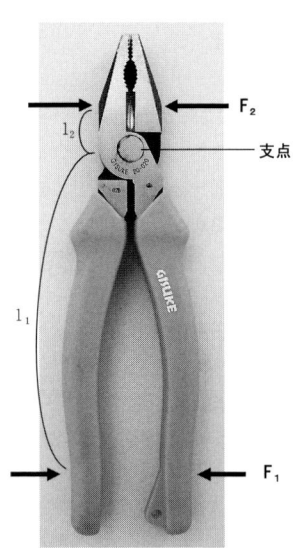

図1 ペンチにおけるテコの原理

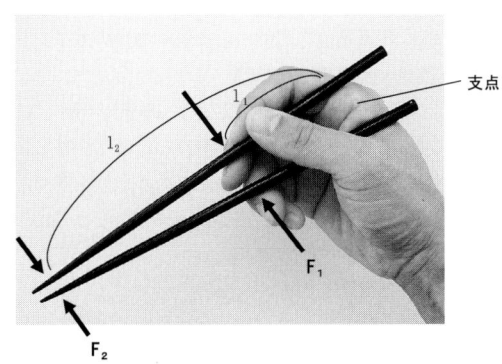

図2 箸は $l_1 < l_2$ となり,力をロスするテコになるが,箸の間を少し広げるだけで箸先は大きく開いて大きなものも挟むことができる

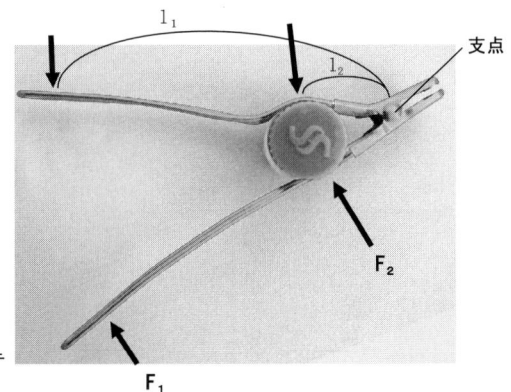

図3 目薬エイドは $l_1 > l_2$ となり,ペンチと同じで力を得するテコになる

参考文献
1) 平田雅子:New ベッドサイドを科学する—看護に生かす物理学, pp.15-22, 学習研究社, 2000

コラム　まっすぐ切るためには？

　モノをまっすぐに切ることは，意外に難しいものです．この作業を上手に行うためには，作業環境の調整によるいくつかのポイントがあります．

(1) 道具・工具の操作方向

　肩を始点として屈曲・内転方向への運動（図1a）と道具・工具の操作方向が一致するように，材料の固定方向や立ち位置を調整します．そうすると肩が出発点の運動であるため，引いても押しても力が入りやすく，また切断部分をほぼ真上近くで見ることができるため，正しいラインに沿って切りやすいのです．以下，いくつかの具体的場面で説明します．

①ハサミで切るとき

　広い布や軟化したスプリント材を切るときには，切る面が正面になるよう材料または作業者の立ち位置を調整し，ハサミを持った側の足を半歩程度後ろに引いてから切りはじめます．途中で方向を変えて切るときには，そのままの位置で切ると，まっすぐ切りにくく，腰も痛めやすい（図1b）ので，必ず材料の位置（方向）を変えるか，作業者の立ち位置を変えて切る面がたえず正面となるように調整します．

　ラシャ切りバサミ（裁ちバサミ）で布を切る場合は，ハサミを持たない側に端（布幅の狭いほう）を置き，布が動かないようにしっかり押さえて切ります．そうでないと，短いほうの布の側が動いてしまい，切ろうとするラインに沿って切ることが

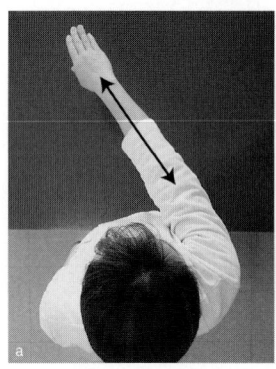

図1　道具・工具の操作方向
a：肩屈曲・内転方向（矢印）と道具・工具の操作方向を一致させると作業がしやすい．
b：肩屈曲・内転方向とハサミの使用方向が一致していないため，まっすぐ切りにくい．
c：ノコギリの柄尻を持った側の足を一歩引くと肩屈曲・内転方向と切断ラインが一致するため，切りやすい．

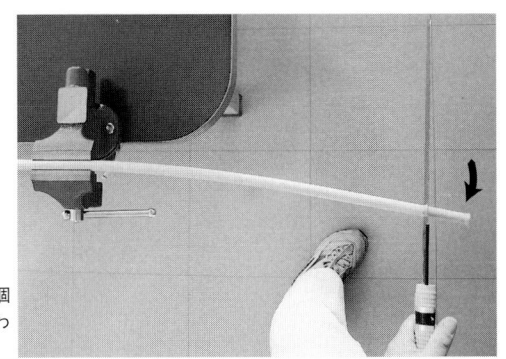

図2 材料の固定
バイスでの固定点からノコギリで挽く個所までの距離が離れると,トルクが加わることで材料がしなって切りにくい.

難しくなるからです.また,ハサミを斜めにして切ったり,布を浮かせて切ると,裁ち線が曲がる原因となるので注意します.テーブル面に対してハサミを垂直に立て,ハサミの下側をテーブルにつけて,布が台から浮く部分をできるだけ少なくして切るようにします.

軟化したスプリント材(大判)を切るときにも,手で持って切ったり,過度に浮かせて切ると自重でスプリント材が伸びてしまう原因となります.テーブルから浮く分をできるだけ少なくして切りましょう.

②ノコギリで切るとき

ノコギリで板を切断する場合は,まず切断ラインを引いて,板を台にクランプで固定(固定については後述)します.次いで,利き手でノコギリの柄尻(柄の後方)を持ち,もう片方の手を柄の前方に添えて板を切断しますが,この場合も肩を始点とした屈曲・内転方向への運動方向に切断ラインが一致するように,柄尻を持った側の足を一歩引いて切るとラインどおりの切断がしやすくなります(図1c).

(2) 適切な材料の固定

棒や板をノコギリで切るときには,その材料を適切に固定できているかが重要です.手で固定してもよい場合もありますが,クランプやバイスなどを利用してしっかりと固定すると,まっすぐ切りやすく,そのまま切断面をサンドペーパーなどで研磨することも簡単にできます.この場合のポイントは,切断する部位の近くを固定することです.これを力学的観点からみてみると,固定点(支点)にかかる力(支点を中心に回転しようとする力.トルク)は,(ノコギリで挽く力)×(固定点からノ

コギリで挽く個所までの距離）で表されるため，もし切断する部位から離れたところで固定してしまうと，その距離分だけ固定したところにトルクが加わり，ノコ挽き動作に合わせて材料がしなってしまうために切りにくくなります（図2）．なお，クランプでの固定の場合は，1カ所のみで固定すると，その固定点を軸（支点）にしてノコギリで挽く力によって材料が回転してしまうので，必ず2カ所で固定します（図1c）．

コラム　電動工具は，どれから揃えたら…？　コラム

　電動工具は，便利そうだけど，取り扱いが難し（危な）そう．また，どの程度揃えたらいいのだろうと感じている方は多いのではないのでしょうか．その判断基準となるのは，使用頻度と作業効率，そして安全性．特に電動工具に慣れていないうちは，安全性を優先します．比較的安全なものから揃え，使い慣れてから必要に応じて段階的に，他の電動工具を揃えるとよいでしょう．では，どのような工具が比較的安全なのでしょうか？　加工部分が刃物の工具では，刃の動く範囲が小さい工具（電動ドリルなど）のほうがより安全で，万一怪我をしても小さい怪我ですみます．刃の動く範囲が大きい工具，例えば，電動の丸鋸は，刃の動く部分が大きく危険性が高いため電動工具を初めて揃える場合にはお勧めできません．
　一般に揃えておきたい電動工具としては，設置できる面積や使用頻度にもよりますが，穴をあける工具では電気ドリルや電動ボール盤，切る工具では電動糸ノコ，研磨用工具ではベルトサンダー（できればカービングマシーン），締める工具では充電式ドライバードリル，その他ではヒートガン，職業用ミシンなどが挙げられます．
　また，電動工具を安全に使うためには，工具の正しい使い方だけでなく，適切な材料の固定や作業面の高さといった作業環境の調整，作業内容に合った保護具の使用などの安全管理も重要です．

コラム　取り出し管理しやすい収納　コラム

　目当ての道具・工具，材料をすぐに取り出せないような収納は，日常業務の中での時間のロスも大きく，作業効率も悪くなります．また，そのような環境では，刃物や溶剤などの危険物や材料など消耗品の管理も不十分となりやすいものです．そのため，作業に必要な道具・工具，材料類をすぐに取り出せ管理しやすい収納は，作業環境の調整としても重要です．

　分類しての収納は基本ですが，あまり細分化しては長続きしないため，現実的な収納に努めます．工作室が独立しており鍵がかけられる環境であれば，仕分けしやすい多段棚に「切る道具・工具」「削る道具・工具」「固定する道具・工具」「測る道具・工具」などの用途別に分けて収納したり，よく使う道具類については，壁に掛けて収納するのもよい方法です．さらに，壁側にその工具の形を描いておくなどの工夫をすることで管理もしやすくなります（図1）．

　工具箱を用いる場合は，使用頻度の高い道具を優先して収納することになりますが，収納してある道具類を書き出して工具箱に貼るなどして在庫管理に努めましょう．

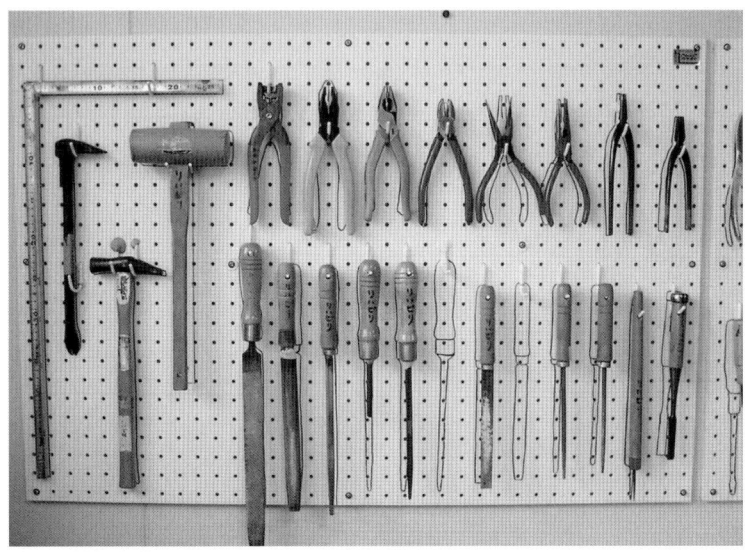

図1　壁掛け収納の例
　　　壁側に道具・工具の形を描いておくと，管理もしやすい．

III 自助具製作のプロセス

1. ニーズの把握
2. 対象者の評価と問題点の分析
3. 他の解決方法の検討
4. 自助具を適応する際に考慮すべき因子
5. 使用する自助具の種類
6. 自助具の設計
7. 自助具の製作と試行・改良
8. 自助具の適合評価・効果判定
9. フォローアップ

　本章では，自助具を作製するまでと，自助具を作製しフォローアップするまでのプロセスを一般的な流れに沿って述べる．併せて（図4-1　自助具作製のプロセス）もご覧いただきたい．

第Ⅲ章　自助具作製のプロセス

1　ニーズの把握

　自助具作製は，対象者のニーズを把握することから始まる．対象者からのできないこと，困っていることなどの訴えや，○○という自助具が欲しいといった直接的な訴え，またはADL評価時などさまざまな場面で自助具を必要とする（自助具で解決する）かもしれないニーズを把握する．

2　対象者の評価と問題点の分析

　対象者が困難をきたしている問題を明らかにし，どの動作を補い，または代償するのか？　また自助具による解決方法の適応となるか？　を検討するために，以下の情報収集および評価を行う．

1）必要な情報の収集

　年齢，性別，疾患，発症時期，合併症，その他一般的事項など．

2）一般的評価

（1）一般的評価
　〔ニーズの把握〕に基づいて，必要な評価(移動能力，姿勢保持能力，上肢機能，感覚，高次脳機能，関節可動域，筋力，麻痺の程度，理解力など）を対象者の状態（疾患など）に応じて実施する．

（2）動作分析
　問題となっている行為・動作を実際（または模擬的）に行ってもらい，どの動作や操作過程に問題があるか分析し，さらにその問題の原因について（1）一般的評価で行った評価結果がどのように影響しているか分析・推察する．

3）環境評価

　動作を行う環境が不安定なベッドサイドや高さの合っていない椅子の使用などは，姿勢保持にも影響する．また，入院中であれば，退院後の介護状況や家屋構造の調査も重

```
                    主 訴
                       ↓
・必要な情報の収集（疾患，発症    ニーズの把握
 時期，合併症など）              ↓
・一般的評価（移動能力，姿勢保持能
 力，上肢機能，感覚，高次脳機能，  対象者の評価
 関節可動域，筋力，麻痺，理解力など）  問題点の分析
・動作分析
・環境評価
・心理的評価
                       ↓
                    解決方法の検討
                    ・身体機能（能力）の改善
                    ・動作手順や方法の変更
                    ・福祉用具〔補装具〕の利用
                    ・操作対象の変更や環境調整
                    ・人的援助
                    ・福祉用具〔道具・用具〕による解決
                    《自助具による解決》
                       ↓
                    自助具の設計
  ┌─────────────────────────┐
  │ 目的の再確認，問題点の分析・明確化 │   〔考慮すべき因子〕
  │       ↓                │   ・疾患，年齢による特性
  │ 問題解決方法の方向づけ         │   ・使用期間（一時的・恒久的）
  │       ↓                │   ・必要最小限度の原理
  │ アイデアを出す ←────┐       │
  │ ┌どのような材料を用い┐ │       │
  │ │どのように加工し   │ ア      │
  │ └どのようなモノを作るか？┘ イ    │
  │ ・今までの経験        デ      │
  │ ・新しい情報の収集      ア     │
  │       ↓         の      │
  │ そのアイデアでよいか検討する─練   │
  │ （実際に使用できるかイメージする）り │
  │                直   │
  │                し   │
  └─────────────────────────┘
                       ↓
                    自助具の製作と試行
・目的動作の達成度              ↓
・環境調整の必要性            自助具の適合評価・効果判定 ⇔ 改 良
・使用上や新たな問題の発生          ↓
・使用者の気に入る外観か         フォローアップ    ・使用方法の説明
・強度や耐久性                           ・メンテナンス指導
・重量や重心位置                          ・破損の場合の対応指導
・安全，衛生性                           ・記録
・操作や維持管理のしやすさなど                   ・使用者の能力や環境の変化時へ
                                    の対応
```

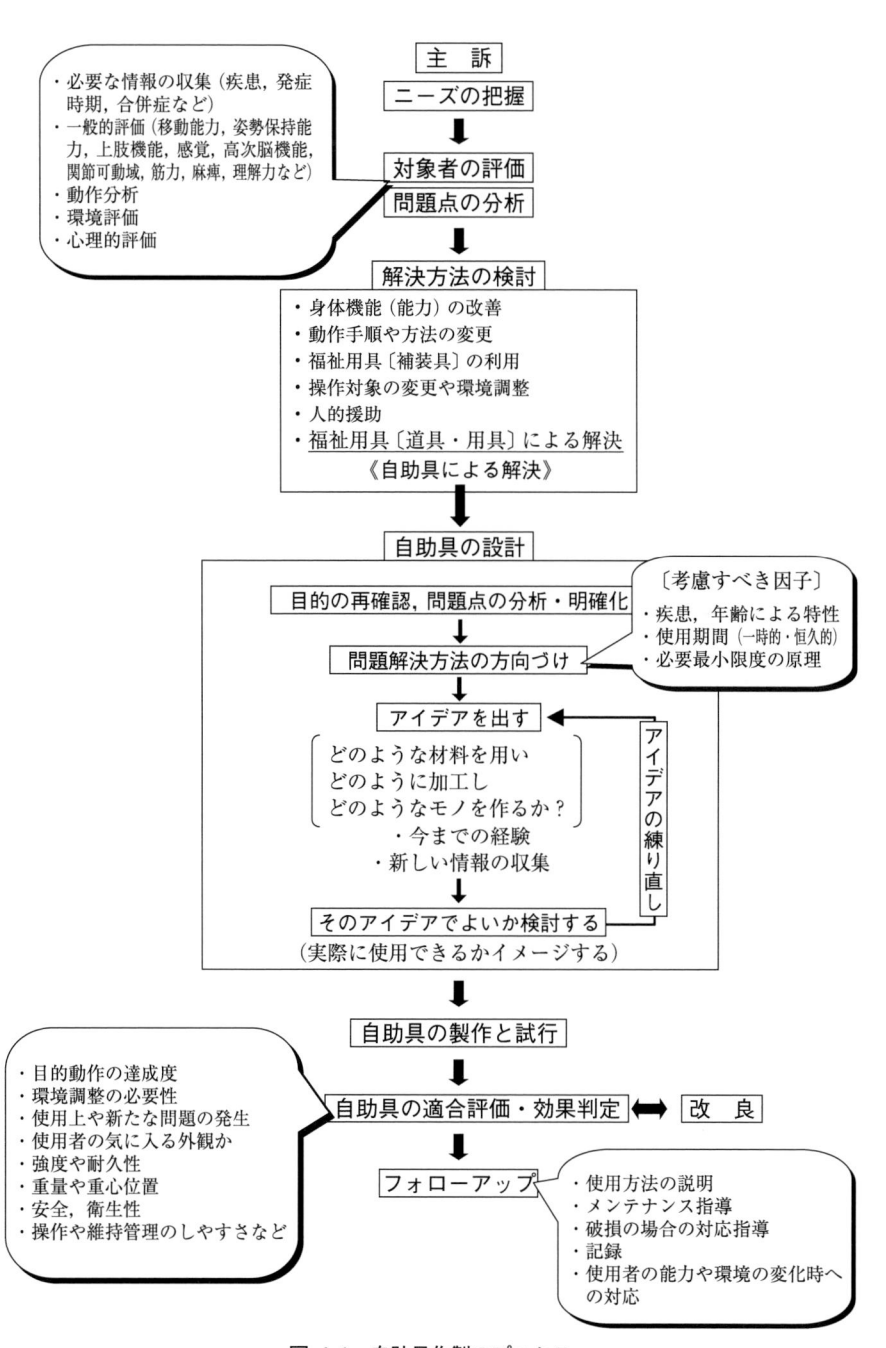

図 4-1 自助具作製のプロセス

要となる.

4）心理的評価

対象者の障害に対する認識・受容の程度や，自助具に対する心理的受け入れについても調べておく必要がある．

3 他の解決方法の検討

評価結果をもとに困難をきたしている問題の解決方法を検討するが，安易に自助具で解決するのではなく，以下の解決方法についても検討する．

1）身体機能（能力）の改善

例えば，脳血管障害や関節リウマチの対象者の場合，麻痺の回復や炎症のコントロールによって現在困難となっている動作が可能となることもある．また，機能的アプローチの施行によって身体能力上の問題が改善することもある．

ただし，身体機能（能力）の改善が見込める場合でも，改善するまでの期間に困難となっている動作をそのまま放置してよいというわけではなく，その他の条件も考え合わせ，必要であれば自助具の適応となる．

2）動作手順や方法の変更

例えば，財布の開閉動作が困難である片手動作者の場合，解決方法の一つとして，財布を使わずポケットにそのままお金を入れるなど，目的とする動作を遂行するための手順や方法は一つではなく，残存機能に応じた動作手順や方法の変更によって，目的動作が達成されることも多い．

3）福祉用具（補装具）の利用

スプリントやその他の上・下肢装具，体幹装具の装着や，杖・歩行器や車いすなどを利用することで姿勢保持能力や身体能力が改善し，目的動作が可能となる場合もある．

4) 操作対象の変更や環境調整

例えば，衣服を着やすい大きめのサイズに変更するなど操作対象そのものの変更や，和式便器を洋式便器へ変更したり，洗面台などの高さ調整など環境を使用者の能力に合わせることで目的動作を達成することも検討する．その他，姿勢保持に問題があれば，立位から座位への操作姿勢の変更やシーティングの工夫についても検討する．

5) 人的援助

その目的動作を行うことが，福祉用具（自助具も含む）の活用も含め，いずれの解決方法を用いても困難であったり，非常に時間や労力を費やすようであれば，家族やヘルパーなどの人的援助も必要で，対象者のQOLに有効となる場合もある．

6) 福祉用具（使用する道具・用具）による解決

上記の解決方法について検討した結果，解決できない問題がある場合や福祉用具と併用したほうがよいと判断された場合に，使用する道具・用具による解決の方法として福祉用具が適応される．福祉用具には，さまざまな種類があり，その一つに自助具も含まれる．

4 自助具を適応する際に考慮すべき因子

自助具を適応する際には，いくつかの考慮点が挙げられる．

1) 疾患，年齢による特性

関節リウマチのように病態や障害が変動する疾患では，自助具に求められる条件もそのときの状態により変動する．また，単に困難な動作を解決するための道具としてだけでなく，自助具が関節保護の手段として用いられることもある．脳血管障害などによる認知機能の障害は，自助具の使用上の大きな阻害因子となるため，認知機能障害の種類や程度に合わせたわかりやすさへの配慮が必要となる．

また，機能障害が比較的固定している疾患でも，加齢や全身状態の変化により自助具

に求められる条件も変動することがあるため注意する．

逆に，小児の場合では，発達段階や就学環境を考慮したデザインや機能の検討が必要となる．

2）自助具の使用について

自助具の使用は，膝や股関節の術後に使用するリーチャーといった，回復の途中のみ使用する〔一時的使用〕と〔恒久的使用〕に分けられる．

特に〔恒久的使用〕では，障害の受容，自助具を受け入れることに対する心理的準備が必要なため，処方，製作の時期に注意が必要となる．自助具の常設展示や障害が固定されつつある時期などにADL評価の中で自助具を紹介したり，試行期間を作っての体験などの配慮が必要となるかもしれない．

3）必要最小限度の原理

例えば，筋力がGレベルあるのにFレベルの筋力でできるような自助具を使用したり，頭部までのリーチが可能な上肢の可動域があるのに長柄ブラシを使用することで，筋力や可動域を低下させるかもしれない．このように自助具に依存しすぎることで，残存機能を低下させないような配慮も必要となる．また，関節リウマチなど症状の変化が特徴的な疾患では，調子の悪いときだけ自助具を使用するなどの指導を併せて行うことも重要となる．

5 使用する自助具の種類

自助具による解決が選択された場合に，自助具に必要とされる条件に基づいて，どの種類による自助具が適当か？　の検討を行う．

1）市販品の利用

(1) 一般的な生活用具や用品などを本来の使用法とは異なる目的で使用する

例えば，食品用ラップを食器の端に取り付けて，フードガードとして使用したり，水

道用配管材料の塩ビ管を車いすのブレーキレバーに差し込んでブレーキレバーの延長材料として使用するなど，意外と活用の幅は広い．

(2) 一般的な生活用具や市販されている自助具の使用

最近では，障害をもった方にも使いやすいユニバーサルデザインの製品やアイデア商品も多く，そのまま自助具として活用できる場合もある．また，市販されている自助具では，ライターやワンタッチ・オープン式傘などのように，もともと片手動作者用に開発されたものが一般に浸透した例もある．最近では，介護保険の影響もあり数多くの自助具が市販されるようになってきた．しかし，市販品は原則として不特定の障害を対象に開発されているので，個々の障害者へ適合するとは限らない．

また，購入の際の参考となるカタログの表記が不十分なことも多く，使用説明書が添付されないこともある．例えば，ソックスエイドは，ソックスエイド本体に取り付けた靴下を前足部に入れて紐を引いて履かせるため，足関節に底屈制限がある場合は使用困難となるが，カタログにそのような注意書きや適合についての記載はみられない．そのため，一般的な生活用具や市販されている自助具の選択にあたっては，その対象者に適合しているかどうかの評価が重要となる．

市販されている福祉用具の種類は膨大であり，新しい製品も発売されるため，できるだけ実物を試す機会をもつようにする．

2）市販品の改良・加工

市販品を利用するだけでは問題の解決が十分でない場合に，不十分な個所を解決できるように部分的な改良や加工を行う．最近では，製品の一部分を対象者に合わせることができるように，手部への取り付け部分に形状記憶樹脂や塩ビコーティングされたアルミ板を用いるなど，使用する際に加工・調整することを前提として市販されているものもある．

3）使用者に合わせて自助具を考案・製作

市販品の利用や市販品を改良・加工することでは問題解決が困難な場合に，使用者に適合するように考案・製作することとなる．

6 自助具の設計

　一般的な生活用具や市販の自助具を改良・加工したり，自助具を使用者に適合するように考案・製作することとなれば，以下の手順で自助具を設計する．

1）目的の再確認，問題点の分析・明確化

　自助具を設計するにあたって，目的をもう一度再確認し，解決しなければならない問題が何であるかをはっきり理解する．問題が重複しているような場合には，それらの問題を各要素に分解するとよい（例えば，整髪動作ができない場合，肩と肘の可動域制限によるリーチ機能障害に加えて手指変形のためにブラシの把持が困難など）．

2）自助具を具体化する

（1）問題の解決方法の方向づけ

　問題をどのような方法や方向で解決していくのか明確にし，自助具に要求される性能・条件を整理する（例えば，手指機能が障害されているためにナースコールが押せないという場合に，手指機能を補助する方向で自助具を考案する．あるいは手指機能を代行し力源を肘などの他の部位に求める方向で解決するなど）．

（2）アイデアを出す

　具体的には，どのような材料を（組み合わせて）用い，どのように加工し，どのようなモノを作るか？　ということ．今までの経験だけで不十分であれば，新しい情報の収集が必要となる．情報源としては，書籍，経験豊かな人，インターネット，カタログ，各種機器センター，街で（ホームセンター，百円均一店，アイデア商品市など）が考えられる〔コラム：自助具材料は，どのようにして見つけましょう？（p.220）も参照〕．

　身体機能や使用環境，自助具に要求される性能・条件を考慮し自助具を具体化していく．その他，強度や耐久性，安全性，維持管理のしやすさ，製作に必要な道具・工具と工作技術についても考慮する．

　アイデアを具体化するためには，ラフなスケッチでもよいので，図面に書き出すとより具体的なイメージがつかみやすい．また，以前に製作した自助具や関連する自助具見本があるとより現実的な検討がしやすい．

上肢機能障害と自助具適合のためのヒントとポイント

　自助具は，使用者の固有の問題を解決するための一手段である．目的動作ができない原因はさまざまであるが，ここでは代表的な障害として上肢機能障害を挙げ，自助具を設計するにあたって，具体的な適合のためのヒントとポイントを示す．

(1) リーチ（身体到達）機能障害

　例えば，整髪動作では頭部全体まで，歯磨き動作では口までというように目的動作を達成するためには，手（効果器）が目的の部位に届くことが必要で，これらの部位へのリーチ（身体到達）が可動域制限や筋力低下などにより障害されている場合には，リーチ（身体到達）機能を補えるように効果器（ブラシなど）と握り柄部分の間を延長（長く）するような工夫，あるいは自助具を軽量にする工夫や材料選びが必要となる．

　長柄にする際のポイントとしては，重心の位置も重要で，一般に重心は中央部から握り柄（手元）側にあるほうが，先端部（効果器）をコントロールしやすい．

　また，必要以上に長いと先端部（効果器）に力が入りにくく，かえって使用しづらいので注意する．

(2) 手指機能障害

　目的部位へのリーチが可能であれば，あとは各種の機器や用具を使用するなどして，目的動作を行うこととなる．その際に必要となる手指機能は，各種の用具の把持が可能か（把持機能），各種の用具を操作して目的の動作ができるか（手指操作機能）が挙げられ，これらの手指機能が障害されている場合の対応としては，

〇把持機能障害

・手指変形や関節可動域の制限などにより，握り柄と皮膚面が十分に接触しないために操作しにくい場合には，太柄にすることで皮膚との接触面積を増大させる．
・筋力低下などにより把持力が低下している場合は，（手または握り柄側に）滑り止め材料を用いることで摩擦力を高める．または，握り柄に凹凸をつけたり突起部をつけることで指が引っかかる部分を作る．
・操作時の方向が要求される場合には，握り柄部の断面形状が楕円（長方）形のほうが使用方向が定まりやすい．逆に断面形状が正円では，手掌の中で握り柄が回転しやすく方向が定まりにくい（コラム：握り柄の形状と先具（p.102）参照）．
・手指機能障害の程度や内容によっては，スプリントと自助具を組み合わせることで目的行為を達成することができることもある．
・把持機能障害が著しい場合は，手にホルダー（いわゆる万能カフ）を装着し，ホルダーに道具（スプーンや歯ブラシなど）を取り付ける．

○手指操作機能障害
・つまむ動作を操作する道具は，つまむ動作から握る動作に変える（第Ⅳ章　4．目薬エイド（p. 250）参照）．
(3) その他
・回内，回外制限の場合には，持ち方の方向を変えるとよい場合がある（例えば，回外制限のためスプーンを口まで持っていけない場合にはスプーンの口に入れる側を母指側にして把持するなど）．

(3) そのアイデアでよいか検討する

考案した自助具を実際にその対象者が使用する場面をイメージして，目的動作が達成できるか？　使用上の問題がないか？　改良点がないか？　を検討する．もし，うまくイメージができないのであれば，それは，自助具のアイデアが具体性に欠ける部分があるか，その対象者の身体機能や能力の把握が不十分であるかのいずれか両方である．そのアイデアで特に問題ないようであれば，実際に自助具を製作する過程に進む．それ以外は，必要な情報を収集するなどしてもう一度(2) アイデアを出すに戻ってアイデアを練り直す．

7　自助具の製作と試行・改良

自助具を製作したら実際に使用してもらい，場合によっては，試行期間を設定し，使いこなしのための操作学習や日常生活の中での使用についても適合評価と効果判定を行い，必要に応じて改良する．

8　自助具の適合評価・効果判定

対象者がその自助具を使用することで，本当に目的動作が達成できるかどうか？　自助具を使用するための環境調整の必要がないか？　その他，使用上の問題や新たな問題が発生していないか？　改良点がないか？　使用者の気に入る外観となっているか？　強度や耐久性，重量や重心位置，安全性，操作や維持管理のしやすさ，その他，食事用自助具であれば，耐水性・耐熱性・衛生的（口に入れても安全な素材）か？　など使用する際に必要な条件についても考慮する．

9 フォローアップ

1）渡すとき

・使用方法の説明
・メンテナンス指導
　汚れたときの対処，取り扱い上の注意事項（熱可塑性樹脂を使っている場合は，お湯につけたり，夏場の車内に置かないなど）．
・破損の場合の対応指導，耐用年数の説明
　例えば，食事やトイレ用自助具などの毎日使用する自助具の場合は，あらかじめスペアの自助具を作っておくか，早めの（破損する前に）再作製を勧めることも重要〔コラム：スペアパーツを常備しよう（p. 221）参照〕．
・記録
　写真や図面で形状や寸法・サイズ，使用材料の記録（できれば自助具見本として別に製作したもの）を残しておくことで，自助具を作り替える際や他のケースに応用する場合に役に立つ．

2）フォロー

　加齢（小児では発育）や疾患特性，また治療効果などによる使用者自身の障害や全身状態の変化，使用環境の変化，あるいは自助具自体の経時的変化などにより新たな問題が発生していないかチェックし，必要に応じて対応できるようにすることも重要である．

参考文献
1) 上田任克：手作り自助具設計指針．OTジャーナル　36：789-794，2002
2) 斎藤延男：自助具．荻島秀男編：装具・自助具・車椅子．pp 99-195，医歯薬出版，1983
3) 中村春基：自助具の概念と設計の考え方．古川宏，他編：作業療法技術論1　義肢，装具リハビリテーション機器，住宅改造．pp 224-232，共同医書出版社，2000
4) 原　武郎，古賀唯夫：図説自助具．医歯薬出版，1971
5) 松元義彦：整容関連用具．適用技術．テクノエイド協会編：福祉用具プランナーテキスト　福祉用具の適用技術．pp 146-163，三菱総合研究所，1997

コラム　自助具材料は，どのようにして見つけましょう？　コラム

　自助具は，「市販品をそのまま使う（適合評価は必要です）」「市販品を改良する」「素材を加工して作り上げる」などの方法があり，実際の自助具に使用される材料は，この本の中で紹介されている以外にもさまざまなものがあります．

　では，それらの材料はいったいどこで入手したらよいのでしょう．まずは，日曜大工店やホームセンター，それ以外では例えば100円均一コーナー，アイデア商品市，雑貨屋，手芸店，化粧品売場，カメラ店，電気店などのパーツセンター，アウトドア用品店，釣具店などの店や身近にあるもの，場合によっては廃品などさまざまなものがその対象となります．まさに無限と言ってよいでしょう．

　大切なのは，それらのお店や自助具の材料となりそうな場所に行ったときに，どのようなものが置いてあるか，売っているか，材質は，価格は，などよく見たり手に触れたりして記憶にとどめておくように（努力）することです．そうしておくと，いざ実際に必要な自助具の材料を考えるとき，今までに見たり触ったりした記憶の中から使えそうなものをリストアップしていくことができるのです．

　それでは，実際に自助具に要求される性能・条件を満たすための材料はどのようにして探しだすとよいのでしょうか，そのための有効な方法は，「このような機能を有した素材」という視点だけで探すことです．このとき，その材料の本来の使用方法などの固定概念を捨て去ることが重要です．例えば，「第Ⅳ章　実際に作ってみよう」で紹介する長柄ブラシの長柄部分に使用しているベンリーカンは，手で曲げることで角度調整ができて，髪をとく程度の力では形が変わらない素材という視点で探しだしたものですが，本来の用途は給水管です．また，目薬エイドの材料であるダッカール（ヘアピン）は，点眼容器を挟み付けて固定することができ，曲げる加工もできる素材という視点で探しだしたものです．このように，自助具材料は医療関係だけでなく，むしろ日常生活用品の中に多く，しかも安くあることが多いのです．

コラム スペアパーツを常備しよう

　ドリル刃や金鋸の替え刃など，よく使う道具や工具の消耗品は，いつ破損してもよいようにスペアパーツを常に準備しておきましょう．

　また，ある程度の頻度で製作する自助具があればその自助具の材料についても，需要（必要）があったときにすぐ作れるように，その自助具の材料を揃えておき，足りなくなる前に補充するようにしましょう．

　自助具自体についても同様で，例えば，台付き爪切りなど毎日は使用しない自助具が壊れたり紛失したりしてもすぐには困りませんが，食事やトイレ用自助具などの毎日使用する自助具が破損して使えなくなった場合，使用者は非常に困ってしまいます．このような場合は，あらかじめスペアの自助具を作っておくか，素材の劣化が進む前に（一定期間経ったら）スペアを作るとよいでしょう．

　製作した自助具の耐用年数については，使用材料，使用頻度によっても変わってきますが，特にスプリント材を使用した場合では，使用頻度が高いと半年程度で破損することもあるので注意が必要です（製作の時点でスプリント材がどの程度劣化しているかも考慮しましょう）．使用者にもその旨を知らせておき，早めの（破損する前に）再製作を勧めることも重要です．

コラム　取り扱い説明書をよく読もう

　いろいろなものを買ったときに取り扱い説明書がついてきますが，これらをよく読まずに使ったりしていませんか．説明書を読まないと，誤った使い方をしたり，本来の機能が発揮されないこともあります．

　また，取り扱い説明書には，使用方法だけでなく消耗部品の取り換えやアタッチメントなどのオプションパーツの規格などの使用上の重要な情報が書いてあります．

　これらはまとめて一つのファイルに入れておくか，またはその使うものの近くに置いておくとよいでしょう．

　こんな例がありました．

　以前に病院で使用していたナースコールのスイッチ部のタイプが，フラットでそのフラットな面をさらに押し込むタイプでした．しかし，このタイプの操作は関節リウマチの方には難しく，何とか楽に押すことができないかという相談を受けました．そこでニトムズが市販している「ふわふわピン®」という商品を使ってスイッチ部分が飛び出す形に加工したところ，ナースコールが楽に押せるようになったと喜ばれました．

　ところがしばらくしてから，そのナースコールの取り扱い説明書をみる機会がありました．その中には押し込む部分の面を回すとその面が飛び出て，もともと押しやすい形になるナースコールだったのです．取り扱い説明書は，よく読んでおくものですね．

IV 実際に作ってみよう

1. リーチャー
2. ふきふきリーチャー
3. 長柄ブラシ
4. 目薬エイド
5. 補高マット
6. 補高便座

本章では，いくつかの自助具を実際に製作する工程を通して，実践的な材料の加工，道具・工具の取り扱いや使用方法，さらに適合上のポイントについて述べてある．実際に自助具を製作する際の参考としていただきたい．

1 リーチャー

　リーチャーはリーチを代償するものの総称．関節リウマチ者では，手の届かないものを取るときや更衣時などさまざまな場面で利用することが多く，最も使用頻度の高い自助具である．その他，車いす使用者や腰を曲げることができない場合などにも利用される．

　リーチャーは，大別して「つまむ」タイプと「ひっかける」タイプに分けられる．手元で先具の開閉を操作する「つまむ」タイプは手作りで製作するには高度な技術を要するため，作業療法士（OT）が製作するリーチャーの種類としては，「棒型」「ひっかける」タイプが一般的である．

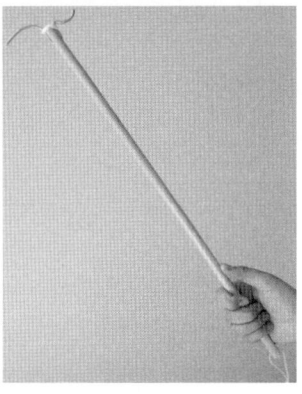

図 1-1　ラミン丸棒を用いたリーチャー

　「棒」部分に使用する材料は，木材，パイプ，アンテナ，カメラ三脚などさまざまなものが利用可能であるが，ここではラミン丸棒を材料に用いた「棒型」で「ひっかける」タイプのリーチャー（図 1-1）の製作方法を紹介する．

1　おもな材料と材料の基礎知識（選び方のコツ）

1）ラミン丸棒（径 12 mm）〔第Ⅰ章　3．木材（p.19）参照〕

　リーチャーの「棒」部分に使用する材料は，日曜大工店やホームセンターの木材コーナーに工作材料として置いてあるラミン材の丸棒である．径は 5, 8, 10, 12, 15, 30 mm と揃っているが，リーチャーの材料としては，一般に 12 mm が適当．12 mm より小さい径ではリーチャーの使用時にたわみやすく，そのまま握るには細く操作しづらいこと

が多い．また 12 mm より大きい径では重たくなり，関節リウマチ者には使用が困難である．

　ラミン丸棒の長さには，90，180 cm があるが，ベッド周囲のカーテン開閉時の使用や在庫のための購入であれば，180 cm のほうが汎用しやすい．

　購入時に重要なことは，まっすぐな丸棒を選ぶことである．曲がった材料で製作されたリーチャーを使用すると握り柄部分に回転しようとする力が働き，操作がしづらい．まっすぐな丸棒の選び方のコツは，まず見てわかるたわみのある丸棒は選ばないこと．見ただけではわかりにくい場合は，床や壁などの平らな部分で転がしてできる隙間やばたつきで判断する〔第Ⅰ章　3．木材．図3-7（p.24）参照〕．その他の方法として，丸棒を指で持ち早めに回転させると，まっすぐな丸棒は回転の軸がブレないが，たわんでいる丸棒は指先に回転軸のブレを感じたり，横から見たときに曲がっている部分が膨らむように回転することで判断できる〔第Ⅰ章　3．木材．図3-8（p.24）参照〕．

2）針金 #10（長さ 20 cm 程度），針金 #26（長さ 30 cm 程度）

　針金の径は，mm 以外に，SWG 番手で表されることも多い．これは英国の規格で数字が大きくなるほど径が細くなる〔第Ⅰ章　4．金属〜針金・線材（p.42）参照〕．

　針金（#10）は，径 3.2 mm でリーチャーの先具に使用する．大きな径のほうが丈夫であるが，これより大きい径では，ペンチでの切断や先具の形作りが困難となる．

　針金（#26）は，径 0.45 mm で針金（#10）をラミン丸棒に固定する際に使用する．これより小さい径でもよいが，逆に #26 より大きい径では，紐のようになじみにくく引き絞りしにくい．

3）充てん材料

　針金（#26）を端処理・固定するだけでなく，針金を完全に覆い空気と遮断することによりサビ止めする目的で使用する．サーモスプリント®（アルケア社製）などの熱可塑性樹脂〔第Ⅰ章　1．プラスチック（p.2）参照〕やホットメルト，金属用パテ〔第Ⅰ章　6．接着・充てん材料（p.58）参照〕などが利用できる．さらに針金（#26）部分を保護するためには，熱で径が半分に縮んで被膜を作ることのできる熱収縮チューブ〔第Ⅰ章　2．ゴム（p.15）参照〕を利用してもよい．

4）ニス，紐

ニス〔第Ⅰ章 7．塗料（p.81）参照〕には，油性と水性のタイプがある．油性のタイプは，耐水性・耐熱性に優れるが，揮発性なので換気と治療区域へ流出しない配慮が必要となる．またうすめる際には，専用のうすめ液が必要となる．水性のタイプは，水でうすめることができ溶剤の揮発もないことから，臨床現場での使用に向いている．

ニスを塗るのは，木材の保護だけでなく滑り止めの目的もあるため，ニスの選択にあたっては，店内に置いてある見本に実際に触って決定するとよい．

2 おもに使用する道具・工具

電動ドリル，ドリルビット（刃）径3.5mm→第Ⅱ章 3．穴をあける道具・工具（p.128）参照
ペンチ→第Ⅱ章 1．切る道具・工具（p.107）参照
ラジオペンチ→第Ⅱ章 1．切る道具・工具（p.107）参照
ハサミ→第Ⅱ章 1．切る道具・工具（p.104）参照
バイス→第Ⅱ章 7．固定する道具・工具（p.174）参照
木材用ノコ→第Ⅱ章 1．切る道具・工具（p.112）参照
（自動）ポンチ→第Ⅱ章 4．打つ道具・工具（p.153）参照
彫刻刀（三角刀）
熱風加工器（ヒートガンなど）→充てん材料に熱可塑性樹脂を使用する場合→第Ⅱ章 9．その他の道具・工具（p.193）参照
グルーガン→充てん材料にホットメルトを使用する場合→第Ⅱ章 6．接着・充てん材料（p.71）参照
サンドペーパー→下記参照

1）サンドペーパー（細～240番手程度～・粗～60番手程度～）

〔第Ⅱ章 3．削る道具・工具（p.137）参照〕

サンドペーパーの荒さ（粒度）は番手で表され，数字が大きいほど粒度は細かくなる．木工用の紙ヤスリは，安価だが砥粒がはがれやすく耐久性も低い．黒い砥粒の耐水ヤスリ（耐水ペーパー）や布ヤスリ（サンドクロス）は，耐久性もあり金属面にも使用できるので便利である．リーチャー先具の針金の研磨には，耐水ヤスリ（耐水ペーパー）か布ヤスリ（サンドクロス）を使用する．

③ 製作方法・工作技術（製作のポイント）

1．ラミン丸棒をサンドペーパーで研磨し，ニス塗りを行う．

　研磨は，細目のサンドペーパーで行う．ニスは，必要な（滑りにくい）被膜の厚さまで重ね塗り（水性ニスの場合3～4度）が必要となる．重ね塗りは，十分に乾いてからニスを塗る．乾燥が不十分な状態で塗ると，仕上がりが汚なく剥離を起こしやすいので注意する．

　ニス塗りの途中でハケを置く場合は，ハケが固まってしまわないよう水につけておき，塗り終わったら面倒でも必ずハケを十分に水洗いする（水性ニスの場合）．

2．ラミン丸棒を使用目的に合わせ適当な長さに切る．

　両刃ノコは，横引で切る．テーブル端を利用して片手で固定して切ってもよい．固定が不十分な場合には，後方部分を他の人に押さえてもらったり，テーブルに滑り止めの工夫をして，その上にラミン丸棒を置き，片手で固定するなどの工夫を行う．ラミン丸棒の固定をバイスで行う場合は，締めすぎるとバイスの跡がつくので注意する．

※1．2．の工程は逆でもよいが，ラミン材を購入した時点で1．の工程をあらかじめ先に行い保存しておくことで，ニス塗り（乾燥）の時間を短縮することができる．

3．ラミン丸棒の端から2cmほどのところに電動ドリルで直径3.5mmの先具用の穴をあける．

4．ラミン丸棒のもう一端から1cmほどのところに電動ドリルで直径3.5mmの紐用の穴をあける．

・ポンチング

　慣れないうちは，はじめにドリルの刃先がズレないようにポンチを打って，直径1～2mm程度のくぼみをつける．太めの釘や不要のボールペンで代用してもよい．丸棒へのポンチングは材料が回転して打ちにくいため，片手で操作できる自動ポンチが便利（図1-2）．

・ドリルビット（刃）の取り付け

　取り付けは，チャックハンドルで3カ所の爪が均等になるよう締め，スイッチを入れて回転させ，ドリルビット（刃）

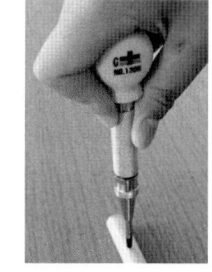

図1-2　ポンチング
慣れないうちは，はじめにドリルの刃先がズレないように穴あけ前にポンチングするとよい．

第Ⅳ章　実際に作ってみよう

がブレないことを確認する．

・固定

　テーブル端にラミン丸棒を出し，片手で押さえて固定してもよいが（図 1-3），より安全に行うにはバイスなどに固定する（図 1-4）．

・穴をあける

　丸棒の中心部に穴をあけることが重要．ドリルビット（刃）の先をポンチング穴に押し当ててから回すと，先端がずれにくい．中心からずれた穴に先具を取り付けると，リーチャーの操作時に先具が回転しようとする力がかかり操作がしにくくなる．横 2 方向以上から見て中心と垂直を確かめる．誰かに横から見てもらって指示を頼むのもよい．電動ドリルは，片手での使用も可能であるが，両手で保持することが基本．利き手でグリップを握り，もう片方の手をボディを包むように添えると安定する（図 1-4）．肘は浮かさず，脇をしめていればコントロールしやすい．また，巻き込まれる危険があるので軍手や手袋はしない．電動ドリルをドリルスタンドに取り付けるか，卓上ボール盤を使用することで，正確な垂直穴があけられる．

図 1-3　電気ドリルでの穴あけ（1）
片手でラミン材を固定するときは，手掌部に体重をかける．

図 1-4　電気ドリルでの穴あけ（2）
慣れないうちは，バイスに固定して両手で電気ドリルを扱って穴あけをする．

・ドリルビット（刃）を引き抜く

　穴をあけた後でドリルビット（刃）の回転を止めると引き抜けなくなるため，ドリルビット（刃）を回転させたままで引き抜く．

5．彫刻刀（三角刀）を用いて 3．であけた穴から端部に向かって先具横ズレ防止用の深さ 2 mm 程度の溝を彫る（図 1-5）．

　長軸方向に沿ったまっすぐな溝を彫る場合に，よく間違えやすいのが，丸棒を身体の正面や彫刻刀を持たない側に固定して彫ろうとすること．これでは，彫刻刀を持った手の動きと丸棒の方向が一致しないため，棒の長軸方向にまっすぐな溝を彫ることは難しい（図 1-6）．彫刻刀を持った手の動き（肩を始点とした屈曲・内転方向への運動方向）に丸棒の方向が一致するように，彫刻刀を持った側の脇下から丸棒に添えるように固定する（図 1-7）．

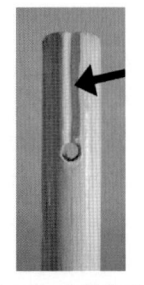

図 1-5　先具横ズレ防止用の溝

1　リーチャー

また，勢い余った三角刀が滑ってもテーブル面をキズつけないようラミン丸棒の先端に木片などを置くとよい（図1-8）．

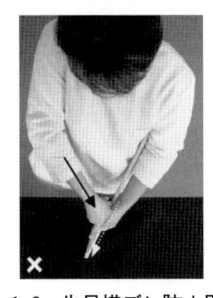

図1-6　先具横ズレ防止用の溝を彫るときの悪い例
彫刻刀の操作方向（点線矢印）とラミン丸棒の方向（実線矢印）が一致していないため，彫りにくい．

図1-7　先具横ズレ防止用の溝を彫るときのよい例
彫刻刀の操作方向（点線矢印）とラミン丸棒の方向（実線矢印）が一致するように，丸棒を彫刻刀を持った側の脇下から固定すると，彫りやすい．

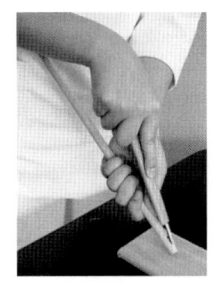

図1-8　木片などを置くと，三角刀が滑ってもテーブル面をキズつけない

6．ラミン丸棒をバイスに固定し，3.であけた穴に針金（#10）を通し溝に食い込ませるように両手で曲げ（図1-9），さらにバイスで締めつけ固定を行う（図1-10）．

　丸棒の先が割れるのを防ぎ，針金（#10）が溝に密着するよう，バイスで締めつける途中で針金（#10）を一度開いてからさらに締めつける（図1-10）．

　この状態で針金（#10）は，溝に1/3ほど埋め込まれており，横方向には動かない状態となっている．

図1-9　針金（#10）を溝に食い込ませるように両手で曲げる

229

第Ⅳ章　実際に作ってみよう

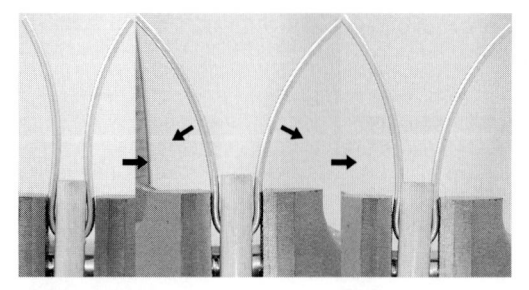

図 1-10　針金（#10）が溝に密着するように，バイスで締めつけ固定を行う
バイスで締めつける途中で針金（#10）を一度開いてからさらに締めつける．

7．再びラミン丸棒をバイスに固定し，針金（#26）を使って丸棒の端部分で針金（#10）が開かないように固定する（図 1-11, 1-12）．

　バイスの締めつけの方向と穴のあいている方向が，垂直になるようにバイスで固定すると操作がぐらつかない（図 1-11）．

　この工程は，針金（#10）の端部で怪我しやすいので，長めの針金（#26）とラジオペンチを使用し広い空間で操作するとよい（図 1-11）．

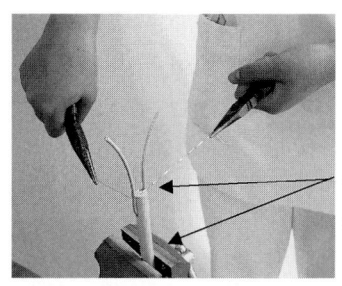

バイスの締めつけの方向と穴のあいている方向が，垂直になるように固定すると操作がぐらつかない

図 1-11　針金（#26）を使って，針金（#10）の固定（1）
針金（#10）の端部で怪我しやすいので，長めの針金（#26）とラジオペンチを使用し広い空間で操作する．

　針金を止める場合は，2本線が均等に締まるよう「ねじり止め」する．片方だけがからんでいたのでは緩みやすいので注意する（図 1-12）．

　針金（#26）の端部，針金（#10）と丸棒の凹みに入れるようにすると，出っ張りが少なく指などが引っかかりにくく怪我しにくい．

　丸棒の端部分で固定することにより，針金（#26）は，下方向へはずれない（図 1-12）．

1 リーチャー

丸棒の端部分で固定することにより，針金（#26）は，下方向へはずれない

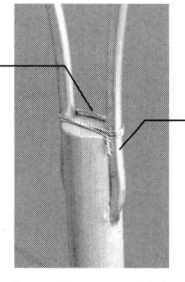

針金（#26）の端部は，針金（#10）と丸棒の凹みに入れるようにすると，出っ張りが少なく怪我しにくい

図1-12 針金（#26）を使って，針金（#10）の固定（2）

8．ペンチで針金（#10）を先具の型に整え，余分な部分を切る（図1-13）．

先具の長さが長すぎると，操作時にかかる力で針金（#10）の形が変わってしまうので注意する．

針金（#10）は，針金（#26）と溝部分によって固定され，針金（#26）は針金（#10）と丸棒によって上下にずれない状態となっており，ちょうど針金（#10，#26）と丸棒が互いに位置を固定する形となっている．

ペンチで針金が切れない場合は，以下のように工夫する〔第II章 1．切る道具・工具（p.104）参照〕．

- 針金を刃元（ペンチの回転軸）側に近づけて切ると，テコの原理により効率よく刃に力が伝わり，断線しやすい．
- 刃跡がついたところを90°回して切る（断線するまで交互に繰り返す）．
- ある程度切れたら，針金の末端をペンチでつかみ，交互に折るようにして金属疲労を利用し切り取る．
- 力のある人に切ってもらうか，断線能力の高いボルトクリッパなどの工具で切断する．

第IV章　実際に作ってみよう

いったん，この部分で深く曲げてから形を整える

指を添えたほうが，形を整えやすい

針金（♯10）は，針金（♯26）と溝部分によって固定され，針金（♯26）は針金（♯10）と丸棒によって上下にずれない状態となっており，ちょうど針金（♯10,♯26）と丸棒が互いに位置を固定する形となっている

先具の長さが長すぎると，操作時にかかる力で針金（♯10）の形が変わってしまうので注意する

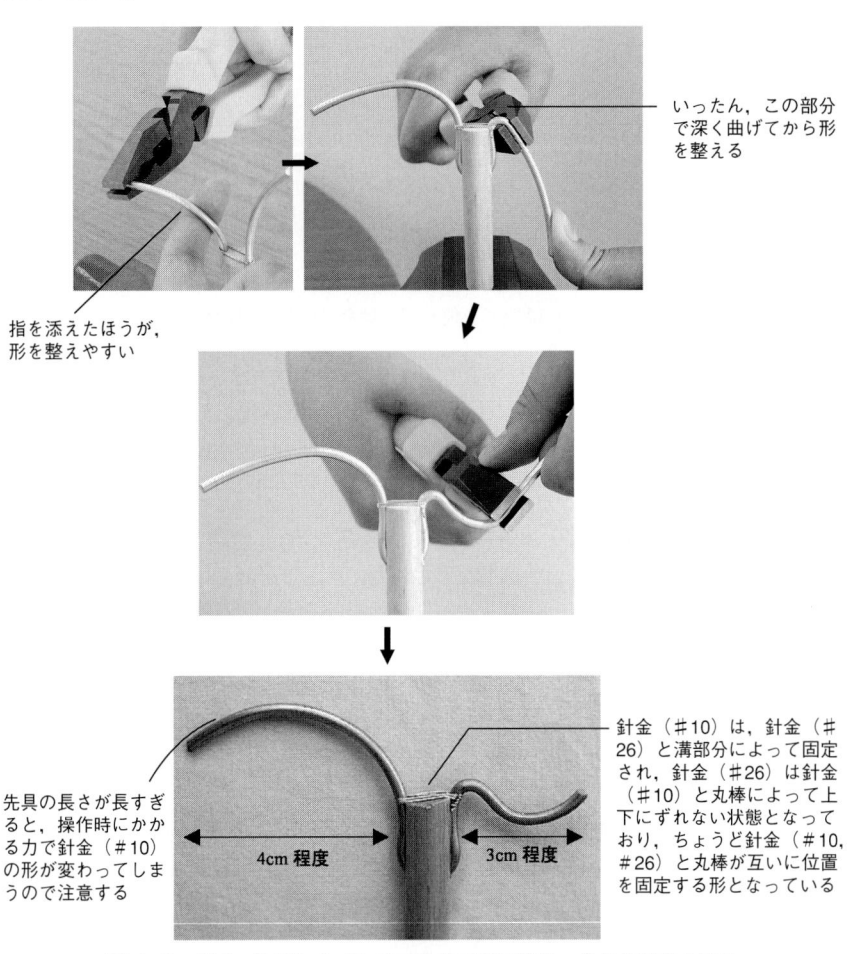

4cm程度　　3cm程度

図 1-13　針金（♯10）をペンチで先具の型に整え，余分な部分を切る

9．先具針金（♯10）の両端を研磨する（図 1-14）．
　針金先端が皮膚を傷つけないように十分に研磨する．粗目（60番手程度）の耐水ヤスリ（耐水ペーパー）や布ヤスリ（サンドクロス）を用いて研磨する．ベルトサンダーやグラインダー，カービングマシーンなどの電動工具を用いたほうが作業は早い．

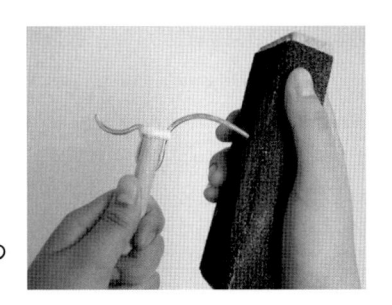

図 1-14 先具針金（#10）の両端を研磨する

10. 針金（#26）で固定した部分に（サビ止め・端処理・固定の目的で）充てん材料を取り付け固定する（図 1-15）.

充てん材料にサーモスプリント® やホットメルトなど，熱によって軟化する材料を使用した場合は，自着性（軟化した際の接着性）が強いので火傷しないよう指に水をつけて形を整える．

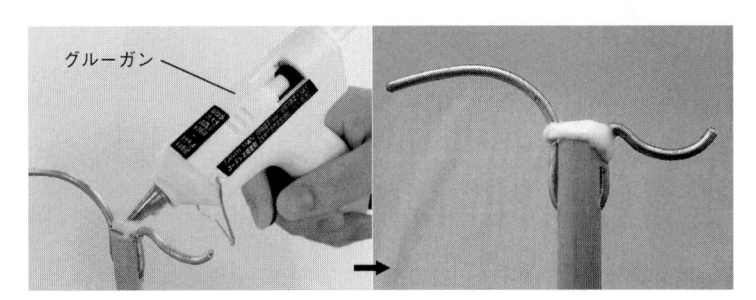

図 1-15 針金（#26）部分にホットメルトを充てん材料にした取り付け

11. 4.であけた穴に紐を通し結ぶ．

4 適合・工夫

リーチャーの長さは，使用目的によっても異なってくる．多目的な使用では，70〜90 cm の長さが多い．更衣動作時に使用する場合は，あまり長いとじゃまになり，かえって使用しづらい．ベッド周囲のカーテン開閉時には 1 m 以上の長さとなる場合もあるが，必要以上に長いと重くなり操作がしづらくなるため，ベッド，カーテンの位置関係，使用者の身体能力によって長さを決定する．

ニスによる滑り止めだけでは，握りが不十分な場合には，さらに滑り止めまたは太柄

第Ⅳ章　実際に作ってみよう

にする必要がある．これらの材料には，各種ゴム板・シートの貼り付け，液体ゴム〔第Ⅰ章　2．ゴム (p.15) 参照〕の塗付，テニスラケットなどのグリップテープ，発泡ウレタンチューブ〔第Ⅰ章　1．プラスチック (p.11) 参照〕などを利用する．

その他，熱収縮チューブと紐を利用して握り柄に凹凸をつけることで指が引っかかるようにする方法もある（図 1-16）．

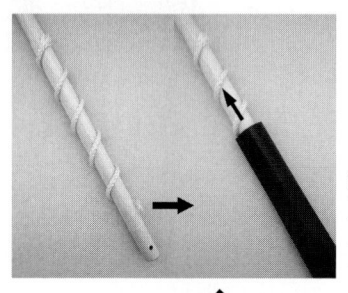

握り部分に両面テープを貼って，その上に紐を巻きつける

熱収縮チューブを通しにくいときは，食品用ラップで両面テープを被っておく
ラップを石けん水につけると，さらに入れやすくなる

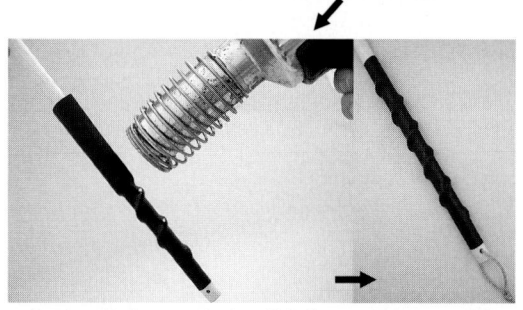

熱風加工器（ヒートガン）で熱収縮チューブを収縮させる　　紐を通して完成

図 1-16　熱収縮チューブと紐を利用して握り柄に凹凸をつける方法

5　使用上の注意・メンテナンス

充てん材料に使用するサーモスプリント®やホットメルトは熱可塑性材料であり60〜70℃で軟化するため，使用者に渡すときに，お湯につけたり，炎天下の車内に置かないようにという指導が必要である．

2 ふきふきリーチャー

　主に，リーチ機能障害で目的部位に手が届かないために拭くことができない場合に使用する自助具．塩ビ管にベンリーカン〔SAN-EI〕を取り付け，さらにその先に洗濯バサミを取り付けたものである（図2-1）．

　先部（洗濯バサミ）に固定するものによって①ハンドタオルなどを固定し，手の届かない部分（顔や後頸部など）の汗拭きを行う（図2-2）．②ちり紙（トイレットペーパー）を固定し，排泄後の始末を行う．③綿棒を固定し，耳かきとして使用する．などの整容やトイレ動作の補助が主な用途である．

図 2-1　ふきふきリーチャー

図 2-2　ふきふきリーチャーの使用場面
ハンドタオルを先部に固定して後頸部の汗拭き．

　名称については，トイレ用であればトイレットエイド，耳かき用であれば耳かきエイド，リーチ機能を代償するものということではリーチャーなどの名称となるが，多目的な用途として利用できることと使用者に親しんでもらいやすいように「ふきふきリーチャー」の名称としている．

1　おもな材料と材料の基礎知識（選び方のコツ）

1）洗濯バサミ

　耳かき用であれば挟みつける力の強い洗濯バサミを選ぶ．

2）ベンリーカン（SAN-EI）またはフレキパイプ（KAKUDAI）

湯沸器の給水管などに使用されているステンレス製パイプで角度調整部分に使用する．フレキパイプよりベンリーカンのほうが光沢があり，見栄えがよい．その他の特徴については，〔第Ⅰ章　4．金属（p.31）〕参照．

3）塩ビ管（VP 13）

握り柄部分に使用する．その他の特徴については，〔第Ⅰ章　1．プラスチック（p.2）〕参照．

4）熱収縮チューブ

ベンリーカンと洗濯バサミの接合部の保護用材料として使用する．必ずしも必要というわけではない．その他の特徴については，〔第Ⅰ章　2．ゴム（p.15）〕参照．

5）サーモスプリント®（アルケア社製）またはホットメルト

ベンリーカン（SAN-EI）と洗濯バサミの接合・保護材料として使用する．その他の特徴については，〔第Ⅰ章　1．プラスチック（p.2）〕〔第Ⅰ章　6．接着・充てん材料（p.58）〕参照．

6）紐

2　おもに使用する道具・工具

金切りノコ→第Ⅱ章　1．切る道具・工具（p.115）参照
バイス→第Ⅱ章　7．固定する道具・工具（p.174）参照
サンドペーパー（120番手程度）または電動研磨工具→第Ⅱ章　3．削る道具・工具（p.137）参照
熱風加工器（ヒートガンなど）→第Ⅱ章　9．その他の道具・工具（p.193）参照
プライヤー→第Ⅱ章　6．つかむ道具・工具（p.170）参照
電動ドリルまたは卓上ボール盤→第Ⅱ章　2．穴をあける道具・工具（p.128）参照

3 製作方法・工作技術（製作のポイント）

1．塩ビ管（VP 13）を金切りノコまたは塩ビ鋸で必要な長さに切断し，端部を研磨する．

　塩ビ管（VP 13）はふきふきリーチャーの握り柄や長柄部分となる．その長さは，長い柄とする必要がなければ，両手で把持できるように 22～25 cm 程度．バイスに挟んで固定して切断する．端部の研磨は，ベルトサンダーなどの電動研磨工具かサンドペーパーを使用する．

　シート状のサンドペーパーを机などの平面上において塩ビ管（VP 13）の端部を円を描くように押しつけて研磨すると均一な平面に仕上げることができる（図2-3）．角部は皮膚を傷つけやすいので研磨を忘れずに行う．特にベンリーカンを差し込む側は径が太くなり角部が強調されるため入念に（図2-4）．

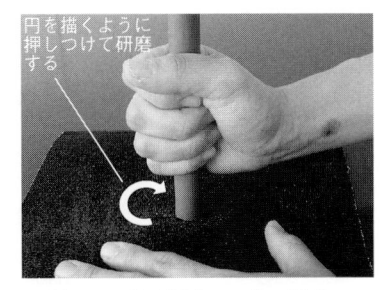

図 2-3 塩ビ管（VP 13）の端部の研磨（1）

図 2-4 塩ビ管（VP 13）の端部の研磨（2）

2．ベンリーカンを金切りノコを用いて 15 cm 程度に切断し，端部を研磨する．

　ベンリーカンの両端は水栓に差し込めるようツバ出し形状となっているため，その部分を避けて蛇腹状部分を切り取る（図2-5）．金切りノコでの切りやすい方法については〔第II章　1．切る道具・工具．図 1-25（p.117）〕参照．金切りノコで挽く際にはバイスでの固定点から金切りノコで挽く個所までの距離が遠いと，ベンリーカンがしなって切れにくくなるため，固定点から近い個所を切るようにする〔コラム：まっすぐ切るためには？（p.204）参照〕．

　端部の研磨は，あらかじめラジオペンチやヤットコなどで切断面のバリを外側に出して研磨しやすくしておいてから（図2-6），ベルトサンダーなどの電動研磨工具か荒目のサンドペーパーで研磨する．なお，ベンリーカンに差し込む側の端部は，ベンリーカンによって被われ固定されるために研磨は不要．

第Ⅳ章　実際に作ってみよう

図 2-5　ベンリーカンの切断

使用部分
この部分は使用しない

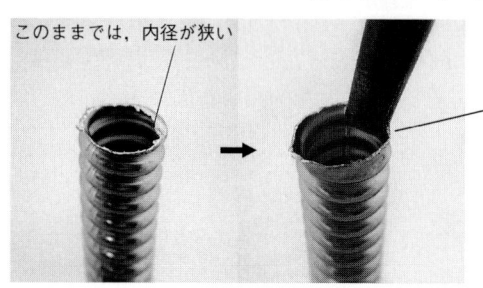

このままでは，内径が狭い

バリを外側に出して研磨する

図 2-6　ベンリーカン切断部の研磨前処理

3．塩ビ管（VP 13）の端部をヒートガンなどで加熱して（図 2-7）軟化させ，ベンリーカンを差し込む（図 2-9）（冷えると塩ビ管が収縮することにより固定される）．

塩ビ管が軟化したかどうかの確認は，加熱途中で時々テーブルなどに押しつけて軟らかさを確かめる（図 2-8）．ベンリーカンを差し込んだ後は冷めるまで動かさない．

一部分だけ焦げないように，回転させてまんべんなく加熱する

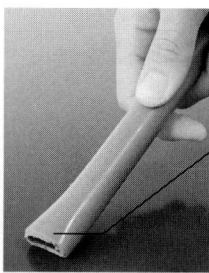

テーブルに押しつけて十分軟らかければ，すぐに次の工程へ

図 2-7　塩ビ管（VP 13）端部の加熱処理

図 2-8　塩ビ管の軟化程度の確認

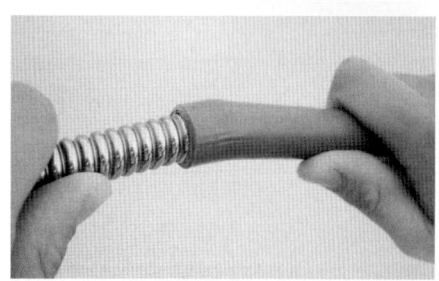

図 2-9　軟化させたベンリーカンを差し込む

4．ベンリーカンのもう一方の端部（2〜3 cm）を洗濯バサミが差し込みやすいようにバイスやプライヤーなどで平たく加工する（図 2-10）．

洗濯バサミが差し込みやすいように扁平に加工する

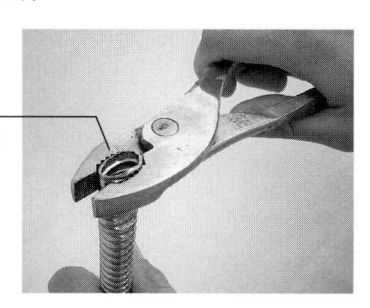

図 2-10　ベンリーカン端部の処理

5．ヒートガンなどで加熱し軟化したサーモスプリント®（またはグルーガンで加熱したホットメルト）を洗濯バサミにつけてベンリーカンに差し込み，バイスやプライヤーなどで差し込んだ部分をつぶして固定し，軟化したサーモスプリント®（またはグルーガンで加熱したホットメルト）でベンリーカンの金属端部を被う（図 2-11）．

金属端部をさらに熱収縮チューブで被う場合は，洗濯バサミをベンリーカンに差し込む前に 2〜3 cm に切ったものをベンリーカンに差し入れておき，5．の工程後に接合部まで移動してヒートガンなどで熱処理して収縮させる．〔第Ⅰ章　2．ゴム〜熱収縮チューブ（p.16）〕参照．

図 2-11　洗濯バサミをベンリーカンに差し込み，端部をつぶして固定する

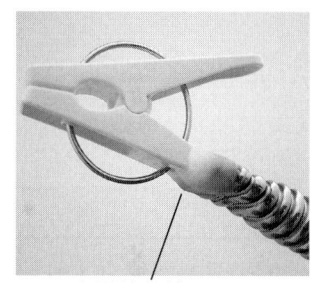

金属端部を被うようにサーモスプリント®を取り付ける

6．塩ビ管（VP 13）のベンリーカンを差し込んでいない側の端に，電動ドリルで穴をあけ紐を通す（図 2-1）．

7．ベンリーカンを適当な角度に設定する（図 2-1）．
　ベンリーカンを曲げる際に，洗濯バサミ部を持って曲げると接合部が破損する恐れがあるため，必ずベンリーカンの曲げる部分を持って曲げること．
　※トイレ用の場合は，洗濯バサミの先部が粘膜を傷つけないようサーモスプリント®（またはホットメルト）などを取り付け，丸い形に整える（図 2-12）．

第Ⅳ章　実際に作ってみよう

※綿棒を固定し，耳かきとして使用する場合は，バネの強い洗濯バサミを使用し綿棒を挟む部分を凹ませて固定する（図2-13）．洗濯バサミの先部にサーモスプリント® を取り付けて，完全に硬化する前に綿棒と同程度の径の釘などに水をつけて，洗濯バサミの先部に挟んで凹みをつける．

粘膜を傷つけないようサーモスプリント®などで丸い形に整える

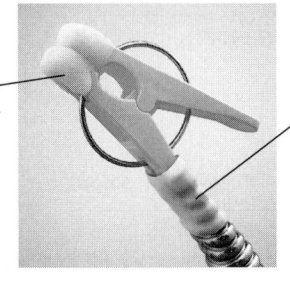

熱収縮チューブで金属端部を被った例

図 2-12　トイレ用ふきふきリーチャーの先部

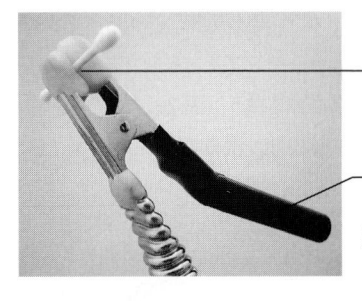

綿棒が固定しやすいように凹みをつける

開閉操作が楽にできるように塩ビ管で延長した例

図 2-13　耳かき用ふきふきリーチャーの先部

4　適合・工夫

　ふきふきリーチャーの握り部の把握・保持が困難な場合は，液体ゴムやグリップテープなどを用いた滑り止めや太柄加工，熱収縮チューブと紐で段差加工〔第Ⅳ章　1．リーチャー（p.224）参照〕を行うなどの工夫をする．

　先部（洗濯バサミ）に用具（ハンドタオル，綿棒，ちり紙）を取り付ける操作が困難な場合は，洗濯バサミのバネをピアノ線（＃20程度）に交換し，少ない力で洗濯バサミの開閉操作ができるようにする（ピアノ線は弾性が強いため，作るバネの径よりも細目のパイプに二重巻きにして製作する．図2-14）．あるいは，洗濯バサミのつまみ部を塩ビ管などで延長し，テコの原理で開閉操作が楽にできるようにする（図2-13）．

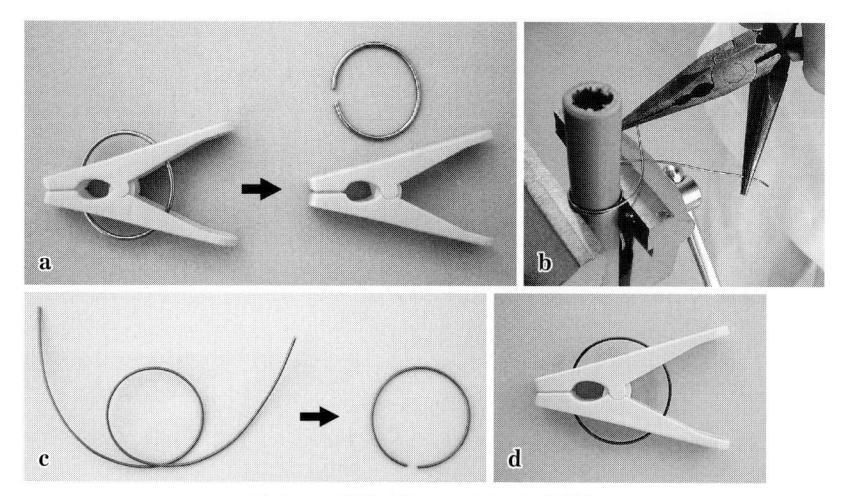

図 2-14 洗濯バサミのバネの取り替え
a：バネを取りはずす．
b：塩ビ管（VP 13），ピアノ線（#20）を二重巻きにする．
c：ピアノ線の輪が閉じたところをペンチで切る．
d：ピアノ線で作ったバネを取り付ける．

5 使用上の注意・メンテナンス

　洗濯バサミのつまみ部を塩ビ管などで延長した場合は，延長部を長くしすぎたり，繰り返しの使用によって洗濯バサミが破損することもあるので注意する．
　汚れた場合には，中性洗剤などで水洗いをする．充てん材料に使用するサーモスプリント®やホットメルトは熱可塑性材料であり60～70℃で軟化するため，使用者に渡すときには，お湯につけたり，炎天下の車内に置かないようにという指導が必要となる．また，ベンリーカンの角度を変える際に，洗濯バサミ部を持って曲げると接合部が破損する恐れがあるため，必ずベンリーカンの曲げる部分を持って曲げるように指導する．

3 長柄ブラシ

把持したブラシが頭部まで届かない場合に，自力で髪をとくために使用する自助具（図3-1）．後頭部への整髪動作のためには，一般には肩屈曲70°，外転110°，外旋30°，肘屈曲110°以上が必要であり，関節リウマチ者には困難な動作の一つである．長柄ブラシの製作にあたっては，使用者のリーチ能力に合わせた長柄部の長さや握りやすい太さの握り柄，ときやすい形状のブラシなどに留意する（図3-2）．

ここでは，長柄（角度調整）部分にベンリーカン〔SAN-EI〕を，握り柄にヤスリ柄を使用した長柄ブラシについて紹介する．

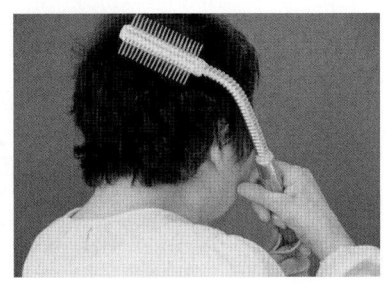

図 3-1 長柄ブラシ（使用場面）

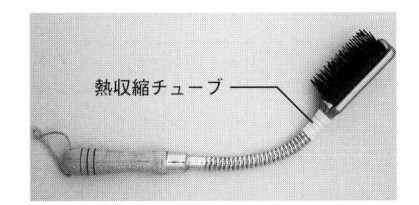

図 3-2 長柄ブラシ（熱収縮チューブ）

1 おもな材料と材料の基礎知識（選び方のコツ）

1）ベンリーカン（SAN-EI）またはフレキパイプ（KAKUDAI）

湯沸器の給水管などに使用されているステンレス製パイプを長柄（角度調整）部分に使用する．フレキパイプよりベンリーカンのほうが光沢があり見栄えがよい．その他の特徴については，〔第Ⅰ章 4．金属（p.39）〕参照．

長柄（角度調整）部分にベンリーカンを使用することにより得られる利点としては，
・一部分だけ曲げることも，頭部に合わせて弧を描くように曲げることも可能．

- 曲げるために道具類を必要とせず両手で曲げることが可能であり，髪をとく程度の力では設定した角度が変化することがない．
- 身体機能の変化などにより設定した角度が合わなくなれば，簡単に再調節することができる．
- ベンリーカンはステンレス製なので錆びにくく見栄えもよく，入浴時の洗髪用として使用することも可能．
- ベンリーカン自体が軽量（10 cm 当たり 12 g 程度）なので，長柄ブラシの総重量も比較的軽量にすることができる．

2）ブラシ

ブラシは，ブラシ部の断面形状で平面のタイプと曲面のタイプに分けられる．平面のタイプは，ブラシ部が常に頭皮に向いていなければならない．これに対し断面形状が曲面のタイプは，ブラシの毛が放射線状になっており，どのように頭部に当ててもときやすい（図 3-1，3-3）ので，曲面のタイプのほうを使用するとよい．

図 3-3　ブラシ（ブラシ部の断面形状）の種類

3）継ぎ木（10 cm 程度）

ラミン丸棒（径 12 mm）〔第Ⅰ章　3．木材（p.26）参照〕を使用．

4）握り柄（ヤスリ柄）

断面形状が楕円形の握り柄（包丁の柄など）では握る方向が定まってしまう．断面形状が円形の握り柄（ヤスリ柄）のほうが握る方向が自由で操作しやすい〔コラム：握り柄の形状と先具（p.102）参照〕．

ヤスリ柄には，1～4号の大きさの種類がある．1号，2号は長柄ブラシの握り柄として使用するには小さすぎ，おもにボタンエイドの握り柄として利用する．

第Ⅳ章　実際に作ってみよう

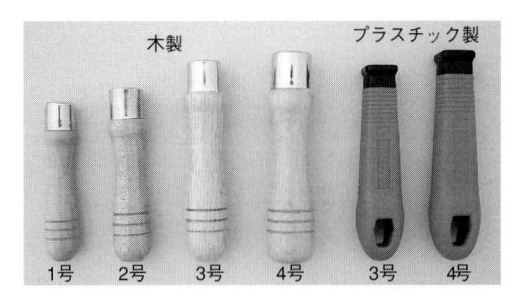

図 3-4　各種握り柄（ヤスリ柄）

　握り柄の選択にあたっては，使用者の手指機能に適合したヤスリ柄の大きさや，用途別では洗髪用であればプラスチック製のヤスリ柄を使用することなどを考慮する（図3-4）．

5）各種接着剤または，サーモスプリント®（アルケア社製）またはホットメルト

　ベンリーカンとブラシの接合・保護材料として使用する．その他の特徴については，〔第Ⅰ章　1．プラスチック（p.2），6．接着・充てん材料（p.58）〕参照．

6）熱収縮チューブ

　ベンリーカンとブラシの接合部の保護用材料として使用する．必ずしも必要というわけではない．その他の特徴については，〔第Ⅰ章　2．ゴム（p.16）〕参照．

7）紐

2 おもに使用する道具・工具

金切りノコ・木材用ノコ→第Ⅱ章　1．切る道具・工具（p.104）参照
バイス→第Ⅱ章　7．固定する道具・工具（p.174）参照
鉄工ヤスリ，サンドペーパー（60番手程度）または電動研磨工具→第Ⅱ章　3．削る道具・工具（p.137）参照
熱風加工器（ヒートガンなど）→第Ⅱ章　9．その他の道具・工具（p.193）参照
プライヤー→第Ⅱ章　6．つかむ道具・工具（p.170）参照
電動ドリルまたは卓上ボール盤→第Ⅱ章　2．穴をあける道具・工具（p.126）参照

3 製作方法・工作技術（製作のポイント）

1．ベンリーカンを使用者のリーチ機能に合わせて適切な長さに金切りノコで切断し，端部を研磨する．

　ベンリーカンの両端のツバ出し形状部を含めて切断する（図3-5）．金切りノコでの切りやすい方法については〔第Ⅱ章　1．切る道具・工具．図1-25（p.117）〕参照．また，バイスでの固定点から近い個所を切るようにする〔コラム：まっすぐ切るためには？（p.204）参照〕．

　端部の研磨は，あらかじめラジオペンチやヤットコなどで切断面のバリを外側に出しておいてから〔2．ふきふきリーチャー．図2-6（p.238）参照〕，ベルトサンダーなどの電動研磨工具か荒目のサンドペーパーで研磨する．

　　　　　　　　　　　　　　　　　　　　　　　　　　　この部分も使用する

図3-5　ベンリーカンの切断

2．握り柄とベンリーカンを接続するための継ぎ木をそれぞれに適するように形を整え接続する．

a．ラミン材を長さ10 cm程度に切断し，一端を3 cm程度カッターナイフで削る．その後，電動研磨工具を用いるか，またはバイスにラミン材を固定し木工（または鉄工）ヤスリで握り柄の取り付け穴に入る程度の径と形状に加工する（図3-6）．その後，全長を7 cm程度に切断して，木槌で握り柄の中心軸にまっすぐ打ち込む（図3-7）．

　ラミン材の断面の中心部にボールペンなどで印をつけて，印を残すように削っていくと中心軸に沿った削り出しができる（図3-6）．接ぎ木を握り柄に打ち込むときは木工用

第Ⅳ章　実際に作ってみよう

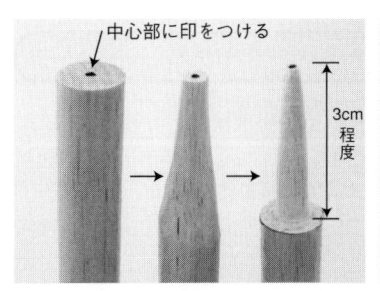

図 3-6　接ぎ木の加工
中心部の印を残しながら削る．

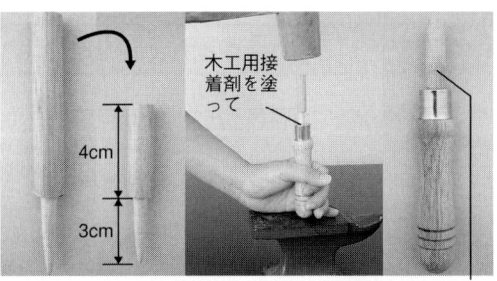

図 3-7　握り柄と接ぎ木の接合
ベンリーカンが入る程度に研磨する

接着剤を塗ると強固な固定となる（図 3-7）．

b．握り柄から出ている接ぎ木がベンリーカンの中にすべて入るように接ぎ木を研磨し，接着剤を貼付して握り柄とベンリーカンを接合する（図 3-8）．

接着剤には，エポキシ樹脂系か変成シリコン樹脂系を使用する〔第Ⅰ章　6．接着・充てん材料（p.68）参照〕．ベンリーカンの両端のツバ出し形状部の内径は蛇腹部の内径よりも大きい．そのため接ぎ木の研磨は，蛇腹部と接する部分のみを緩すぎない程度に行う（図 3-7）．接合は，接着剤を接ぎ木に塗って，ベンリーカンを回しながら接ぎ木に差し込む．その後，接合部をプライヤーでつぶして圧迫し固定力を増すようにしてもよい．

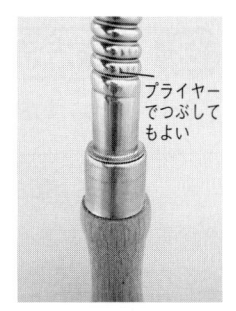

図 3-8　握り柄とベンリーカンの接合部

3．ブラシの握り柄部を金切り鋸で 2 cm 程度残して切り，研磨工具を使用してベンリーカンに差し込める程度に研磨する．

　研磨工具に電動研磨工具を使用する場合は，上記の順序で加工する．鉄工ヤスリを使用する場合は，(ブラシの握り柄部を先に切ってしまうとバイスにブラシを固定することができないため）バイスにブラシを固定して研磨した後にブラシの握り柄部を切断し（図 3-9），その後サンドペーパーなどを使用してベンリーカンに差し込める程度に整える．

3　長柄ブラシ

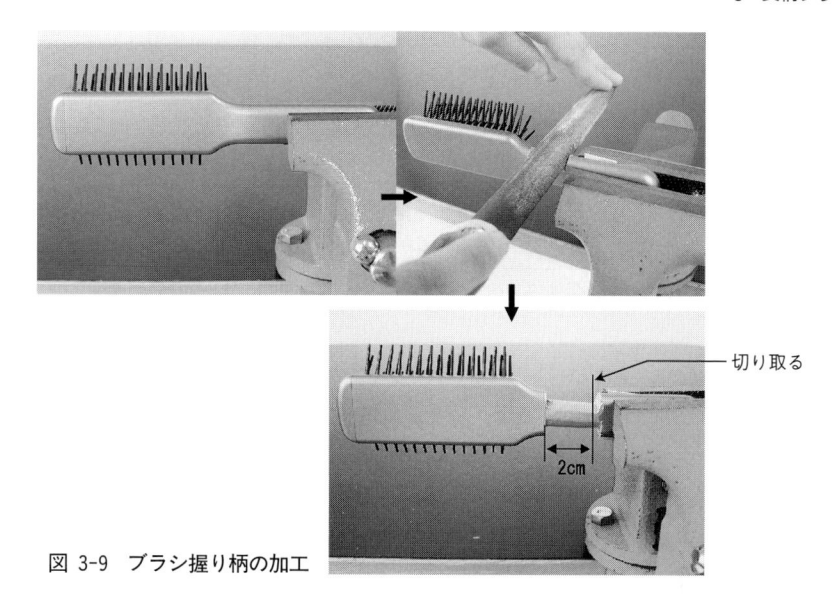

図 3-9　ブラシ握り柄の加工

4．3.で加工したブラシの握り柄部に接着剤またはサーモスプリント®やホットメルトをつけて，ベンリーカンに差し込み固定する（図 3-10）．

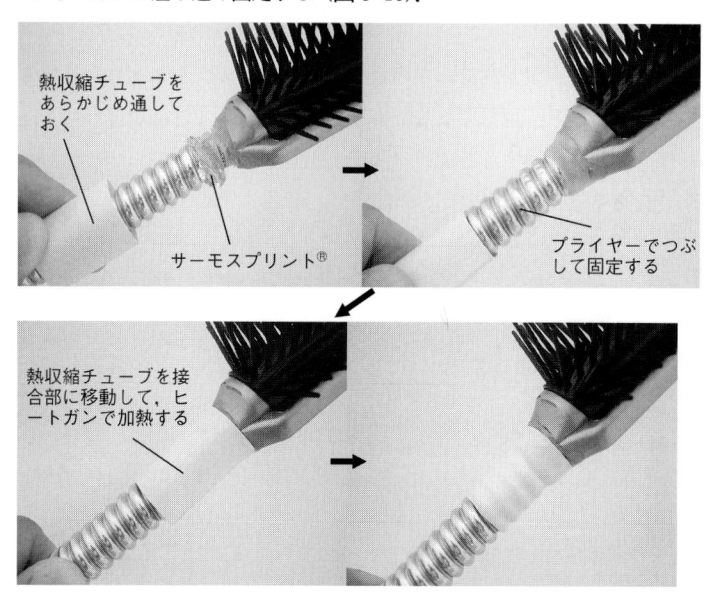

図 3-10　ブラシとベンリーカンの接合

第Ⅳ章　実際に作ってみよう

サーモスプリント® は熱風加工器（ヒートガンなど）で，ホットメルトはグルーガンで軟化したものをブラシ側につけて差し込み，ベンリーカンの端部を被って固定する．プライヤーで差し込んだ部分をつぶして固定力が増すようにする．接着剤には，エポキシ樹脂系か変成シリコン樹脂系を使用し，必要時間静置する〔第Ⅰ章　6．接着・充てん材料（p.68）参照〕．また，接着剤を使用する場合は，金属端がむき出しになるため接合部に熱収縮チューブを必ず取り付ける（図 3-2）．熱収縮チューブを取り付ける場合は，ブラシとベンリーカンを接合する前にベンリーカン側に通しておくのを忘れずに．

5．使用者が使いやすいようにベンリーカンの角度を調節する（図 3-1, 3-2）．

　ベンリーカンを曲げる際に，ブラシを持って曲げると接合部が破損する恐れがあるため，必ずベンリーカンを持って曲げる．

6．握り柄部分に電動ドリル（径 3.5 mm 程度）で穴をあけ，紐を通す（図 3-2）．

4　適合・工夫

　洗髪用にプラスチック製のヤスリ柄を使用する場合は，接ぎ木にアクリル棒を使用する（図 3-11）．

　リーチ機能が著しく制限されている場合に，ベンリーカンをあまり長くすると使用時にしなってしまうことと，重たくなるため，長柄部分はラミン材を材料にし，角度調整部のみベンリーカンを使用するとよい（図 3-12）．

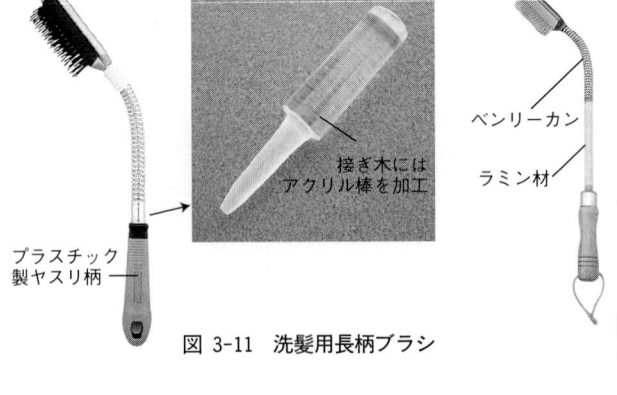

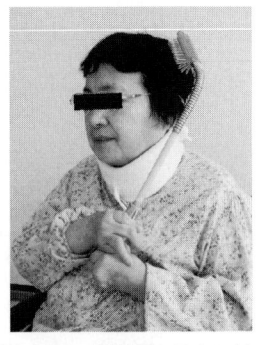

図 3-11　洗髪用長柄ブラシ

図 3-12　長柄部にラミン材を使用した長柄ブラシ

5 使用上の注意・メンテナンス

　握り柄が木製の長柄ブラシを洗髪用に使用すると，接ぎ木が水分を含み腐って折れることがあるため注意しておく必要がある．充てん材料に使用するサーモスプリント®やホットメルトは熱可塑性材料であり60～70℃で軟化するため，長柄ブラシを使用者に渡すときには，お湯につけたり，炎天下の車内に置かないようにという指導が必要である．ベンリーカンの角度を変える際には，ブラシ部を持って曲げると接合部が破損する恐れがあるので，必ずベンリーカンの曲げる部分を持って曲げるように指導する．

4 目薬エイド

　目薬エイドとは，関節リウマチなどで母指や示指などの手指関節に動揺（不安定性）があったり，麻痺のためにピンチ力の低下があることにより，点眼容器をつまんで目薬をさすことが困難な場合に使用する自助具（図4-1）．

　点眼容器を挟んで目薬をさすことで，「ピンチ動作」を「握る動作」で代償でき，さらにテコの原理を利用して少ない筋力で目薬をさすことができる．また，ある程度，リーチを拡大できる（図4-2）．

　材料は，ピンセットや割箸なども利用可能であるが，ここでは，バネによる挟みつける力で点眼容器が固定しやすく，加工も容易なダッカール（大型のヘアピン）を使用した目薬エイドを紹介する．

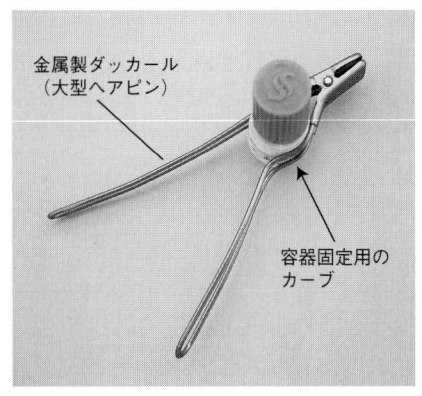

図 4-1　目薬エイド

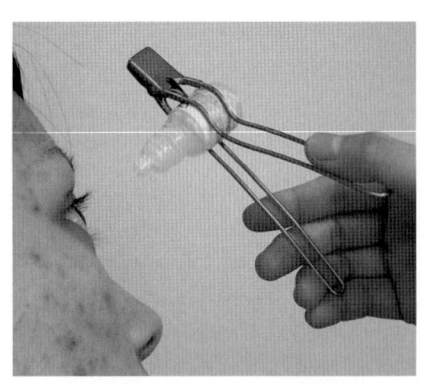

図 4-2　目薬エイドの使用場面

1 おもな材料と材料の基礎知識（選び方のコツ）

1) 金属製ダッカール（大型ヘアピン）

　プラスチック製のダッカールは，点眼容器固定用のカーブを加熱処理しての加工が難しいことと，長期間の使用によりジョイント部（回転軸を受け止めるプラスチック部分）が破損しやすいので，材料としては不適切である．

　金属製ダッカールは，加工しやすく耐久性にも優れている．購入は，化粧品店やホームセンター，100円ショップなどで100～200円で購入できる．

2 おもに使用する道具・工具

1) 点眼容器と同程度の径の木材やパイプ

　一般的な点眼容器では，水道用配管材料の塩ビ管（内径13 mm・VP 13やHT 13と表示）がほぼ同じ径で利用しやすい．その他，病院内で使用される金属パイプ製のベッド柵も利用できる．

2) バイス

　パイプを固定する際に使用する〔第II章　7．固定する道具・工具（p.174）参照〕．

3 製作方法・工作技術（製作のポイント）

1．点眼容器と同程度の径の木材やパイプを用意する．

2．1.で用意したパイプをバイスに挟んで固定し（金属パイプ製のベッド柵を利用する場合は，ベッド柵がベッドに固定されたままで），金属製ダッカールを押し当てて曲げ容器固定用のカーブをつける（図4-3）．

3．握り部分の間隔を調整する（図4-3）．

第Ⅳ章　実際に作ってみよう

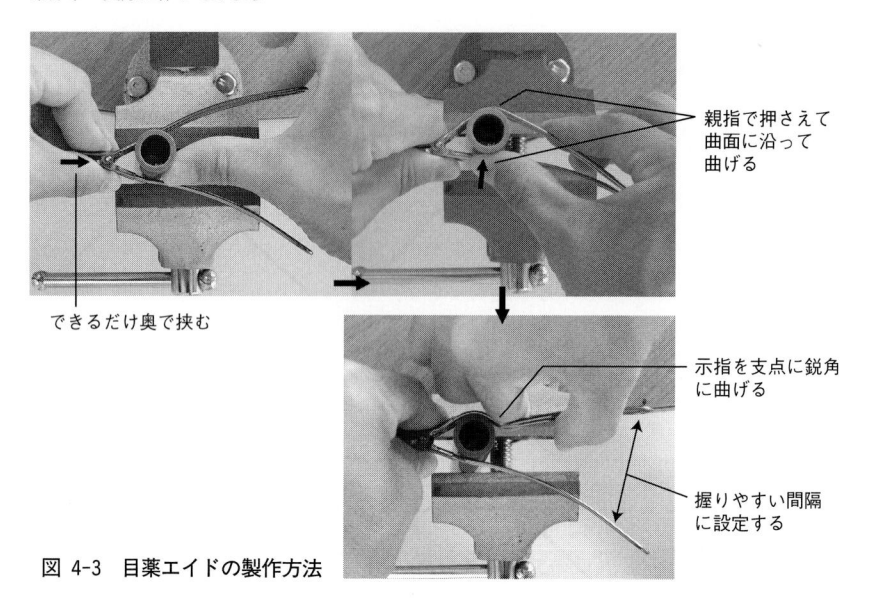

親指で押さえて
曲面に沿って
曲げる

できるだけ奥で挟む

示指を支点に鋭角
に曲げる

握りやすい間隔
に設定する

図 4-3　目薬エイドの製作方法

4 適合・工夫

　目薬エイドを使用する際には，目薬エイドを把持したままで手掌部が顔面(鼻周囲)に届くだけのリーチ機能が必要である．リーチ機能の制限が強く目薬エイドをそのままで使用できない場合は，臥位で目薬をさすなどリーチ範囲を拡げられる姿勢で行うか，または長柄タイプの目薬エイド(図4-4)などの工夫を行う．

　ピンチ力の低下などのため目薬エイドを容器へ取り付けることが困難な場合には，容器の取り替えは他の人にやってもらう．また，複数の目薬が必要な場合には1つの目薬エイドに付け替えて使用するのではなく，使用個数分の目薬エイドを製作しておくとよい．その際は目薬ごとに違う色の目薬エイド(ダッカール)を用いると目薬の種類が判別しやすい．

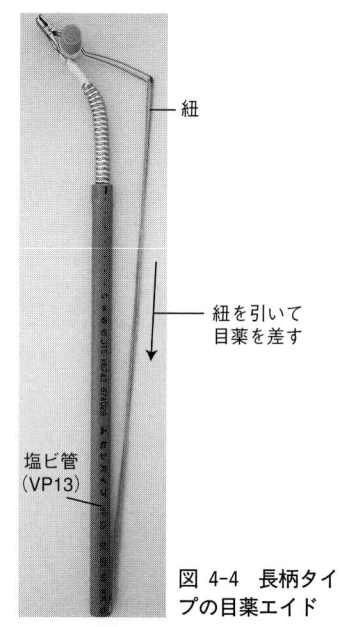

　この自助具は，目薬だけでなく，その他の円筒形の容器にも応用が可能である．

紐

紐を引いて
目薬を差す

塩ビ管
(VP13)

図 4-4　長柄タイプの目薬エイド

5 補高マット

補高マットはイスや車いすの座面が低く,立ち上がり動作が困難な場合に使用する自助具(図5-1).市販されているマット類はおもに除圧や体圧分散を目的としたクッション材であり,高さを補うことを主目的としている市販品は少ない.そのため,使用する座面の形状に合った補高用のマットが必要な場合や市販品にはない高さが必要な場合は,自作しなければならないことがある.

ここでは,日曜大工店などで入手しやすいプラスチック系発泡材料を使用した補高用のマットを紹介する.

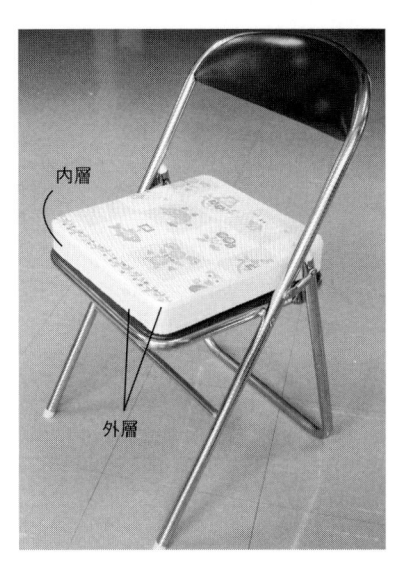

図 5-1 補高マット

1 おもな材料と材料の基礎知識(選び方のコツ)

1) アイデアシート® (イノアックリビング社製) またはカネライトフォーム F-I® (鐘淵化学工業社製)

補高マットの内層材料.アイデアシート® は発泡ポリエチレン(PE)製のプールで使われるビート板のような素材.カネライトフォーム F-I® は押出法ポリスチレンフォームの防音・断熱材.アイデアシート®,カネライトフォーム F-I® どちらを用いてもよいが,カネライトフォーム F-I® のほうがより安価である.その他では,発泡スチロール板は荷重がかかり続けると圧縮され補高マットの厚さが薄くなるため用いない〔第Ⅰ章

1．プラスチック（p.13）参照〕．

2）台所マット（オーエ社製）

　表面はポリプロピレン，本体は発泡ポリエチレン製で，アイデアシート®やカネライトフォーム F-I® よりも軟らかいため，直接臀部が触れる補高マットの外層（表面）材料として使用する．同じ材料で製作されたものにお風呂用マットがあるが，底の部分に水切り用の溝があるものが多く，これで作ると構造上弱くなるので用いない〔第Ⅰ章　1．プラスチック（p.12）参照〕．

3）接着剤

　接着時間が短い合成ゴム系接着剤が利用しやすい．ボンド G 17®〔コニシ社製〕は溶剤の働きが強く，カネライトフォーム F-I® を溶かしやすい．また，有（黄）色のため見栄えがよくない．ボンド G クリヤー®〔コニシ社製〕は透明で伸びもよく，材料の柔軟性に追従しやすいのでお勧め．換気に注意すること〔第Ⅰ章　6．接着・充てん材（p.66）参照〕．

2　おもに使用する道具・工具

サシガネ 　補高マットの一辺は，30～40 cm となるため，長手が 50 cm サイズのものが使いやすい〔第Ⅱ章　8．測る道具・工具（p.182）参照〕．
カッターナイフ
電動パン切りナイフ，ウレタン専用カッター（ストレートカッター）〔第Ⅱ章　1．切る道具・工具（p.122）参照〕，パン切りナイフ
カービングマシンやベルトサンダーなどの電動研磨工具 　電動研磨工具がない場合は，粗目のサンドペーパー（木片などにあらかじめ巻き付けておく）を使う．

③ 製作方法・工作技術（製作のポイント）

ここでは，内層材料にカネライトフォーム F-I® を使用した製作方法を紹介する．

1．基本となる内層を作る（図 5-2）．

最終的に作る（完成時の）高さから外層（表と裏側）に使う台所マットの厚み約 2 cm（1.2 cm×2－荷重時の圧縮）を引いた分が内層の厚さとなる．

(1) 内層材料が 1 枚の場合

（カネライトフォーム F-I® の厚みは最大で 5 cm．それ以上の厚みが必要な場合は内層材料が 2 枚必要となるため (2) の工程へ）

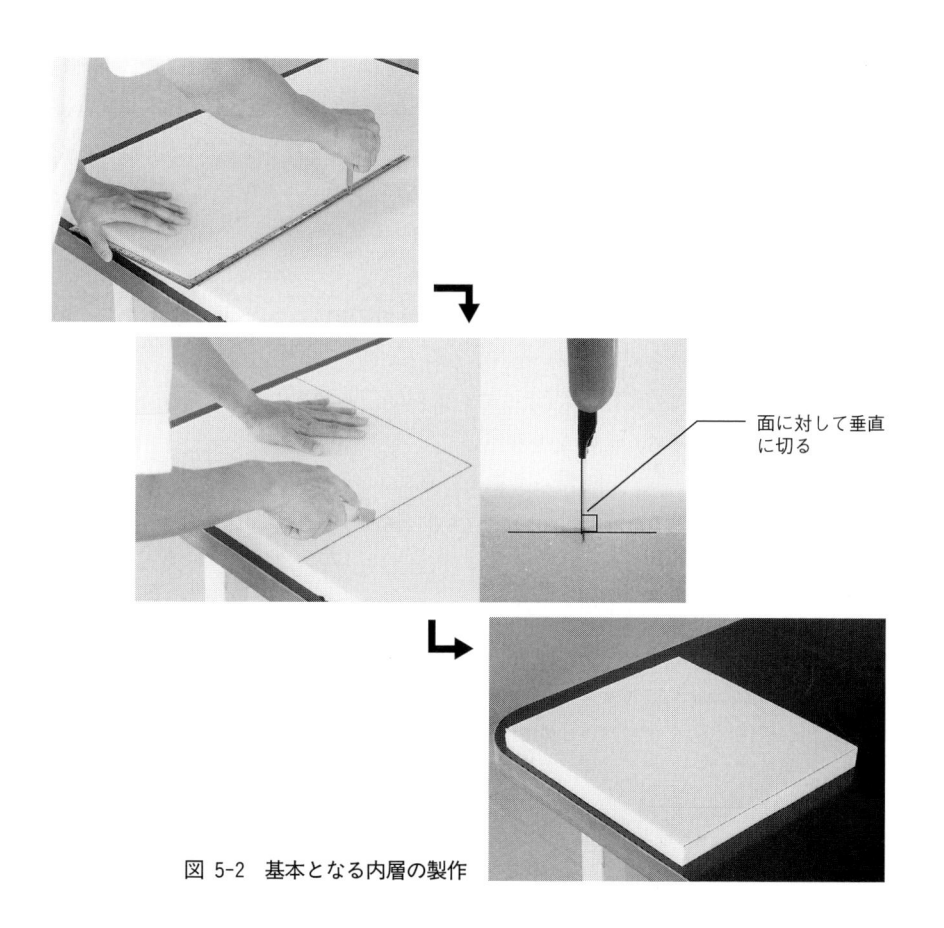

面に対して垂直に切る

図 5-2 基本となる内層の製作

必要な切断ラインを引いて，基本となる内層を切り取る．内層材料が1枚でよければ内層はこれで完成．

ボールペンを用いてラインを引く．切断ラインを引く際は，製品の角を基点にして長さを測り，サシガネで正確に垂線を引いていく．製品の角がつぶれている場合は，角の近くにサシガネで垂線を引いてそれを基準にラインを引いていく．

切断には，カッターナイフを使用する．定規に沿ってカットしてもよいが，定規の固定をしっかりしないと逆に切断ラインが曲がりやすい．筆者が勧める方法は，フリーハンドで切断する方法である．1回目は切断ラインのパイロットになる浅い溝を正確に刻む．2回目からは1回目の溝に沿ってカッターナイフの刃が材料の平面に対して垂直を保つように注意しながらカットしていく．1回のカットで深く切ろうとすると垂直を保ちにくく切り口もつぶれてしまいやすいので，カッターナイフで何回かに分けて切断するのがポイント．

(2) 内層材料が2枚以上必要な場合

（例えば，内層の厚みが6cm必要であれば，カネライトフォームF-I® は4cm+2cmや3cm+3cmなどの組み合わせで2枚必要となる）

a．(1)を次に貼り重ねるカネライトフォームF-I® の上に置き，(1)の形を写す．＜2.を参照＞

b．(1)と(2)aで作った内層を貼り合わせる面を確認して，(1)と(2)aの接するそれぞれの面に接着剤（合成ゴム系）をうすく均一に塗る．＜3.を参照＞

c．指につかない程度に乾いたら（オープンタイム），手で強く押えて貼り合わせて切り取り，内層を完成させる．＜4．5．を参照＞

2．完成した内層を次に貼り重ねる台所マット（外層材料）の上に置き，内層の形を写す（図5-3）．

一辺を合わせて置くとカット面を少なくすることができる．さらに二（角）辺を合わせるようにすると逆に正確な貼り合わせが困難となるので，一辺を合わせるにとどめる．
※形を書き写した時点で台所マットを切断してしまうと，四辺を正確に位置決めしながら貼り合わせる（貼り直しはきかない）ことになり，非常に難しいため，ここではまだ切断しない．

5 補高マット

――― 台所マット（発泡ポリエチレン）面

――― ラインは，ボールペンで引く

――― 一辺だけ揃える

図 5-3　外層材料に切断ラインを引く

接着剤（合成ゴム系）は，接着する　　　ラインからはみ出して広めに塗る
両面にうすく均一に塗る

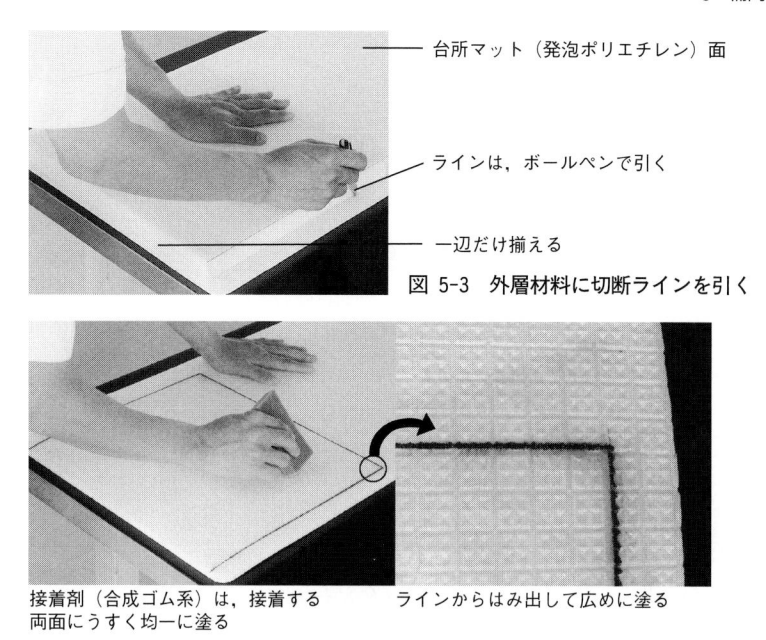

図 5-4　接着剤（合成ゴム系）の添付

3．1.と2.の接するそれぞれの面に接着剤（合成ゴム系）をうすく均一に塗る（図5-4）．
　1.を写した部分には，後で貼り合わせるときに多少位置がずれてもいいように接着剤を写したラインからはみ出して広めに塗る．接着剤（合成ゴム系）は厚く塗ると逆に接着力が低下するので注意する．

4．指につかない程度に乾いたら（オープンタイム），手で強く押さえて貼り合わせる（図5-5）．
　一辺を慎重に合わせてから貼り合わせる．合成ゴム系以外の接着剤を使用する場合には，指定時間の静置・固定が必要となるため注意する．合成ゴム系接着剤は，すぐに次の工程に移ることができる．

5．切り取る（図5-6）．
　貼り合わせた1.にカッターナイフの刃を押し当てて，沿わせながら切断するのがポイント．1回のカットで深く切ろうとすると，垂直を保ちにくく切り口もつぶれてしまいやすいため，カッターナイフで何回かに分けて切断する．材料が厚くなった場合は，刃渡りの長いパン切りナイフ，ウレタン専用カッター，電動パン切りナイフのほうが切りや

第IV章　実際に作ってみよう

一辺を慎重に合わせ

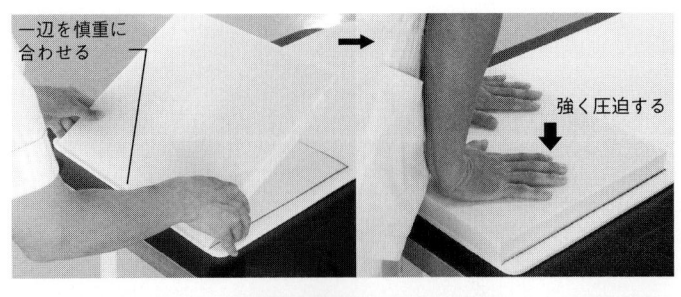

強く圧迫する

図 5-5　内層と外層材料の貼り合わせ

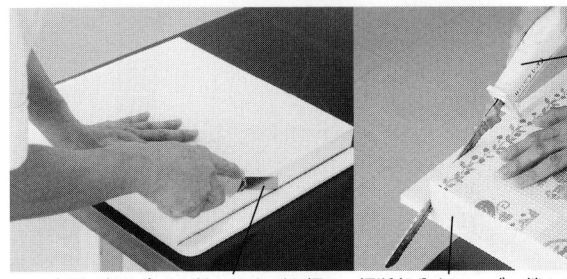

電動パン切りナイフ

刃を内層に押し当てて沿わせながら切る　　切断部分をテーブル端から出して切る

図 5-6　外層材料の切り取り

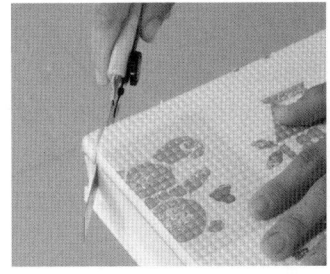

カービングマシーン

集塵機のホースの先に掃除機の先ノズルを取り付けたもの
〔コラム：保護具と安全管理(p. 270)参照〕

図 5-7　四隅の切り取り　　　図 5-8　四辺の研磨

すい．

6．台所マットを貼り付けていない側に 2.～5. の工程を行い仮完成させる．

7．四隅を切り取り（図 5-7），四辺を研磨する（図 5-8）．
　カービングマシンやベルトサンダーなどの電動研磨工具を使用すると研磨面が美しく，作業時間も短い．

5 補高マット

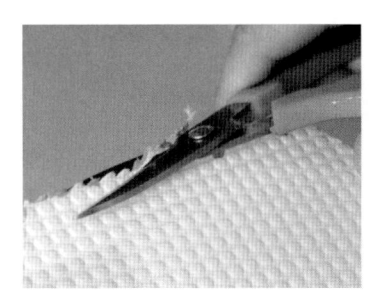

図 5-9 余分な端部の切り取り

8. 四辺の角の端部（台所マットの表面のポリプロピレン部）を万能バサミなどで切り取る（図5-9）と仕上がりがきれいである．

4 適合・工夫

　カネライトフォーム F-I® を外層に使用すると，一部に圧が加わることで変形しまうことがあるため，外層には台所マットを使用してカネライトフォーム F-I® を挟むようにする（図5-1）．また，アイデアシート® は外層に使用しても変形することはないが，硬質なため臀部が触れる側の表面には台所マットを貼る．

　シャワーイスに置くなどの用途で滑り止めの処理が必要な場合は，液体ゴム〔第Ⅰ章 2．ゴム（p.15）参照〕，防カビ剤入りのシリコン系シーリング材〔第Ⅰ章 6．接着・充てん材料（p.74）参照〕などを座面と接する面に塗る．台所マットの場合にはポリプロピレン側（光沢があり，つるつるした面）に滑り止め材を塗っても剥がれやすいため，あらかじめ本体の発泡ポリエチレン側を表面側にして貼り合わせておく．発泡ポリエチレン側に滑り止め材を塗る際には，厚めに塗ると被膜を作り皮膜ごと剥げることがあるため，うすくすり込むように塗り，必要時間乾燥させることがポイント〔6．補高便座，図6-11（p.267）参照〕．

　補高マットを椅子に置いて使用すると，相対的に背あてが低くなったり，足底の接地が不十分となったりするなど座位姿勢にも影響する．そのため，補高の高さや補高マットの使用そのもの（使用者専用の椅子であれば補高マットを使わずに高さ調整式の椅子に替え，作業時には足台を利用するなど）を検討することも必要となる．

　補高マットを車いすに置いて使用する場合に，座幅いっぱいに作ってしまうとパイプ部を支点に船底状にたわんでしまい（図5-10），不良姿勢を誘発することになりやすい．この場合は，座幅より狭めに作る，補高マットの下側を船底型に加工する（図5-11），座

第Ⅳ章　実際に作ってみよう

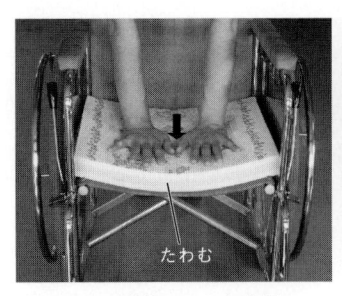

図 5-10　補高マットを座幅いっぱいに作ると荷重時にたわむ

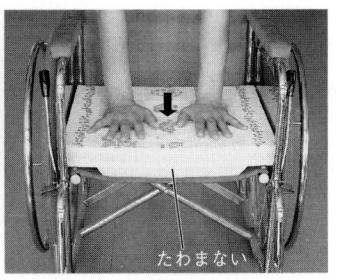

図 5-11　下部分を船底状に加工した例

　幅いっぱい（パイプ部に渡すよう）に合板を固定しその上に補高マットを置くなどの工夫をする．また，座面が高くなることで相対的にアームレストが低くなったり，フットプレートと座面との距離が下腿長より長くなることで円背や仙骨座りを誘発することがないか，ブレーキやハンドリムの操作がしにくくならないか注意する．
　また，感覚障害がある方や車いす座位を長時間とる場合には，補高マットの材質では硬すぎることがあるため，体圧分散機能のあるクッションの利用も検討する．その他，座の奥行きや座面角度を調整する必要がある場合には，カッターナイフ，パン切りナイフ，ウレタン専用カッター，電動パン切りナイフ，研磨工具を用いて加工する．

5　使用上の注意・メンテナンス

　汚れた場合には，柔らかいスポンジなどを用いて中性洗剤などで水洗いをする．硬い材質（タワシやスチールウールなど）のもので洗うと材料を削りとることがあるので用いない．

6 補高便座

　洋式トイレからの立ち上がり動作が困難な場合に使用する便座の上に置くタイプの補高用便座である（図6-1）．市販の便器固定式の補高用便座は，安定性はよいものの上蓋が閉められない，家庭で使用するには外観的に違和感があるなど不都合な面もある．ここで紹介する補高用便座は，軽量で他の人がトイレを使用するときには，はずしておけば外観も変わらないなどの利点がある．

　便座は，製造メーカー，製品や大小のタイプによって形が異なるため，必ず補高便座を置く便座の形を紙（新聞紙や大判のカレンダーなど）に写し取り（図6-2），その型紙をもとに製作する．また，床面から便座までの高さを計測し，使用者の立ち上がりができる座面の高さ（トイレ用の履物をはいて）との差を補高便座の高さ（厚み）とする．

　便座の形にはO型とU型がある．温水洗浄器や加温便座の普及から現在出荷されている便座はほとんどがO型である．U型の便座の場合も補高便座は材料の強度の面からO型の形に型紙の段階で補正して製作する．

図 6-1　補高便座

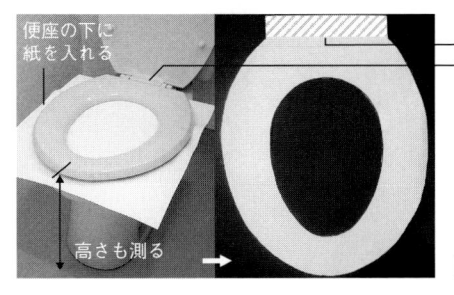

図 6-2　補高便座の型紙

第IV章　実際に作ってみよう

1　おもな材料と材料の基礎知識（選び方のコツ）

アイデアシート®〔イノアックリビング社製〕**またはカネライトフォーム F-I®**〔鐘淵化学工業社製〕**など**→内層材料．詳細は，補高マット（p.253）を参照．

台所マット〔オーエ社製〕→外層材料．詳細は，補高マット（p.254）を参照．

接着剤→詳細は，補高マット（p.254）を参照．

滑り止め材料→シリコン系シーリング材〔第I章　6．接着・充てん材料（p.74）参照〕または，液体ゴム〔第I章　2．ゴム（p.15）参照〕

2　おもに使用する道具・工具

糸ノコ盤〔第II章　1．切る道具・工具（p.119）参照〕

電動パン切りナイフ，ウレタン専用カッター〔第II章　1．切る道具・工具（p.122）参照〕，**パン切りナイフ**→詳細は，補高マット（p.254）を参照．

カービングマシンやベルトサンダーなどの電動研磨工具→詳細は，補高マット（p.254）を参照．

3　製作方法・工作技術（製作のポイント）

1．基本となる内層を作る

最終的に作る（完成時の）高さから外層（表と裏側）に使う台所マットの厚み約2 cm（1.2 cm×2－荷重時の圧縮分）を引いた分が内層の厚さとなる．

(1) 内層材料が1枚の場合

（カネライトフォーム F-I® の厚みは最大で5 cm．それ以上の厚みが必要な場合は内層材料が2枚必要となるため (2) の工程へ）

型紙を内層材料に写し取り（図6-3），基本となる内層を切り取り，研磨する．内層材料が1枚でよければ内層はこれで完成．

切断には，切断ラインが曲線なので面に対して正確に垂直な切断ができる糸ノコ盤を使用する（図6-4）．内縁ラインの切断は，便座の中心付近に（ドライバーなどで穴をあけて）ノコ刃を通してから切断する（図6-5）．電動パン切りナイフやカッターナイフ類で切断してもよいが，正確な垂線で切断できないため外層材料を貼り合わせたときの誤差が大きくなり，最後の研磨作業が大変となる．

(2) 内層材料が2枚以上必要な場合

（例えば，内層の厚みが6 cm必要であれば，カネ

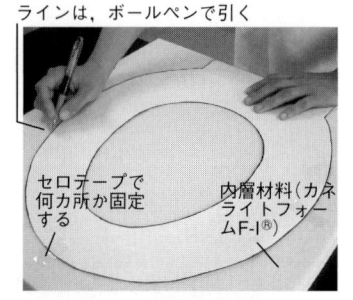

図6-3　型紙の写し取り

（ラインは，ボールペンで引く／セロテープで何カ所か固定する／内層材料（カネライトフォームF-I®））

図 6-4　内層の切り取り (1)

穴をあけて，ノコ刃を通す

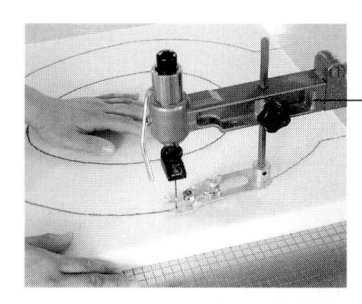

糸ノコ盤

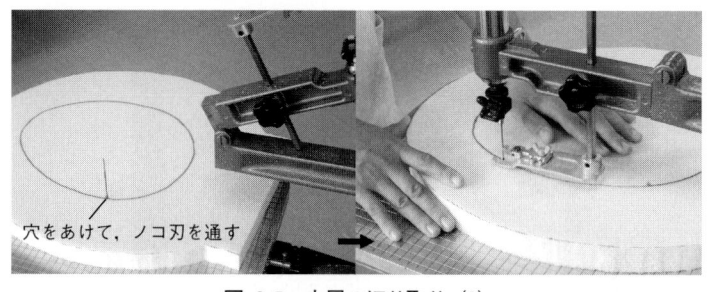

図 6-5　内層の切り取り (2)

ライトフォーム F-I® は 4 cm＋2 cm や 3 cm＋3 cm などの組み合わせで 2 枚必要となる)

　a．(1) を次に貼り重ねる内層材料の上に置き，(1) の形を写して切断する．

　型紙を置いて写してもよいが，型紙が新聞紙などの軟らかい紙の場合には写したものが (1) とまったく同じ形にならないことがあるため，(1) で切り取った内層材料を写したほうが確実である．切断作業については，(1) と同様．なお，この時点ではまだ研磨しない．

　b．(1) と (2)a. の貼り合わせる面を確認して，(1) と (2)a. の接するそれぞれの面に接着剤 (合成ゴム系) をうすく均一に塗る．

　型紙とそれをもとに作られる内層材料は正確に左右対称な形にはなっていないこともあるため，上下の向きが違うと形が合わないことになりやすい．よって接着剤を塗る前に形が合う面同士を確認することがポイント．接着剤 (合成ゴム系) は厚く塗ると逆に接着力が低下するため注意する．

　c．指につかない程度に乾いたら (オープンタイム)，手で強く押さえて貼り合わせ，研磨して内層を完成させる (図 6-6)．

　全体を慎重に合わせてから貼り合わせる．貼り合わせたときの多少の誤差は研磨で解消できる．

第Ⅳ章　実際に作ってみよう

カービングマシーンを使用すると，内側も研磨しやすい

図 6-6　内層の研磨

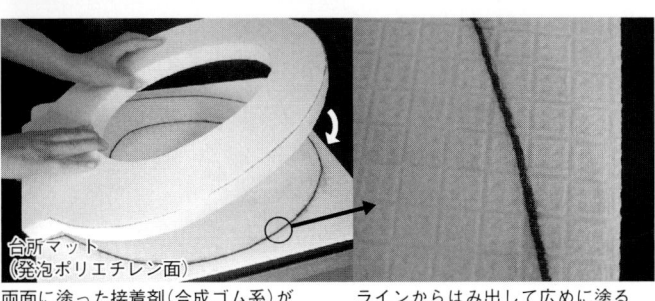

台所マット
(発泡ポリエチレン面)

両面に塗った接着剤(合成ゴム系)が乾いたら，慎重に貼り合わせる

ラインからはみ出して広めに塗る

図 6-7　内層と外層(上側)の貼り合わせ

合成ゴム系以外の接着剤を使用する場合には，指定時間の静置・固定が必要となる．合成ゴム系接着剤を用いた場合は，すぐに次の加工に移ることができる．

研磨作業は，カービングマシンやベルトサンダーなどの電動研磨工具を使用すると研磨面も美しく，作業時間も短い．なお，ベルトサンダーで内縁を研磨することはできない．

２．外層（上側）の製作と貼り合わせ

(1) 完成した内層を外層（上側）材料である台所マットの上に置いて形を写し，接するそれぞれの面に接着剤（合成ゴム系）をうすく均一に塗る（図6-7）．

　台所マット本体の発泡ポリエチレン側に内層の形を写し，表面のポリプロピレン面(光沢があり，つるつるした面) が表（臀部が接する）面となるようにする．

　形を写した部分には，後で貼り合わせるときに多少位置がずれてもいいように写したラインからはみ出して広めに接着剤を塗る．

(2) 指につかない程度に乾いたら（オープンタイム），手で強く押さえて貼り合わせて，切り取る（図6-8）．

　貼り合わせた内層にカッターナイフの刃を押し当てて沿わせながら切断するのがポイ

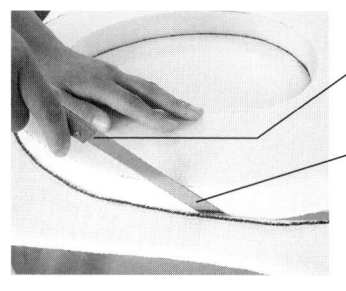

ウレタン専用カッター(ストレートタイプ)

内層に刃を押し当てて沿わせながら切る

図 6-8　外層（上側）材料の切断

両面に塗った接着剤（合成ゴム系）が乾いたら，慎重に貼り合わせる

手で強く押さえて貼り合わせ，切り取る

図 6-9　外層（下側）の製作

研磨作業

ント．材料が厚くなった場合は，刃渡りの長いパン切りナイフ，ウレタン専用カッター，電動パン切りナイフのほうが切りやすい．

3．外層（下側）の製作と貼り合わせ

(1) 2.(2) を外層(下側)材料である台所マットの上に置いて形を写し，接するそれぞれの面に接着剤（合成ゴム系）をうすく均一に塗る（図 6-9）．

　台所マットの表面のポリプロピレン側（光沢があり，つるつるした面）に 2.(2) の形を写し，本体の発泡ポリエチレンが便座側になるようにする．形を写した部分には，後で貼り合わせるときに多少位置がずれてもいいように写したラインからはみ出して広めに接着剤を塗る．

第IV章　実際に作ってみよう

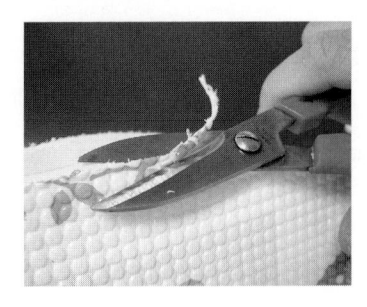

図 6-10　余分な端部の切り取り

(2) 指につかない程度に乾いたら（オープンタイム），手で強く押さえて貼り合わせて，切り取る（図6-9）.

　貼り合わせた内層の壁側にカッターナイフの刃を押し当てて沿わせながら切断するのがポイント．材料が厚くなった場合は，刃渡りの長いパン切りナイフ，ウレタン専用カッター，電動パン切りナイフのほうが切りやすい．

4．必要であれば，カッティング面を研磨する（図6-9）.

　カービングマシンやベルトサンダーなどの電動研磨工具を使用すると研磨面が美しく，作業時間も短い．

5．カッティング面の角の端部を万能ハサミなどで切り取る（図6-10）と，仕上がりがきれいである．

6．便座に接する面に滑り止めの加工を行う（図6-11）.

　滑り止め材料としては，液体ゴム〔第Ⅰ章　2．ゴム(p.15)参照〕，防カビ剤入りのシリコン系シーリング材〔第Ⅰ章　6．接着・充てん材料(p.74)参照〕などを用いる．滑り止め材を塗る際には，厚めに塗ると被膜を作り皮膜ごと剥げることがあるため，うすくすり込むように塗り，必要時間乾燥させることがポイント．

4　使用上の注意・メンテナンス

　ここで紹介した補高便座は，滑り止め加工をしてあるものの，便座の上に置くだけの構造のため腰かける際は，できるだけ斜めからの力がかからないような着座を指導する．また，10 cm以上の高さの場合は，市販の便器固定式の補高便座や便座昇降機の利用を考

図 6-11 滑り止め加工

防カビ剤入りシリコン系シーリング材

うすくすり込むように塗る

える．その他，座位バランスに問題がある場合には手すりとの併用なども考慮する．

汚れた場合には，柔らかいスポンジなどを用いて中性洗剤などで水洗いをする．硬い材質（タワシやスチールウールなど）のもので洗うと材料を削りとることがあるので用いない．

参考文献
1．リーチャー
1) 松元義彦，他：障害・疾患特性からみたテクニカルエイドプランニング「関節リウマチ」．OTジャーナル　36：742-745，2002
2) 菊池恵美子：リーチャー．加倉井周一編：リハビリテーション機器—適用と選択—．pp 137-142，医学書院，1989
3) 松元義彦，他：簡単で応用しやすい工作技術(1)リーチャー．OTジャーナル　37：66-70，2003
4) 松元義彦，他：簡単で応用しやすい工作技術(5)作業環境の調整技術．OTジャーナル　37：405-409，2003

3．長柄ブラシ
1) 今野孝彦，鈴木奈緒子：日常生活動作（ADL）と上肢機能．石原義恕，今野孝彦編：これでできるリウマチの作業療法．pp 27-33，南江堂，1996
2) 松元義彦：フレキシブルパイプを使用した長柄ブラシ．理・作・療法　21：425-426，1987

4．目薬エイド
1) 松元義彦，他：リウマリ者用機器．OTジャーナル　27：1013-1018，1993

第IV章　実際に作ってみよう

コラム　　　作業しやすい高さは？　　　コラム

　作業（操作）面の高さは，作業する際の姿勢に影響し，その結果として作業の精度や効率にもかかわってきます．そのため，作業（操作）しやすい高さに調整することは，重要な作業環境の調整の一つなのです．

　適切な作業面の高さは，その作業内容によって異なってきます．筆記作業では，肘頭から上方3cmが至適作業面高とされています[1]．しかし，ノコギリを挽いたり彫刻刀を扱うような力が必要で動的な作業であれば肘頭から上方3cmでは高すぎ，もっと低い位置が適切な作業面となります．さらに電気ドリルで穴をあけるような工具の高さが加味されるような作業では，適切な作業面はもっと低い位置になります．特に目の高さ付近で操作することは危険で（図1a），一般には作業を行う手の高さがほぼ肘頭の高さか，力を必要とする作業では肘頭より低めで，余裕をもって操作できる範囲に作業面を合わせることが必要となります（図1b）．

　しかし，一般に市販されている工作台のテーブル面の高さは74～76cmが多く，作業者の身長によってはこの高さで作業を行うには，高すぎることも多いと思います．その場合には，工作台の足を切るか足台などを用いて，適切な高さとなるように調整します．また，ビールケースを逆さまに置いて，穴あけ作業用の専用台にするなど，何種類かの高さの台を準備するのもよい方法です．また座位での作業では，体格が異なる作業者でも使用できるように，座面の高さ調節機能付きの椅子を用いると便利です．

参考文献
1) 柴田克之，犬丸敏康，辛島千恵子，他：人間工学的観点からみた作業療法環境の評価．OTジャーナル　36：333-338，2002．

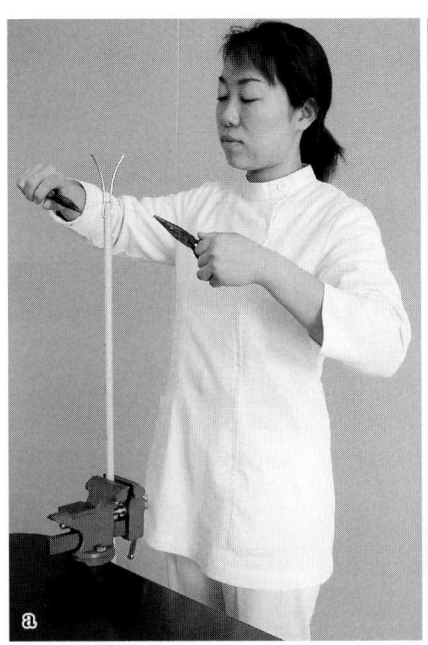

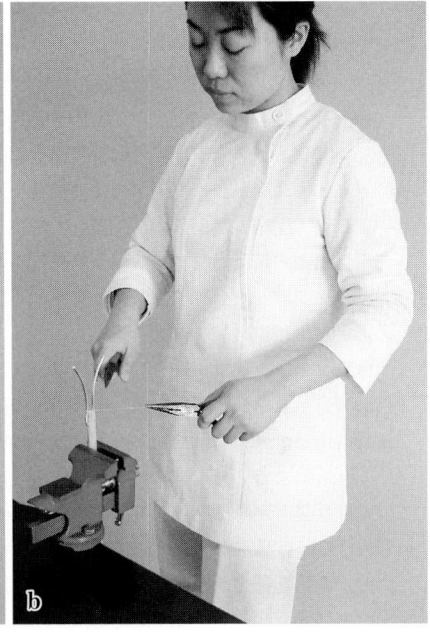

図1　作業(操作)面の高さ
a：高い位置での操作はしにくく,特に目の高さ付近での操作は危険.
b：肘の高さを基準に作業内容に合わせて,操作しやすい高さに調整する.

第IV章　実際に作ってみよう

コラム　　保護具と安全管理　　コラム

　自助具作りのためには，安全管理に配慮して作業することが必要です．ここでは，安全管理について，保護具とその他の安全管理事項について述べます．
(1) 保護具
　保護具とは，作業者の身体に装着することで，その作業中にかかる有害な物質から身体を保護し，作業を安全にかつ積極的に取り組むための用具のことです．代表的なものに，マスク，保護メガネ，作業手袋があります．
　マスク：国家検定品の消毒マスク，防塵マスクと，国家検定品外の簡易マスクがあり，作業内容に合わせて使用すべきですが，木工作業の場合，長時間でなければ簡易マスクでも十分です．使用にあたっては，すき間なく顔に当てるように装着することがポイントになります．
　保護メガネ：対飛来物や対浮遊物用，防塵や防煙用，遮光用などの種類があり，自助具作りにおいて頻度の高い保護メガネは，対飛来物や防塵用メガネです．電動工具を用いた研磨作業や電動ボール盤での特に金属板の穴あけ時には，金属粉が目に入らないように装着しましょう．
　作業手袋：用途に応じてさまざまな材質のものがあります．一般によく使用される軍手は，皮膚を傷つけてしまう恐れがあるとき（布ペーパーでの研磨作業など）や熱いものを持つときなどに使います．しかし，熱いものを扱うからといって軍手を水で濡らすと逆に熱の伝導がよくなり火傷しやすいため注意が必要です（コラム：熱い（冷たい）のはなぜ？（p.272）参照）．濡れたものを扱うときやニス塗り時には，ビニル製やゴム製の手袋を使用すると次の作業やその他の業務にすぐに移ることができます．なお，加工部分が回転するような電動工具（電動ドリル，電動ボール盤など）の使用時には巻き込まれる恐れがあるため，手袋を着けてはいけません．
(2) その他の安全管理
　騒音・振動対策：工作作業は，騒音や振動を伴いやすいものです．治療区域に音が漏れるのを気にしていては，力を込めて打つ作業などが中途半端となり，仕上がり具合にも影響します．工作室が扉で仕切られるのであれば，音や振動を伴う工程

では，必ず扉を閉めて作業を行いましょう．工作室に扉がない場合は，治療区域に音が漏れてもよい時間に行うなどの調整をします．また騒音・振動源となる装置については，機器の整備や設置部分に防振ゴムを敷くなどの工夫をしましょう．

換気：溶剤や塗料を使用する際やハンダ作業時には，換気にも注意します．屋外での作業や窓をあけての作業，場合によっては換気扇や局所換気ダクト，フードなどを利用して治療区域や作業者への有害物の曝露を少なくします．その他，使用する塗料を油性から水性にするなど材料側を工夫するのもよい方法です．

その他：細かい作業を行う場所では，光量を上げるなどの照明への配慮，研磨作業では集塵機（簡易には，掃除機で代用しても可）の利用（図1）など作業環境への配慮も重要です．

図1 集塵機のホースの先に掃除機の先ノズルを取り付けて，廃材のマイクスタンドに据え付けた例

コラム　熱い（冷たい）のはなぜ？

　冬の寒い朝，ベッドで起きて立ち上がるときに床とスリッパのどちらに足を置きますか？　たぶん，それはスリッパ．なぜなら床は冷たいから．でもよく考えるとスリッパも床も同じ温度．では，なぜ床のほうが冷たく感じるのでしょうか？　それは足の熱を床のほうが逃がしやすいから，つまり熱伝導がよいからなのです．逆にスリッパは織毛の間にたまった空気層のために熱伝導が悪く，足の熱が伝わりにくい（逃げにくい）のであまり冷たく感じないのです．このように熱い（冷たい）という感覚は，触れるものとの温度差だけでなく，その間の熱エネルギーの伝わりやすさ（伝導率）によって変わってきます．

　このことは，自助具の工作にも関係します．例えば，熱いものを扱うときに軍手を使用しますが，このとき（熱いものを扱うからといって）軍手を水で濡らしてはいけません．なぜなら，（せっかく軍手の中の空気の層が断熱の役割をしているのに）水で濡らすことで逆に熱の伝導がよくなり火傷しやすいからです．その他，自助具類取り付け（attachment of device）の目的でスプリントを製作する場合．スプリント材をお湯で軟化させ，相手の手にモデリングする際には，熱伝導率のよいお湯に触れて火傷させないように，スプリント材についたお湯を完全に拭き取ることが必要です．もちろん，それでも熱く感じる場合がありますから，製作者の手で試し，さらに相手の手に軽く触れて試すなどの順序を経て，大丈夫なことを確認してからモデリングしましょう．

参考文献
1) ダニエル・ハーシェイ（後藤憲一訳）：なぜだろう？　楽しい日常の科学．pp 16-18，講談社，1974

著者略歴

松元 義彦（まつもと よしひこ）

1983 年　九州リハビリテーション大学校　作業療法学科　卒業
1983 年　健和会　長行病院　勤務
1986 年〜鹿児島赤十字病院（現在，第二リハビリテーション課長）勤務

作業療法士
認定作業療法士（一般社団法人　日本作業療法士協会）
専門作業療法士〔福祉用具分野〕（一般社団法人　日本作業療法士協会）
鹿児島大学医学部保健学科　非常勤講師
熊本総合医療リハビリテーション学院　非常勤講師
鹿児島医療技術専門学校　非常勤講師

その他
○福祉用具プランナーテキスト-福祉用具の適応技術-．1997【三菱総合研究所】
　分担執筆
○リウマチのリハビリテーション医学．1996【医薬ジャーナル社】分担執筆
○テクニカルエイド-福祉用具の選び方・使い方-．2003【三輪書店】分担執筆
○生活のくふう作品コンクール（主催：東京都社会福祉総合センター）
　・"日本作業療法士協会会長賞"受賞（第 3 回，昭和 63 年）
　・"日本作業療法士協会会長賞"受賞（第 4 回，平成元年）
　・"日本作業療法士協会会長賞"受賞（第 5 回，平成 2 年）
　・"東京都社会福祉総合センター所長賞"受賞（第 6 回，平成 3 年）
　・"東京都社会福祉協議会会長賞"受賞（第 7 回，平成 4 年）

手作り自助具の工作技術
（てづくりじじょぐのこうさくぎじゅつ）

発　行	2004 年 6 月 30 日　第 1 版第 1 刷
	2018 年 9 月 20 日　第 1 版第 6 刷©
著　者	松元義彦
発行者	青山　智
発行所	株式会社 三輪書店
	〒 113-0033 東京都文京区本郷 6-17-9　本郷綱ビル
	☎ 03-3816-7796　FAX 03-3816-7756
	http://www.miwapubl.com
印刷所	三報社印刷 株式会社

本書の内容の無断複写・複製・転載は，著作権・出版権の侵害となることがありますのでご注意ください．

ISBN 978-4-89590-213-7　C 3047

JCOPY ＜(社)出版者著作権管理機構 委託出版物＞
本書の無断複製は著作権法上での例外を除き禁じられています．
複製される場合は，そのつど事前に，(社)出版者著作権管理機構
（電話 03-3513-6969, FAX 03-3513-6979, e-mail：info@jcopy.or.jp）の許諾を得てください．